Viele Bürger meinen, ein Ermittlungsverfahren oder Strafprozeß könnte ihnen allenfalls als Unterhaltung im Fernsehkrimi begegnen, sie jedoch nie persönlich betreffen. Die Realität ist hingegen, daß Millionen von Bürgern als Beschuldigte, Zeugen oder als Opfer mit Polizei, Staatsanwaltschaft oder Gericht konfrontiert sind. Hier sei z.B. nur an die »Massendelikte« in Zusammenhang mit dem Straßenverkehr erinnert. Ferner ist Realität, daß weitestgehende Unkenntnis über die Rechte und Pflichten der Beteiligten herrscht, zumal auch ambitionierte Kriminalfilme mit der Wirklichkeit des Straf- und Ermittlungsverfahrens kaum Ähnlichkeit haben. So müssen für die Dramaturgie des Fernsehregisseurs alle »Verdächtigen« viel reden, für den Beschuldigten eines Ermittlungsverfahrens dagegen kann das Recht zu schweigen ein ganz wichtiges Element seiner Verteidigung sein. Der Autor dieses Buches ist Strafverteidiger und zeigt in praxisnaher Darstellung, worauf es im Ermittlungsverfahren und in der Hauptverhandlung ankommt. Dieses nicht nur aus der Sicht des Beschuldigten, sondern auch des Zeugen, Opfers oder gar unbeteiligten Bürgers, der mit Polizei oder Justiz zu tun bekommt.

Dr. Ulrich Sommer ist Rechtsanwalt in Köln und seit Jahren als Strafverteidiger tätig. Er ist Autor zahlreicher Fachveröffentlichungen.

Ratgeber Recht

Ulrich Sommer

Strafanzeige und Strafprozeß

Fischer Taschenbuch Verlag
Carl Heymanns Verlag

6.–7. Tausend: Juli 1996

Originalausgabe
Veröffentlicht im Fischer Taschenbuch Verlag GmbH,
Frankfurt am Main, Oktober 1994

Lektorat: Markus J. Sauerwald
Satz: Fotosatz Otto Gutfreund GmbH, Darmstadt
Druck und Bindung: Clausen & Bosse, Leck
Printed in Germany
ISBN 3-596-12494-8

Gedruckt auf Munken Print Extra
der Papierfabrik Munkedal AB, Schweden

Inhalt

I. Der Strafprozeß – Eine Einleitung

Fernsehkrimi …

Ein Kriminalfall ist ein spannendes Spiel. Mit Vergnügen setzt der Leser des Kriminalromans die zahlreichen Indizien zusammen, die der Autor vor ihm ausbreitet. Souverän urteilt der Zuschauer des Kriminalfilms angesichts des verschlagenen Blicks und der schurkischen Nase des Verdächtigen über Schuld und Strafe. Offene Sympathien hegt er für den ermittelnden Kommissar, der entgegen lästigen formalen Vorschriften und dem ständigen Widerstreit mit seinem Vorgesetzten eigenmächtig nachts die Wohnung des Tatverdächtigen durchsucht. Es geht schließlich um die gerechte Sache und die Überführung des schuldigen Täters.

… und Realität

Wenn aus dem Spiel Ernst wird, ändert sich plötzlich die Betrachtungsweise. Die prickelnde Freude des unbeteiligten Zuschauers wandelt sich in Unsicherheit und sogar Angst, wenn er selbst mit einem leibhaftigen Kriminaloberkommissar in Ermittlungen gegen sich konfrontiert wird. Der Anlaß ist vielleicht harmlos. Ein einsamer Abendspaziergang durch den Park. Man entdeckt eine leblose Person im Gebüsch, bückt sich hilfsbereit. Man bemerkt ein Messer neben dem Körper, nimmt es auf; und während man noch erstaunt und beklemmt die Blutspuren auf dem Messer registriert, sind herannahende Schritte zu hören und die triumphierende Stimme des keuchenden Polizeibeamten: »Da haben wir ja den Mörder.«

Der Angeklagte dieses Falles wird nicht nur, wie ein bekannter Schriftsteller zu dieser Geschichte mutmaßt, auf einen sensiblen und verständigen Richter hoffen. Er wird auch dankbar dafür sein, daß er als Beschuldigter nicht hilflos der Strafjustiz ausgeliefert ist.

Regeln des Strafprozesses

War die Suche nach dem Mörder im Krimi noch ein spielerisches Puzzle, das auch auf Intuition des Lesers beruhte, ist der Angeklagte froh, daß er sich nicht allein auf das unberechenbare Gefühl des Richters verlassen muß. Es gibt daher im Strafprozeß Regeln, welche Puzzle-Steine der Richter zum Zusammensetzen des Tatbildes verwenden darf. Und es gibt Regeln, auf welche Weise er sie zusammensetzen darf. In seiner Situation, in der er mit dem denkbar schwersten Eingriff der Staatsgewalt in sein Leben rechnen muß, wird der Angeklagte diese formalen Regeln wohltuend als Schutz vor drohender Willkür erkennen.

Nicht nur die Jagd nach dem Täter ist eine gerechte Sache. Gerechtigkeit verlangt auch die Achtung der Menschenwürde des verdächtigen Täters. Der zum Teil streng reglementierte Weg zur Überführung eines Verdächtigen ist keine lästige Formalie, sondern Grundsatz rechtsstaatlichen Denkens.

Die Unschuldsvermutung

Der Angeklagte wird daher zu Recht darauf pochen, daß er als unschuldig zu gelten habe, bis ihm die Tat in einem fairen Prozeß nachgewiesen wird. Und er wird es zu Recht als unerträglichen Einbruch in seine Privatsphäre ansehen, wenn der Kommissar nachts illegal seine Wohnung nach Beweismitteln durchsucht.

Die Gesellschaft fordert einen gerechten Sühneausgleich für eine begangene Straftat auf der einen Seite. Sie muß aber auch auf der anderen Seite um jeden Preis den fatalen Fehler zu vermeiden suchen, einen Unschuldigen – oder weniger Schuldigen – für eine nicht begangene Tat zu verurteilen und zu bestrafen.

Zwischen diesen beiden Polen orientieren sich die Regeln der Strafprozeßordnung. Sie kann sich nur um einen fairen Ausgleich der verschiedenen Interessen bemühen. Das Resultat des Balanceaktes wird daher oft unvollkommen sein. Wer im Strafprozeß Wahrheit und Gerechtigkeit sucht, dürfte sehr oft enttäuscht werden. Die Anwendung der abstrakten Regeln durch die Prozeßbeteiligten ist menschlichen Schwächen unterworfen. Das Ergebnis des Prozesses kann ein anderes sein, je nachdem ob der Verteidiger des Angeklagten sich in der formalen Kunst der Stellung von Beweisanträgen auskennt oder nicht. Das Urteil kann unterschiedlich ausfallen, je nachdem mit welcher Energie der Staatsanwalt Sachverhaltsaufklärung betreibt oder wie umfangreich die Kenntnisse des Richters zur aktuellen Rechtsprechung des Bundesgerichtshofs sind.

Der Ausgang des Strafverfahrens hängt davon ab, wie dessen Regeln beherrscht und angewandt werden. Erst als Betroffener erfährt der Bürger, welche Bedeutung die »Spielregeln« des Prozesses tatsächlich haben. Der realistische Kriminalfall bedeutet akribische und häufig formalisierte Arbeit im Strafprozeß – weit entfernt von den glasklaren Strukturen von Recht und Unrecht im Kriminalroman.

Die Regeln des Strafprozesses sollte man kennen!

Die Realität des Strafverfahrens ist jedoch nicht minder faszinierend. Was nicht nur für den seltenen Fall des unzutreffenden Mordverdachts gilt. In Deutschland werden jährlich Millionen neuer Ermittlungsakten angelegt. Millionen Bürger – sei es bei einer Unfallflucht, einem Diebstahl, einer Beleidigung oder einem Betrug – sind konfrontiert mit der undurchsichtigen Maschinerie staatsanwaltschaftlicher Ermittlungstätigkeit oder richterlicher Tätersuche. Der Strafprozeß ist heute nicht mehr die exklusive Beschäftigung der Justiz mit kriminellen Außenseitern der Gesellschaft. Die explosionsartige Ausweitung des Strafrechts auf alle Gebiete gesellschaftlichen Lebens durch den modernen Gesetzgeber – vom Umweltstrafrecht bis zum Steuerrecht – läßt nahezu jeden Bürger zum potentiellen Beteiligten eines Strafverfahrens werden.

Der Betroffene des Strafverfahrens, der in existentiellen Fragen mitreden und denken will, hat nur selten ein jahrzehntlanges Jurastudium absolviert, das ihm den souveränen Umgang mit den Prozeßregeln erlauben würde. Er kann sich auf die Hoffnung beschränken, sein Fall sei bei Verteidigern oder gar Richtern in guten Händen. Er kann aber auch als Laie versuchen, ein Grundverständnis für seine Rechte zu gewinnen und hierum zu kämpfen. Hierbei will vorliegendes Buch helfen.

Die Betroffenheit bezieht sich nicht nur auf den Tatverdächtigen. Seit die Blutrache des Mittelalters abgeschafft ist und der Staat dem Geschädigten die Bestrafung aus der Hand genommen hat, ist auch das Opfer der Tat auf die Beobachtung der Prozeßregeln angewiesen. Wenn dieses Opfer einen angemessenen Sühneausgleich im Prozeß sucht, darf es sich nicht mit der Rolle des Zuschauers begnügen. Die Spielregeln des Prozesses weisen ihm die Funktion des Nebenklägers zu. Neben dem Staatsanwalt hat er im Prozeß eigene Rechte. Sein Ziel erreicht er häufig nur bei geschickter Anwendung der Regeln.

Der Zeuge... Betroffen vom Strafprozeß ist auch ein völlig Unbeteiligter – unbeteiligt am Verhältnis Täter/Opfer. Der Zeuge hat zumeist nur zufällig einen Vorgang wahrgenommen und soll diesen im Prozeß wiedergeben. Vordergründig ein unkomplizierter Vorgang. Bei näherer Betrachtung stürzt die Wahrheitsverpflichtung den Zeugen häufig in tiefe Gewissenskonflikte. Auch hier müht sich das Regelwerk der Strafprozeßordnung um einen grundsätzlichen gerechten Ausgleich zwischen akzeptierten Interessen des Zeugen und dem Aufklärungsinteresse des Staates. Bei scheinbar klaren Gesetzesvorschriften fühlte sich schon mancher Bürger statt im soliden Zeugenstand im klebrigen Sumpf undurchsichtiger Argumentationen. Hier verzweifelt als erster der, der seine Rechte nicht kennt und sie nicht versucht durchzusetzen.

Ein Buch für Laien Das vorliegende Buch will allen betroffenen juristischen Laien, sei es der Angeklagte, der Nebenkläger oder der Zeuge, einen grundsätzlichen Einblick in seine Positionen im Regelgefüge der Strafprozeßordnung geben. Gleichzeitig soll er damit ermuntert werden, mit der Kenntnis dieser Regeln diese Rechte auch wahrzunehmen und ggf. sich diese gegen die Widerstände anderer Beteiligter zu erkämpfen.

II. Der Beschuldigte im Ermittlungsverfahren

1. Wie ein Ermittlungsverfahren gegen den Beschuldigten beginnt

Im Strafprozeß ist die Rolle des Beschuldigten die unangenehmste. Er ist verdächtigt, eine Straftat begangen zu haben. Der Beschuldigte sieht sich dem Ermittlungsapparat des Staates gegenüber und läuft Gefahr, am Ende des Prozesses zu einer Geld- oder Freiheitsstrafe verurteilt zu werden.

Das Gesetz räumt dem Beschuldigten bestimmte Schutzrechte ein, wie z.B. das Recht, in einer Vernehmung zu schweigen. Andere Beteiligte haben diese weitgehenden Rechte nicht. Der Zeuge z.B. ist verpflichtet, in einer Vernehmung Angaben zu machen. Die **Klärung der Rolle im Prozeß** ist daher für alle Beteiligten enorm wichtig. Bevor das »Spiel« beginnt, müssen die Karten korrekt verteilt sein. So unangenehm die Rolle des Beschuldigten auch ist, sie ist erträglicher, wenn er seine Rechte kennt.

Ermittlungen sind geheim

Ob ein Bürger Beschuldigter eines Ermittlungsverfahrens ist, erfährt er unter Umständen nie. Ein Verfahren kann gegen ihn eingeleitet werden, die Sache wird untersucht und stellt sich alsbald als haltloser Vorwurf heraus. Das Verfahren wird eingestellt.

Das Bewußtsein möglicher **Geheimermittlungen** mag betroffen machen. Das Gesetz hält dies für zumutbar, sofern der Beschuldigte nicht unmittelbar weiter belastet wird.

Wie beginnt ein Ermittlungsverfahren?

Ist die Sache ernster, wird der Betroffene hiervon erfahren. Zumeist flattert ihm die **Aufforderung der Polizei** ins Haus, er möge sich **zu einer Beschuldigtenvernehmung** an einem bestimmten Termin in der Polizeidienststelle einfinden. Der mögliche Schock bei der Lektüre ist zumindest mit der Sicherheit über die Rolle in dem Verfahren verbunden: Der Briefempfänger ist Beschuldigter.

Er weiß damit, daß gegen ihn ein Ermittlungsverfahren eingeleitet worden ist. Hierfür verantwortlich ist zumeist die **Staatsanwaltschaft**. Diese Behörde hat die Aufgabe, bei Verdacht einer Straftat Ermittlungen aufzunehmen und bis zur Klärung durchzuführen. Positive Klärung heißt: Es kommt zu einer gerichtlichen Verhandlung, in der von Richtern über Schuld und Strafe des Beschuldigten (der dann Angeklagter heißt) entschieden wird. Negative Klärung bedeutet zumeist die Einstellung des Ermittlungsverfahrens, ohne daß jemals ein Richter hiermit befaßt wird.

Die Einleitung eines Verfahrens durch die Staatsanwaltschaft ist zwingend, wenn dort auch nur der geringste Hinweis vorliegt, es habe sich eine Straftat ereignet. Ein **Anfangsverdacht** – unter Umständen auch gegen einen noch unbekannten Täter – ist beim Fund einer Leiche ebenso gegeben wie beim plötzlichen Verschwinden eines Verkehrsteilnehmers nach einem Unfall. Das eine deutet auf Mord, das andere auf Unfallflucht. Woher dabei die Staatsanwaltschaft ihre Informationen bezieht, ist gleichgültig. Eine Zeitungsnotiz, eine Meldung der Polizei oder auch ein Anzeigenschreiben eines besorgten Bürgers kann Anlaß für ein Ermittlungsverfahren sein. Die Staatsanwaltschaft wird eine ordnungsgemäße Akte mit einem Aktenzeichen anlegen und den Beschuldigten in seine Registratur eintragen – das Verfahren ist eingeleitet!

Wer ermittelt? Staatsanwaltschaft...

Der Beschuldigte wird im Laufe des Verfahrens den ermittelnden Staatsanwalt nie oder nur selten zu Gesicht bekommen. Dieser begnügt sich zumeist mit der Organisation. Die eigentliche Ermittlungsarbeit verrichten seine **Hilfsbeamten: die Polizei**. Hält der Staatsanwalt die Vernehmung des Beschuldigten oder von Zeugen für notwendig, benötigt er Fotos vom Tatort, wird er regelmäßig die Polizei – zumeist spezialisierte Beamte der Kriminalpolizei – damit beauftragen. Nur in besonders wichtigen Fällen erfolgt eine Ladung unmittelbar zur Staatsanwaltschaft.

... und die Polizei

Der Beschuldigte hat damit nur Kontakt zur Polizei. Das führt manchmal zu Irritationen. Denn die **Polizei** hat neben der Aufklärung von geschehenen Straftaten **auch andere Aufgaben**: Sie wird vorbeugend tätig zur Aufrechterhaltung der **öffentlichen Sicherheit und Ordnung**. Es ist noch nichts geschehen, aber eine Gefahr kann eintreten, wenn die Polizei z.B. den Straßenverkehr regelt, Verkehrskontrollen durchführt oder die Einhaltung der Polizeistunde in Gaststätten überwacht. Diese umfassende präventive Tätigkeit ist in zahlreichen Polizeigesetzen der Länder geregelt. Teilweise können zur Gefahrenabwehr – z.B. bei anstehenden verbotenen Demonstrationen – auch Bürger verhaftet werden. Deswegen ist es für den Betroffenen häufig schwierig festzustellen, ob ein und derselbe Polizeibeamte gerade vorbeugend nach einem Polizeigesetz oder ermittelnd nach der Strafprozeßordnung tätig wird.

Der Polizeibeamte ist während einer Polizeiaktion keinen strengen Formalien unterworfen und muß den Betroffenen vor Ort nicht darüber informieren, nach welcher Gesetzesgrundlage er gerade handelt und welche Rechte sich hieraus für den Betroffenen ergeben. Das Verlesen von Rechten durch den verhaftenden Kommissar noch am Ort der Verhaftung ist nur aus amerikanischen Kriminalfilmen bekannt. Der deutsche Bürger muß um diese Information kämpfen, und sei es durch hartnäckiges Fragen.

Beschuldigter oder Zeuge?

Auch wenn für den Betroffenen feststeht, daß die Polizei wegen einer geschehenen Straftat ermittelt, ist nicht selten eine unnachgiebige und vielleicht penetrante Haltung gegenüber einem Polizeibeamten erforderlich, um den eigenen **Status des Beschuldigten zu klären**. Das gilt nicht für die schriftliche Vorladung zur Beschuldigtenvernehmung, in der die Rolle schwarz auf weiß fixiert ist. Das gilt aber z.B. für die schriftliche Vorladung zur Vernehmung, in der aus Vergeßlichkeit oder kriminaltaktischen Erwägungen der Hinweis unterlassen wurde, ob eine Beschuldigten- oder Zeugenvernehmung geplant sei. Ein klärender Anruf vorab hilft dem Betroffenen, sich auf seine Rechte und Pflichten einzustellen.

Sehr viel schwieriger ist die Klärung in Fällen, in denen die Informationen über einen Anfangsverdacht noch nicht auf den Schreibtisch des Staatsanwalts gelangt sind, also noch keine offizielle Akte angelegt ist. Wenn eine Alarmanlage nachts einen Einbruch in ein Pelzgeschäft anzeigt und die Polizeibeamten aus einem Streifenfahrzeug kurze Zeit später in unmittelbarer Nähe einen hastig davoneilenden Passanten festhalten, ist dessen rechtliche Position bei seiner überraschenden Begegnung mit der Staatsgewalt wenig geklärt. Muß er wie jeder Zeuge den Ermittlungsbehörden wahrheitsgemäß

Auskunft über alle seine Wahrnehmungen erteilen? Oder ist er nicht verpflichtet, sich durch spontane und widerlegbare Angaben selbst in den Diebstahlsermittlungen zu belasten, und darf er daher wie jeder Beschuldigte schweigen?

Die allerersten Ermittlungen der Polizei

Ein **Beschuldigter ohne Ermittlungsakte** erscheint schwer vorstellbar. Das Gesetz hat diesen Fall auch nicht ausdrücklich geregelt. Der Bundesgerichtshof hat den Polizeibeamten in der spontanen Ermittlungssituation das Recht eingeräumt, jede nur denkbare Informationsquelle zu benutzen, um sich vor Ort erst einmal einen Überblick über das Geschehen zu verschaffen. Ohne Belehrung, ohne weiteren Hinweis darf der Polizeibeamte alle greifbaren Personen in einer sogenannten informatorischen Befragung um Auskunft bitten. Dies soll den Polizeibeamten eine vorläufige Einordnung auch der Rolle des Befragten ermöglichen. Für den Befragten selbst hat dies jedoch die endgültige und oft nachteilige Konsequenz, daß seine Angaben in einem späteren Gerichtsverfahren verwertet werden können. Die erste spontane Äußerung kann ein Fehler sein, der nie wiedergutzumachen ist.

Die informatorische Befragung hat da ihre Grenzen, wo schon die äußeren Umstände verdeutlichen, daß Polizeibeamte eine Person als Tatverdächtigen ansehen. Den Mann, der mit dem blutigen Messer in der Hand neben der erstochenen Leiche von der Polizei angetroffen wird, macht schon allein die belastende Tatsituation zum Beschuldigten. Erst recht derjenige, der bei der Tatausführung von der Polizei beobachtet wird. Es gibt also den Beschuldigten auch ohne Aktenvorgang! Es kommt allein auf den Verfolgungswillen der Polizei an. Selbst in Situationen, die nicht so eindeutig wie die beschriebenen sind, hat jeder von der Polizei Befragte die Rechte des Beschuldigten, wenn der Beamte offensichtlich aktiv wird, um ihn – den Befragten – unter Umständen strafrechtlich zur Verantwortung zu ziehen.

Die **Abgrenzung** des **Beschuldigten** vom **Zeugen** ist damit leider sehr vage, in der Hektik des ersten Zugriffs oft nicht möglich. Dem Befragten, der Zweifel an der Vorgehensweise der Polizei hat und der um seine Rechte fürchtet, bleibt nichts anderes übrig, als zunächst auf Verdacht von dem Schweigerecht des Beschuldigten Gebrauch zu machen. Eine gelassenere Klärung kann später der Staatsanwalt vornehmen. Zu befürchten hat der Befragte nichts, da die Polizei ihn nicht zur Aussage zwingen kann. Droht sie mit Verhaftung wegen »Verdunkelungsgefahr«, beweist dies, daß der Befragte zu Recht vorsichtig war: Ein Haftbefehl kann nur gegen den Beschuldigten ergehen.

2. Die Vernehmung des Beschuldigten – Was der Betroffene selbst zum Tatverdacht zu sagen hat

Die Vorladung – Muß der Beschuldigte zur Polizei?

Mit der Ladung zur Vernehmung sieht sich der Beschuldigte den verschiedenen Zwängen des Strafverfahrens ausgeliefert. Die Polizei kann den Beschuldigten allerdings nicht zwingen, der Ladung Folge zu leisten. Es gibt **keine Pflicht, bei der Polizei zu erscheinen**. Auch wenn die Ladung einen autoritären Charakter zu haben scheint, auch wenn ein Polizeibeamter mit Nachdruck mündlich das Einhalten des Vernehmungstermins einfordert, der Beschuldigte darf alles schlicht ignorieren.

Es ist ein Gebot der Höflichkeit – und nicht eine gesetzliche Pflicht –, den Termin schriftlich oder telefonisch abzusagen. Eine Begründung ist ebenfalls nicht erforderlich. Ob der Beschuldigte die erlaubte Distanz zur ermittelnden Polizei einhalten will, ist eine Frage der Verteidigungsstrategie. Will er schweigen und die Ermittlungen abwarten, kann er die Absage des Vernehmungstermins mit der Angabe seiner Personalien verbinden, zu denen er ohnehin verpflichtet ist. Insoweit kann er notwendige Ermittlungen einschließlich überraschender Besuche zu Hause oder unangenehmer Befragungen in der Nachbarschaft vermeiden.

Gehorsam wird allerdings vom Beschuldigten verlangt, wenn er ausnahmsweise **vom Staatsanwalt oder gar von einem Richter zur Vernehmung geladen** wird. Erscheint er dort nicht, kann er zwangsweise vorgeführt werden. Bei einer Verhinderung aufgrund gesundheitlicher oder geschäftlicher Probleme sollte in jedem Fall zuvor eine einvernehmliche Terminaufhebung mit dem ladenden Staatsanwalt erfolgen, um dem plötzlichen Auftauchen der Staatsgewalt vor der eigenen Haustür zu entgehen.

Die Belehrung – Welche Rechte hat der Beschuldigte?

Die eigentliche Beschuldigtenvernehmung unterliegt einem strengen Ritual. Dazu gehört insbesondere die Belehrung des Beschuldigten über seine Rechte sowie die Mitteilung des Tatvorwurfs.

Diese Formalien vermitteln dem Beschuldigten einen gewissen Schutz in jeder Vernehmungssituation. Vernehmung bedeutet nicht nur das klassische Zwiegespräch auf dem Dienstzimmer des hinter seiner Schreibmaschine hockenden Kripobeamten. Die Polizei vernimmt vielmehr immer, wenn sie vom Beschuldigten irgendwelche ermittlungsbezogenen Informationen erhalten will – sei es bei einem Besuch in der Wohnung, sei es auf dem Flur des Polizeipräsidiums.

Rechte des Beschuldigten

Noch bevor der Beschuldigte irgendwelche Angaben macht, hat der Vernehmende – das gilt für den Polizeibeamten genauso wie für den Staatsanwalt und Richter – ihn darauf hinzuweisen, daß er das **Recht** hat, **nicht zur Sache auszusagen**.

»Zur Sache« heißt: zum Tatvorwurf. **»Zur Person«** muß der Beschuldigte Angaben machen. Zumeist werden daher die Personalien in das Vernehmungsprotokoll aufgenommen, bevor eine Belehrung und anschließend eine Vernehmung zur Sache erfolgt.

Die Angaben zur Person sollen allein der **Identitätsfeststellung** dienen. Der Beschuldigte muß daher Angaben über Vor-, Familien- und Geburtsnamen sowie Ort und Tag der Geburt machen. Das reicht der Polizei zur Identifizierung.

Welche Angaben zur Person können verweigert werden?

Soweit der Vernehmende **weitergehende Fragen »zur Person«** hat und sich dies sogar auf dem Vernehmungsvordruck wiederfindet, **kann der Beschuldigte** Angaben **verweigern**. Er braucht nichts zu Familienstand, Beruf, Wohnung, Staatsangehörigkeit oder gar Einkommen zu sagen. Dies sind schon Angaben »zur Sache«. Mit der Angabe eines niedrigen Einkommens hat der Beschuldigte möglicherweise schon die Motivation für die ihm vorgeworfene Betrugshandlung geliefert. Die Schilderung seiner Biographie hat vielleicht auf Anhieb mehr mit seiner Person als mit der ihm vorgeworfenen Tat zu tun; sie ist allerdings für einen um Tataufklärung bemühten Ermittler eine Fundgrube für Tathintergründe und psychologische Erklärungsmuster.

Belehrung über die zur Last gelegte Tat

Ist die Identität des zu vernehmenden Beschuldigten geklärt, ist dieser zu belehren. Dabei ist ihm zunächst mitzuteilen, **welche Tat ihm im Ermittlungsverfahren zur Last gelegt wird**. Zu Beginn der Vernehmung muß der Beschuldigte also Kenntnis haben, weshalb ein Tatverdacht gegen ihn besteht. Er kann sich sinnvoll nur verteidigen und zwischen Aussage- und Schweigeverhalten entscheiden, wenn er den Gegenstand des Ermittlungsverfahrens kennt.

Akteneinsicht erhält der Beschuldigte nicht, das wäre eine optimale Information über die Verdachtsmomente. Er soll aber über die wesentlichen Dinge des Verfahrens in verständlicher Form durch den Vernehmenden vorab unterrichtet werden. »Es geht hier um einen Diebstahl in der vergangenen Woche« ist als Information zur Verteidigung unbrauchbar. Erst recht: »Sie wissen ja, worum es geht.«

Angaben über Ort, Zeit und Art der Tatausführung sind das mindeste, was der Beschuldigte zu Beginn der Vernehmung verlangen kann.

Er sollte auch auf Informationen beharren, wenn die Ladung bereits Stichworte zum Vernehmungsgegenstand enthielt. »Betrug aufgrund einer Anzeige von Frau Müller vom 1.3.« beschreibt noch keine Straftat ausreichend. Der Vernehmungsbeamte hat zumindest zu ergänzen, durch welche Täuschungshandlung und an welchem Tag der Beschuldigte angeblich Frau Müller (um welchen Betrag?) betrogen haben soll.

Freiheit, sich zu den Beschuldigungen zu äußern

Sind dem Beschuldigten die zur Last gelegten Taten eröffnet worden, ist er vom Vernehmenden ausdrücklich und in unmißverständlicher Form darauf hinzuweisen, daß es ihm nach dem Gesetz freistehe, sich zu den Beschuldigungen zu äußern oder nicht zur Sache auszusagen. Darüber hinaus könne er jederzeit, auch schon vor seiner Vernehmung, einen von ihm zu wählenden Verteidiger befragen.

An dieser Stelle der Vernehmung beginnt eine entscheidende Weichenstellung des Strafverfahrens. Das Gesetz unterstellt nicht einfach die allgemeine Kenntnis der Staatsbürger über ihre Rechte im Strafverfahren. Die Belehrung ist mehr als bloße Formalie. **Unterbleibt die Belehrung hinsichtlich des Schweigerechts** zu Beginn der Vernehmung, hat dies Konsequenzen für den gesamten späteren Strafprozeß vor Gericht: Die **Angaben des Beschuldigten** in dieser Vernehmung **können nicht** gegen ihn **verwertet werden.**

Darf ein Verteidiger bei der Vernehmung dabeisein?

Die Belehrung umfaßt auch den Hinweis auf einen tragenden Grundsatz des Strafverfahrensrechts, nämlich des Rechts des Beschuldigten, sich in jeder Lage des Verfahrens eines Verteidigers als Beistand zu bedienen.

Wann ist die Beiziehung eines Verteidigers sinnvoll?

Die Entscheidung, einen Verteidiger beizuziehen, stellt sich für den Beschuldigten spätestens dann, wenn eine Vernehmung und damit eine Entscheidung über die Verteidigungsstrategie ansteht. Meint der Beschuldigte, durch Erscheinen bei der Polizei ohne einen Anwalt eine Haltung der

Hilflosigkeit und damit so etwas wie Mitleid beim vernehmenden Beamten zu erzeugen, unterschätzt er dessen dienstliches Interesse an einer unbehinderten Erledigung seines Falles.

Tatsächlich kann heute kaum ein Beschuldigter auf die Rechtskenntnis und die strafprozessuale Erfahrung eines Anwalts verzichten, wenn er sich schon im Ermittlungsverfahren **optimal verteidigen** will. Ob er schweigen oder Angaben machen will, kann er ohne rechtliche Überlegungen zu den Konsequenzen nicht sinnvoll abschätzen.

Akteneinsicht nur durch Verteidiger

Von unschätzbarem Wert ist die Informationsbeschaffung durch den Verteidiger. Nur er – und nicht der Beschuldigte – hat ein **Recht auf Akteneinsicht**. Allein diese anwaltliche Akteneinsicht garantiert eine vollständige Information des Beschuldigten über Tatvorwürfe und detaillierte Kenntnis der Beweismittel der Ermittlungsbehörden. Nur auf diesem Wege weiß der Beschuldigte, was Staatsanwalt und Polizei wissen, und er kann sich hierauf einstellen. Die fehlende Kenntnis der Ermittlungsakte wird er unter Umständen spätestens bedauern, wenn er auf der Anklagebank sitzt.

Kosten

Nachteilig ist für den Beschuldigten ein finanzielles Risiko. Die Bestellung eines vom Staat bezahlten Pflichtverteidigers ist während des Ermittlungsverfahrens die große Ausnahme, das Bestellungsverfahren kompliziert.

Nachteilig ist auch eine seltsame gesetzliche Regelung, die die Anwesenheit des Verteidigers bei Vernehmung durch die Polizei nicht garantiert. Hat der Verteidiger noch ein Recht, bei Vernehmungen der Staatsanwaltschaft oder des Richters dabeizusein, fehlt ein solcher Anspruch gegenüber der Kriminalpolizei. Die Rechtsprechung schließt hieraus, daß die Polizei dem Verteidiger die Anwesenheit verwehren kann, sie kann ihn aber auch großzügigerweise zulassen.

Der Beschuldigte selbst kann diese Situation unterlaufen. Da er das Recht hat, vollständig die Aussage zu verweigern, kann er auch gegenüber der Polizei verkünden, er sage nichts ohne seinen Anwalt. Die Polizei wird dann entscheiden müssen, ob sie sich mit dem bedingten Schweigen begnügt oder Angaben des Beschuldigten – wenn auch in Gegenwart des Verteidigers – entgegennimmt. An umfassender Information interessiert, wird sie sich meist für letzteres entscheiden. Notfalls muß das Eintreffen des Anwalts während der Vernehmung abgewartet werden.

Der Anwalt kann auch dabei helfen, die Vernehmung völlig überflüssig werden zu lassen. Angaben zur Sache müssen nicht zwingend mündlich gegenüber der Kripo abgegeben werden. Braucht der Beschuldigte ohnehin nicht bei der Polizei zu erscheinen, kann sein Verteidiger auch schon im Vorfeld einer Vernehmung ankündigen, er werde für den Beschuldigten nach Akteneinsicht **schriftlich Angaben zur Sache** machen.

Das Recht zu schweigen – Ist Untätigkeit eine gute Verteidigung?

Schweigen gilt allgemein als unhöflich. Was im gesellschaftlichen Umgang verpönt ist, kann der Beschuldigte einem Vernehmungsbeamten als Gesprächspartner nur schwerlich zumuten. Das Schweigen als ein Recht zu erkennen und unter Umständen sogar als dringend gebotene Verteidigungsmaßnahme, fällt dem im Prozeß Unerfahrenen schwer.

Trotz aller gesitteten und teils zuvorkommenden Verhaltensweisen eines Polizeibeamten ist die Vernehmung kein Gespräch, das an den herrschenden sozialen Umgangsformen gemessen wird. Es ist eine Kriminaluntersuchung, an deren Ende ein für den Beschuldigten verheerendes Strafurteil der allmächtigen Staatsgewalt stehen kann. Kein Bürger hat die Pflicht, selbst in den weit geöffneten Rachen der Justiz zu springen oder sich auch nur in diese Gefahr zu begeben. Nach schlimmen Erfahrungen mit selbstherrlicher Justiz in der Historie, die in Folterungen zum Zwecke des Geständnisses ihren Höhepunkt fanden, gilt es als festgefügter **Grundsatz** des modernen Rechtsstaats, **daß sich niemand in einem Strafverfahren selbst zu belasten braucht**. Niemand – weder der Schuldige noch der Unschuldige, weder der Kriminelle noch der unbescholtene Bürger – niemand muß der Polizei oder dem Gericht Beweise dafür liefern, daß er verurteilt werden kann.

Schweigen als Verteidigungsstrategie?

Der Beschuldigte darf schweigen. Er darf darüber hinaus sein gesamtes Aussageverhalten so einrichten, wie er es für sinnvoll hält. Er kann nur zu bestimmten Punkten Angaben machen, aber zu anderen schweigen. Er kann bei der polizeilichen Vernehmung zunächst schweigen, aber in einem späteren gerichtlichen Prozeß reden – oder umgekehrt. Der Beschuldigte entscheidet selbst, wie weit er sich zum Beweismittel in eigener Sache machen will.

Der praktische Nutzen des Schweigerechts bleibt dem unerfahrenen Beschuldigten häufig verborgen. Er will sich verteidigen, und Verteidigen heißt aktiv sein, heißt in der Vernehmung: Stellung nehmen und reden.

Schweigen hat den Nachteil, daß das **Recht auf Gehör** verspielt wird. Nach diesem allgemeinen Prinzip hat die Staatsgewalt die Verpflichtung, dem Bürger vor einer belastenden Entscheidung die Möglichkeit zu einer Stellungnahme zu gewährleisten. Auch im Strafverfahren muß die Staatsanwaltschaft vor einem belastenden Abschluß des Ermittlungsverfahrens, z.B. eine Anklageschrift, das rechtliche Gehör einräumen. Hierzu wird dem Beschuldigten in der Vernehmung Gelegenheit gegeben.

Schweigt der Beschuldigte oder geht er erst gar nicht zum polizeilichen Vernehmungstermin, haben die Ermittungsbehörden insoweit ihre Pflicht erfüllt. Der Beschuldigte kann nicht verlangen, statt von der Kripo vom Staatsanwalt oder vom Richter vernommen zu werden.

Schweigen heißt nicht: untätig sein. **Schweigen** kann vielmehr eine **sinnvolle Verteidigungsstrategie** sein. Der Verlust der Möglichkeit, persönlich zu Vorwürfen Stellung zu nehmen, kann durch andere Vorteile mehr als wettgemacht werden.

Reden kann Nachteile bringen!

Reden bringt oft unvorhersehbare Nachteile für den Beschuldigten. Häufig meint dieser in naiver Unschuld, er brauche dem Polizeibeamten nur mal eben die Wahrheit zu erzählen, und schon werde das Lügengebäude des Anzeigenerstatters zusammenbrechen. Das beste, was er damit erreichen kann, sind zwei völlig verschiedene Sachverhaltsdarstellungen in der Akte – eine in der Anzeige und eine in der Beschuldigtenvernehmung. Aussage gegen Aussage, das ist nicht unbedingt ein erfreuliches Ergebnis für den Beschuldigten. Die Staatsanwaltschaft wird die Frage, wem zu glauben ist, offenlassen und Anklage erheben, damit im

Strafprozeß der Richter eine endgültige Entscheidung treffen kann. Das war sicherlich nicht das Ziel des Beschuldigten.

Es kann aber noch schlimmer kommen. Im Laufe der Vernehmung bemerkt der offen redende Beschuldigte häufig, daß der Polizeibeamte nicht unbedingt der aufgeschlossene Gesprächspartner ist, als den dieser sich zunächst dargestellt hatte. Viele Dinge, die der Beschuldigte zu seiner Entlastung vorgetragen hat, werden skeptisch hinterfragt und überraschend in ihr Gegenteil verkehrt.

Beispiel 1

Der Beschuldigte, der mit dem Vorwurf der Vergewaltigung seiner früheren Freundin konfrontiert wird, gibt in aller Offenheit zu, daß es in der vergangenen Woche ein Versöhnungsgespräch zwischen beiden gegeben habe, bei dem es auch zu sexuellen Kontakten kam. »Es kam also zum Geschlechtsverkehr«, konstatiert der Vernehmende. Der Beschuldigte will die besondere Einvernehmlichkeit des sexuellen Geschehens darstellen und beschreibt in allen Details den lustvollen und zum Teil heftigen Liebesakt. »Ganz schön gewaltsam«, stellt die Polizei fest, die aus der gesamten Darstellung nur eine Betrachtungsweise wählt: ein gewaltsam durchgeführter Geschlechtsverkehr. Daß dieser gegen den Willen der Frau durchgeführt wurde, ergibt sich aus deren Anzeige.

Der Beschuldigte hat durch sein rechtfertigendes Reden das Tatbild abgerundet. Durch Schweigen statt Reden hätte er sich zumindest nicht geschadet.

Beispiel 2

Die Ehefrau soll ihren Mann im Bett erschlagen haben. Bei der Polizei legt sie ein Geständnis ab. Totschlag – bis zu 15 Jahren Freiheitsstrafe drohen ihr maximal. Bei der Vernehmung fragt sie der Kommissar vertrauensselig: »Ihr Mann hat doch sicherlich geschlafen, als Sie zugeschlagen haben?« Dies hat er zwar nicht, aber die beschuldigte Ehefrau will sich im nachhinein nicht als ganz brutale Verbrecherin darstellen, die den Ehemann sehenden Auges tötet. Sie bejaht daher die Frage und begeht damit unbewußt einen eklatanten Fehler.

Die Tötung des Schlafenden wird von der Rechtsprechung als heimtückisch bewertet. Die Heimtücke macht aus dem Totschlag einen Mord. Strafe: Lebenslänglich.

Beschuldigte werden darüber sinnieren, daß es die Aufgabe der Polizei ist, gleichermaßen belastende wie entlastende Umstände zu ermitteln. In der Praxis wird die Karriere eines Kommissars aber nicht durch zahlreiche Fälle gefördert, in denen er dem Prinzip der Unschuldsvermutung zum Sieg verholfen hat. Er wird am Ermittlungserfolg gemessen, und das ist die Präsentation eines Tatverdächtigen. Dies ist ein nicht unbeachtlicher Faktor bei der Entscheidung des Beschuldigten, ob er schweigen oder der Kripo Informationen anvertrauen soll.

Angaben des Beschuldigten können auch gegen ihn selbst verwandt werden. Dies ist mißlich bei Schilderungen, die der Beschuldigte wahrheitsgemäß abgibt und allein seiner Entlastung dienen sollen. Dies ist fatal bei unzutreffenden Angaben. Hier kann **der Beschuldigte der Lüge überführt** werden.

Auch der unschuldige Beschuldigte kann ein Interesse daran haben, vor der Polizei angesichts eines einzelnen Tatvorwurfs nicht sein ganzes Leben auszubreiten. Die Anbahnung eines geheimen Geschäfts, der Besuch des beschuldigten Ehemanns bei einer Freundin, diese Tatsachen haben mit dem Tatvorwurf unter Umständen nichts zu tun. Da dies den Polizeibeamten auch nicht zu interessieren hat, werden diese Punkte in der Aussage kaschiert, beschönigt oder durch eine »Notlüge« weggelassen. Der Polizeibeamte kann häufig aufgrund seines Informationsvorsprungs aus der Akte diesen Teil der Aussage als Lüge entlarven. Ob unmittelbar taterheblich oder nicht, der Beschuldigte hat einen Großteil seiner **Glaubwürdigkeit verspielt**. In einem späteren Urteil muß er unter Umständen lesen, daß es mit seiner Charakterfestigkeit nicht weit her ist, da er sogar einen Polizeibeamten belogen hat.

Bringt Schweigen prozeßrechtliche Nachteile?

Wegen der Lüge selbst darf der Beschuldigte nicht bestraft werden. Manche Juristen behaupten gar, er habe das Recht zu lügen. Er kann aber keineswegs davor bewahrt werden, daß ein Gericht diese Lüge als eines – von mehreren – Indizien heranzieht, um sich eine Überzeugung von der Täterschaft des Angeklagten zu verschaffen. Alle diese Nachteile vermeidet der schweigende Beschuldigte. Es mag ihn bei der Ausübung dieses Rechts ein ungutes Gefühl beschleichen. Er könne vielleicht den Eindruck erwecken, er habe etwas zu verbergen. Ein professioneller Kommissar, Staatsanwalt oder Richter wird diesen Eindruck nicht haben – selbst wenn, so ist er gezwungen, das Schweigen zu respektieren. Dem Beschuldigten darf **aus der Wahrnehmung des Schweigerechts keinerlei Nachteil** entstehen. Er wird nicht später im Urteil lesen, daß das Schweigen bereits ein Verdachtsmoment sei. Das Gericht muß seine Überzeugung ausschließlich auf andere Beweismittel stützen. Schweigt die des Totschlags verdächtige Ehefrau im o.a. Beispiel und hat das Gericht angesichts der Zweisamkeit der Tötungssituation keine anderen Beweismittel, wird der Schlaf des Ehemannes und damit ein Mord kaum nachgewiesen werden können.

Will der Beschuldigte sich prozeßrechtlich in vollständiger Sicherheit wiegen, muß er auch vollständig schweigen. Das **Teilschweigen** kann zu seinem Nachteil ausgelegt werden. Bestreitet der Beschuldigte einer Unfallflucht, zur Tatzeit sein Auto gefahren zu haben, und behauptet, ein Verwandter sei gefahren, so hat er bereits teilweise Angaben zur Sache gemacht. Macht er darüber hinaus keine Angaben, schweigt er nur teilweise. Dieses gesamte Aussageverhalten ist später einer richterlichen Bewertung zugänglich.

Diese Bewertung kann auch negativ sein, etwa in dem Sinne, daß der Verdächtige durch sein Teilschweigen tatsächlich etwas verbergen wollte. Der im Schweigen Schutz suchende Beschuldigte hat also jede Veranlassung, dem Drängen des Vernehmungsbeamten, »zumindest« zu einzelnen Fragen Stellung zu nehmen, zu widerstehen.

Anträge zur Beweiserhebung – Was kann der Beschuldigte außer Schweigen tun?

Trotz Schweigens kann der Beschuldigte aktiv an seiner Verteidigung arbeiten. Das Gesetz gibt ihm das Recht, zu seiner Entlastung die Aufnahme von Beweisen zu beantragen. Leider hat das Gesetz nicht mit derselben Deutlichkeit bestimmt, daß die Ermittlungsbehörden diesen Anträgen auch nachgehen müssen. Ein sehr starkes formales Beweisantragsrecht hat der Beschuldigte erst später in einer gerichtlichen Hauptverhandlung. Polizei und Staatsanwaltschaft können mit den Anträgen nach Gutdünken verfahren.

Das **Antragsrecht zur Beweiserhebung** gibt gerade dem ansonsten schweigenden Beschuldigten eine hervorragende Möglichkeit, die belastenden Angaben in der Ermittlungsakte zu widerlegen und seine Sicht der Dinge in das Verfahren einfließen zu lassen, ohne daß er sich selbst hierzu äußert. Auch wenn er dies schriftlich beantragt, hat er dabei darauf zu achten, daß seine Ausführungen nicht als eigene Stellungnahme zum Tatvorwurf gewertet werden, sondern lediglich aufklärungsbedürftige Sachverhalte und die der Aufklärung dienenden Beweismittel angeführt werden. Einen solchen Tanz auf der Rasierklinge beherrschen zumeist nur die Profis, weshalb derartige Anträge regelmäßig dem Verteidiger überlassen werden sollten.

Fragen und Antworten – Wann muß der Beschuldigte besonders hellhörig sein?

Wer als Beschuldigter in der Vernehmung redet, läßt sich auf ein für ihn ungewisses Frage-Antwort-Spiel ein. Der vernehmende **Kriminalbeamte** hat häufig **ein Ziel: das Geständnis**. Er wird seine gesamte kriminaltaktische und psychologische Erfahrung einbringen, um den erstrebten Vernehmungserfolg zu erreichen.

Der Beschuldigte verfolgt mit seiner Darstellung meist andere Ziele. Will er gestehen und den Vorwurf einräumen, wird er in seiner Schilderung um Verständnis für Motivation und Tathintergrund werben. Bestreitet er, will er einen ihn entlastenden

Sachverhalt zu den Akten bringen. In jedem Fall gibt es genügend unterschiedliche Interessen, die Konfliktstoff für die anstehende Gesprächsrunde bieten. Regeln sind daher dringend nötig und – in geringem Umfang – auch vom Gesetz vorgesehen.

Die vollständige Geschichte des Beschuldigten steht am Anfang

Ein Gespräch wird durch Fragen gelenkt. Der Beschuldigte hat unter Umständen als lediglich Antwortender gar nicht die Möglichkeit, seines Erachtens entlastende Sachverhalte in die Vernehmung einzuführen. Er sollte sich daher gegen die Vorgabe der Thematik durch den Vernehmenden wehren. Hierzu hat er ein Recht. Will er sich wirksam verteidigen, muß er zunächst Gelegenheit haben, seine eigene Geschichte vollständig zu erzählen. Er hat **das Recht, sich zur Sache im Zusammenhang zu äußern**. Hierauf muß er bestehen, auch wenn den Vernehmenden aus seiner anders gearteten Interessenlage vielleicht ganz andere Themen zu Beginn des Gesprächs interessieren.

Achten Sie auf die Art der Fragestellung!

Erst im Anschluß an den Bericht des Beschuldigten darf nachgefragt werden. Die **Art der Fragestellung** ist von enormem Einfluß. Allein die Formulierung der Frage kann Ausgangspunkt dafür sein, die Antworten in bestimmte Richtungen zu lenken, im schlimmsten Fall die Wahrheit »verbiegen«. Im Ergebnis ist im Vernehmungsprotokoll etwas anderes zu lesen, als der Beschuldigte eigentlich sagen wollte.

Beispiel

»Auf diese Beleidigung haben Sie doch bestimmt das Messer gezogen und in blinder Wut sofort zugestochen?« fragt der Kommissar verständnisvoll, obwohl vom Zustechen im Bericht des Beschuldigten noch keine Rede war. Wer will sich der mitfühlenden Version des Polizisten schon verschließen? Es ist das einfachste für den Beschuldigten, mit »Ja« zu antworten. Der Vernehmende ist zufrieden, fragt nicht weiter. Der Beschuldigte ist vielleicht froh, nicht mit denkbaren belastenderen Varianten des Tatbildes konfrontiert zu werden.

Ist die erwartete Antwort in der Fragestellung erkennbar, drängt sie sich sogar auf oder läßt keine andere Möglichkeit zu, bindet der Vernehmende den Beschuldigten in unzulässiger Form. Es bedarf schon überdurchschnittlichen Durchsetzungsvermögens des Beschuldigten, den Vorgaben in einer solchen **suggestiven Fragestellung** zu widerstehen. Einem solchen Druck darf der Beschuldigte nicht ausgesetzt werden.

Beispiel

Im angeführten Beispiel waren die Vorgaben noch relativ leicht erkennbar. Schwieriger zu durchschauen sind die durch Sprache **versteckten Vorgaben in der Frage**. Der Beschuldigte einer Unfallflucht wird z.B. zu seinen Wahrnehmungen hinsichtlich der Kollision seines Autos mit einem anderen Kraftfahrzeug gefragt. »Haben Sie bemerkt, wie sich die beiden Autos berührten?« wäre eine mögliche Fragestellung. Diese läßt dem Beschuldigten die Darstellung offen, von dem Unfall selbst nichts gehört zu haben und daher weitergefahren zu sein.

»Wie haben Sie reagiert, als die beiden Autos zusammenkrachten?« läßt dem Beschuldigten diese Chance nicht. Will er die Frage ohne einen logischen Bruch beantworten, kann er allenfalls schildern, wie kopflos er war, und daß er dachte, es sei vielleicht alles nicht so schlimm. Daß er den Unfall bemerkt hat, ist schon nach der Fragestellung selbstverständlich; denn ein Zusammenkrachen ist laut und wird von jedermann gehört. Will der

Beschuldigte dem Vernehmenden aber klarmachen, daß er wirklich nichts gehört hat, muß er zunächst gegen die Fragestellung ankämpfen.

Das Vorgehen des Vernehmenden wäre **unfair, aber nicht verboten.** Viele solcher Fragestellungen werden allein dem Rahmen der **zulässigen Kriminaltaktik** zugeordnet. Der Fragesteller gilt als geschickt, der auf diese Weise den Beschuldigten bindet, spätere Widersprüche schon in einer frühen Phase der Vernehmung vorbereitet, einen Meilenstein setzt auf dem erstrebten Weg zum Geständnis des Beschuldigten.

Der Typ des Vernehmenden

Auch auf die **Konfrontation mit Typen** muß sich der Beschuldigte zulässigerweise einstellen. Typ »harter Hund« pflegt einen barschen Ton, glaubt dem Beschuldigten nichts und malt ihm in düsteren Farben die Hölle der strafrechtlichen Verurteilung ohne Geständnis aus. Typ »Beichtvater« ist schmerzvoll ergriffen vom Schicksal des Beschuldigten und legt seine ganze Kraft an den Tag, um diesem in seiner mißlichen Lage zu helfen.

Als Höhepunkt kriminalistischer Vernehmungstaktik gilt die Kombination beider Typen. Zwei Kriminalbeamte vernehmen. Der »harte Hund« schockt, der »Beichtvater« nimmt später die erwünschten Angaben entgegen.

Verbotene Vernehmungsmethoden – Was ist der Polizei nicht erlaubt?

Diesem taktischen Treiben setzt das Gesetz nur wenige Grenzen. **Der Beschuldigte darf nicht beeinträchtigt werden** durch Mißhandlung, Ermüdung, körperlichen Eingriff, Verabreichen von

Mitteln, Quälerei, Täuschung, Hypnose oder das Versprechen ungesetzlicher Vorteile.

Körperliche Mißhandlungen

Diese Kollektion der verbotenen Vernehmungsmethoden enthält rechtsstaatliche Selbstverständlichkeiten. Angaben, die nach **körperlichen Mißhandlungen** gemacht werden, sind im Prozeß nichts wert. Nur die vom Zwang unbeeinflußte Aussage des Beschuldigten kann taugliches Beweismittel sein. Das gebietet nicht nur die Achtung der Menschenwürde, sondern auch die Suche der Strafverfolgungsbehörde nach der Wahrheit. Das Geständnis nach Folter und Hypnose fördert die Aufklärung nicht.

Das Prinzip der Folter ist abgeschafft. Dazu gehören auch alle technischen Errungenschaften mit demselben mittelalterlichen Effekt. Verabreichung von Elektroschocks sind ebenso unzulässig wie Anstrahlen mit grellem Licht, unerträgliche Kälte oder Hitze oder Nahrungsentzug. Das bloße Nichtstun des Vernehmungsbeamten kann auch unzulässige Quälerei sein, wenn er den Beschuldigten trotz Verletzung oder Krankheit medizinisch unversorgt läßt, wenn er den Heroinsüchtigen in einer Situation beläßt, in der dieser unter erheblichen Entzugserscheinungen leidet.

Würde der Kripobeamte einen »Schuß« Heroin spendieren, wäre das nicht nur strafbar, sondern auch eine unzulässige Verabreichung von Mitteln, damit eine verbotene Vernehmungsmethode. Er muß unter Umständen ganz auf die Vernehmung verzichten. Spendieren darf er Kaffee, Tee, Cola und Tabak, unter Umständen eine Aspirin. Verboten sind alle hemmungslösenden und einschläfernden Präparate oder Weckmittel.

Schlafentzug

Der **Entzug von dringend notwendigem Schlaf** ist ebenso verboten. Das Bild des physisch und psychisch gebrochenen Beschuldigten nach zwei Tagen ununterbrochener Vernehmung sollte die grausame Verirrung von diktatorischen Polizeistaaten bleiben. Andererseits gilt es als nicht verboten, wenn der Polizeibeamte die schlichte Bemerkung des Beschuldigten ignoriert, er sei müde. Selbst nächtliche Vernehmungen sind gestattet, da ansonsten Beweismittelverlust drohen könne. Der Beginn einer Vernehmung, nachdem der Beschuldigte dreißig Stunden zuvor keine Schlafgelegenheit hatte, dürfte dagegen nicht mehr erlaubt sein.

Was eine **verbotene Täuschung** ist, läßt sich ungleich schwieriger feststellen. Die bereits geschilderte Schauspielerei von Kripobeamten, die sogar bestimmte Vernehmungsrollen einnehmen, ist sicherlich unaufrichtig und daher eine Täuschung. Unehrlich ist häufig auch die Behauptung des Polizisten, ein ganzer Kerl müsse sich offen zu seiner Tat bekennen (der Polizist selbst würde als Beschuldigter das Schweigen immer vorziehen!). Das ist alles gesetzlich nicht verboten, sondern **geschickte kriminalistische List**. Ein bißchen Täuschung ist daher erlaubt.

Unerlaubte Täuschung – wann liegt sie vor?

Vernünftige Abgrenzungen der erlaubten List von der unerlaubten Täuschung gibt es nicht. Vernehmungstaktik verbleibt oft in einer legalen Grauzone. **Eindeutig gesetzeswidrig** handelt die Polizei allerdings dann, wenn sie den Beschuldigten mit Ermittlungsergebnissen konfrontiert, die es gar nicht gibt. Die Einleitung einer Vernehmung mit dem unzutreffenden Hinweis, Leugnen sei zwecklos, weil ein Fingerabdruck am Tatort identifiziert worden sei, wird auch von der Kripo nicht mehr als geschickte List angesehen. Sie ist mit der Achtung der Strafjustiz vor der Willensfreiheit des Beschuldigten nicht mehr zu vereinbaren und daher verboten. Der Polizeibeamte überschreitet ebenso seine Kompetenzen, wenn er dem beschuldigten Verkehrsteilnehmer erklärt, dieser sei von einem Zeugen als Fahrer wiedererkannt worden, obwohl die Ermittlungsakte nicht den geringsten Hinweis auf einen Zeugen enthält. Ebenso beliebt wie unzulässig ist der achselzuckende Hinweis des Kommissars, der soeben verhaftete Mitverdächtigte, der parallel im Nebenraum vernommen wird, habe soeben ein Geständnis abgelegt – obwohl dieser tatsächlich beharrlich schweigt. Gleiches gilt, wenn er fälschlicherweise pauschal ohne Nennung von Beweismitteln von einer erdrückenden Indizienkette spricht, die dem Beschuldigten angeblich keine Chance lasse.

Täuschen kann der Vernehmende auch über Rechtsfragen. Die Ansichten, der Beschuldigte müsse eine Aussage machen, eine Vernehmung sei ein unverbindliches Gespräch, das nicht weiter verwertet wird, oder ein Schweigen könne als Schuldeingeständnis gewertet werden, sind hier schon als schlicht falsch dargestellt worden. Werden sie vom Kommissar dem Beschuldigten als richtig vorgehalten, täuscht er ihn gesetzeswidrig. Er führt ihn in die Irre.

Besteht bereits vor der Vernehmung ein Irrtum beim Beschuldigten, wird die Rolle des Vernehmenden im Grenzbereich zwischen erlaubter und verbotener Vorgehensweise noch undurchsichtiger. Der Beschuldigte kann aufgrund eigener falscher Schlußfolgerungen annehmen, er sei bei der Tatausführung gefilmt worden, er müsse daher zur Verbesserung seiner Situation ein Geständnis ablegen. Erkennt der Polizeibeamte den Irrtum und nutzt ihn aus, ist dies erlaubt. Unterstützt und vertieft er den Irrtum durch zusätzliche eigene Angaben, ist dies verboten.

Drohungen

Ein klassisches Mittel der Aussagebeeinflussung ist das **Drohen mit** gesetzlich eigentlich vorgesehenen **Maßnahmen**, die aber im konkreten Fall **unzulässig** sind. Schweigt zum Beispiel der Beschuldigte, wird er häufig zum Reden gebracht mit dem Hinweis, ohne seine Angaben müßte jetzt ein Haftbefehl gegen ihn ergehen. Es liege nämlich Verdunklungsgefahr vor. Tatsächlich hat zumeist der Vernehmende keine Anhaltspunkte dafür, daß der Beschuldigte irgendwelche Beweismittel vernichten könnte. Es liegt keine Verdunklungsgefahr vor, ein Haftbefehl dürfte richtigerweise nicht erlassen werden.

Versprechen von Vorteilen

Nicht selten soll der Beschuldigte durch **Versprechen ungesetzlicher Vorteile** in seinem Mitteilungsbedürfnis bestärkt werden. Geld für ein Geständnis ist sicher ungesetzlich, aber auch selten. Häufig sind unzulässige Versprechen in der Haftsituation. Die Behauptung des Polizisten, bei einem Geständnis werde der Haftbefehl aufgehoben, fällt unter die verbotene Vernehmungsmethode. Denn er verspricht etwas, worauf er keinen Einfluß hat. Er überschreitet seine Kompetenz. Für die Aufhebung des Haftbefehls ist allein der Haftrichter zuständig. Der dürfte allerdings zulässigerweise darauf hinweisen, daß aufgrund der besonderen Verfahrenslage eine Verdunklungsgefahr durch glaubwürdige Angaben des Beschuldigten beseitigt werden könnte, der Haftbefehl also wahrscheinlich bei einem Geständnis aufgehoben wird. Wie auch bei der Täuschung besteht hier bei geschickter Formulierung des Vernehmenden ein weiter Handlungsspielraum.

Wie sind Aussagen aufgrund verbotener Vernehmungsmethoden zu behandeln?

Werden vom Beschuldigten **Aussagen aufgrund verbotener Vernehmungsmethoden** gemacht, sind die **Folgen weitreichend**. Die Aussage ist so zu behandeln, als wäre sie niemals gemacht worden. Sie ist schlicht zu ignorieren, von allen Verfahrensbeteiligten und in allen Strafverfahren. Das Gericht muß überprüfen, ob es auch ohne die Aussage des Beschuldigten genügend andere Beweismittel hat, um zu einer Verurteilung zu kommen. Gibt es keine anderen Beweismittel, wird es später den Angeklagten unter Umständen freisprechen müssen, obwohl dieser aufgrund verbotener Vernehmungsmethoden bei der Polizei ein Geständnis abgelegt hatte.

Verwertungsverbot der Aussage

Es besteht damit ein **Verwertungsverbot der Aussage**. Dies gilt allerdings nicht in alle nur denkbaren Richtungen. Gesteht der Beschuldigte z.B. aufgrund von Folterungen einen Mord, ist diese Aussage unverwertbar. Beschreibt er in der Aussage das Versteck der noch nicht entdeckten Leiche und wird diese von der Polizei nunmehr gefunden, soll die Leiche selbst als Beweismittel durchaus in einem gerichtlichen Verfahren benutzt werden können. Die Untersuchung der Leiche selbst kann unter Umständen den Beschuldigten als Täter entlarven. Diese Beweisführung wäre als Umgehung des Verwertungsverbots in angelsächsischen Ländern undenkbar. Dort gilt die Fernwirkung des Verwertungsverbots. Dies halten auch bei uns viele Juristen für die einzig logische Konsequenz des Verbots bestimmter Vernehmungsmethoden. Die Strafprozeßordnung legt sich jedoch in dieser Frage nicht fest, der Bundesgerichtshof hält standhaft an seiner Rechtsprechung fest, wonach eine Fernwirkung grundsätzlich abzulehnen sei.

Die **praktische Bedeutung der Vernehmungsverbote** ist eher gering. Obwohl sie in Festvorträgen der Juristen als grundsätzliche Wertentscheidung anerkennend von allen Seiten Beifall finden, beschäftigen Strafgerichte sich seltener mit den Verboten. Das liegt weniger daran, daß Polizeibeamte über jeden rechtsstaatlichen Zweifel erhaben sind und den Versuchungen einer Täuschung oder eines ungesetzlichen Versprechens widerstehen können. Der Grund dürfte eher darin liegen, daß die polizeilichen Vernehmungen in der Praxis jeglicher Kontrolle entzogen sind. Fühlt sich der Beschuldigte nach seiner Vernehmung von dem Kommissar übel getäuscht, ist er in der Verlegenheit, ein Gericht von dieser ungesetzlichen Vernehmungsmethode hinter den verschlossenen Türen des polizeilichen Dienstzimmers zu überzeugen. Er wird die Erfahrung machen, daß nur selten der Kommissar vor Gericht bereit sein wird, sein Fehlverhalten einzugestehen.

Das Vernehmungsprotokoll – Was muß der Beschuldigte schwarz auf weiß als seine Aussage gelten lassen?

Beschränkt der Beschuldigte seine Aufmerksamkeit während der Vernehmung lediglich darauf, daß ihm korrekte Fragen gestellt werden und er nicht unzulässigerweise getäuscht wird, begeht er unter Umständen eine kaum wiedergutzumachende Unterlassung. Er begibt sich in noch sehr viel weitergehendem Maße in die Hände des Vernehmungsbeamten.

Beispiel

Hat er beispielsweise in schillernden Farben den Polizeibeamten seine psychisch angespannte Situation am Morgen des Tattages geschildert, hat er über seine langen deprimierenden Erfahrungen mit seiner ihn grausam quälenden Ehefrau berichtet, hat er unter Umständen versucht, nachvollziehbar die Situation zu beschreiben, in der ihn haßverzerrt seine Ehefrau wieder am Frühstückstisch angebrüllt hat und er in einem Reflex mit dem Brotmesser zugestochen hatte, muß er möglicherweise zu einem späteren Zeitpunkt im Protokoll lesen:

»Ich war an diesem Morgen wieder wütend auf meine Frau. Ich weiß auch nicht, wie es geschehen konnte. Beim Frühstück habe ich dann plötzlich das Messer ergriffen und ihr gezielt dreimal dieses Messer in der Herzgegend in den Körper gestoßen. Meine Frau hatte keine Möglichkeit, sich zu wehren.«

Worauf Sie bei der Protokollierung achten müssen!

Von einer wortgetreuen Wiedergabe der Aussage des Beschuldigten kann im Protokoll keine Rede sein. Erstaunlicherweise ist dies auch gesetzlich nicht vorgeschrieben. Es soll ausreichen, wenn der vernehmende Polizeibeamte, ausgestattet mit seiner kriminalistischen Erfahrung, eine **korrekte Inhaltsangabe der Aussagen des Beschuldigten** wiedergibt.

Dabei hat der Vernehmende die Aussage unverfälscht und wahrheitsgetreu wiederzugeben. Daß in der Praxis viele Vernehmungsprotokolle an diesem hohen Anspruch scheitern müssen, ergibt sich aus der Natur der Sache. Die **vom Polizeibeamten verfaßte Inhaltsangabe** muß notgedrungenerweise immer Teile der Aussage weglassen. Auslassungen führen bereits zu **Verfälschungen**, jedenfalls zu **Mißverständnissen**.

Die Auswahl der zu protokollierenden Angaben trifft der Vernehmende. Der Polizeibeamte wählt damit aus, was wichtig und was unwichtig ist. Hat er allzusehr sein vorläufiges Bild von der Tat vor Augen, orientiert sich seine Auswahl an diesem Tatbild und nicht an dem vom Beschuldigten geschilderten Bild.

Nicht die Worte des Beschuldigten finden sich im Protokoll wieder, sondern die **Formulierungen des Polizeibeamten**. Dies wird als hohe Kunst des Kriminalisten gepriesen, wenn er mit seinen präzisen Worten exakt und auf den Punkt gebracht den Kern der Aussage wiederzugeben vermag. Daß das eigentliche Interesse des Beschuldigten und das, was er eigentlich sagen wollte, möglicherweise dabei auf der Strecke bleibt, ist angesichts der menschlichen Schwächen des Vernehmenden nur allzu natürlich.

Praxis der Protokollierung

Wie in dem obigen Beispiel gezeigt, bevorzugen die meisten Vernehmenden für ihren **Bericht** die **»Ich-Form«**. Das legt beim späteren Leser den Eindruck nahe, als habe der Beschuldigte tatsächlich die Angaben in der Form gemacht, wie sie protokolliert worden sind. Schon damit **verfälscht** das **Protokoll** zumindest die Vernehmungsatmosphäre. Darüber hinaus liest sich häufig ein zusammenhängender Bericht, ohne daß im Protokoll deutlich wird, welcher Teil das Ergebnis eines Frage-Antwort-Spiels gewesen ist.

Noch weitergehend: Der Polizei ist es sogar erlaubt, vor der eigentlichen Protokollierung ein sogenanntes **Vorgespräch** mit dem Beschuldigten zu führen. Dies ist schon Teil der Vernehmung, muß also nach der Belehrung erfolgen. Der Inhalt dieses Vorgesprächs soll allerdings nicht protokolliert werden, sondern dient allein der angeblichen zukünftigen Strukturierung des Vernehmungsverlaufs. Vieles, was der Beschuldigte in diesem Vorgespräch für wichtig hält, geht möglicherweise bei der sehr viel später stattfindenden Protokollierung verloren. Vieles, was der Beschuldigte im Vorgespräch sagt, aber zu einem späteren Zeitpunkt nicht unbedingt in dieser Form wiederholen will, findet sich dennoch als seine Formulierung im Protokoll. Häufig sind Pausen oder andere Dinge hinsichtlich des äußeren Ablaufs der Verhandlung ebenfalls nicht protokolliert. So kann das Ergebnis eines mehrstündigen Vernehmungsgesprächs auf zwei knappen Seiten zusammengefaßt sein, der Kern der Aussage – jedenfalls aus Sicht des Vernehmenden.

Kontrolle vor Unterschrift!

Um sich nicht später vor Gericht durch unglückliche Formulierungen binden zu lassen, ist eine **abschließende Kontrolle für den Beschuldigten** von großer Bedeutung. Zumeist wird er mit einem Schreibgerät bewaffnet, damit er das Protokoll unterschreibe und damit die Aussage zu seiner eigenen mache. Diese »Waffe« sollte der Beschuldigte hemmungslos dazu nutzen, im Text Streichungen vorzunehmen, handschriftliche Verbesserungen einzufügen und im Extremfall das Protokoll durchzustreichen und die **Unterschrift** zu verweigern.

3. Der Haftbefehl und die Untersuchungshaft

Ins Gefängnis ohne Urteil – Weshalb darf der Beschuldigte der Freiheit beraubt werden?

Der Beschuldigte könnte die Untersuchungen der Polizei und der Staatsanwaltschaft im Ermittlungsverfahren in aller Ruhe abwarten. So unangenehm das Wissen um das Verfahren sein mag, außer bei der Vernehmung berührt es ihn unmittelbar nicht. Er könnte sich auf den Standpunkt stellen, die Ermittlungsbehörden mögen ihre Beweise zusammentragen und über die Erhebung einer Anklage entscheiden. Zur Not werde er sich vor Gericht rechtfertigen.

Dem Beschuldigten drohen allerdings schon im Ermittlungsverfahren weitere Nachteile, die das unangenehme Erlebnis einer Vernehmung weit übersteigen. Zwar gilt er nach wie vor bis zum Erlaß eines Strafurteils als unschuldig, die Ermittlungsbehörden dürfen jedoch **im Ausnahmefall Zwangsmaßnahmen** gegen ihn ergreifen, sofern dies **zur Sicherung des Strafverfahrens unabdingbar** ist. Eine der wichtigsten Voraussetzungen für ein mögliches zukünftiges Strafverfahren ist die **Anwesenheit des Beschuldigten** selbst sowie das Vorliegen der Beweismittel. Droht ansonsten die Undurchführbarkeit eines späteren Strafverfahrens, darf die Sicherstellung der wichtigsten Person des Verfahrens, des Beschuldigten, angeordnet werden.

Ohne Strafurteil findet sich möglicherweise der Beschuldigte der Freiheit beraubt in der Justizvollzugsanstalt wieder, wo er den Ausgang des Ermittlungsverfahrens abzuwarten hat. Der Beschuldigte wird aus seinem bisherigen Leben gerissen und erleidet in der Beschränkung seiner Freiheit durch die Untersuchungshaft bereits eine erhebliche »Strafe«. Bei der **Untersuchungshaft** handelt es sich jedoch **nicht** um eine **vorweggenommene Strafe**, sie hat stets nur den einen Zweck der Sicherung des späteren gerichtlichen Strafverfahrens. Eine vorweggenommene Bestrafung würde dem Prinzip der Unschuldsvermutung widersprechen. Das Entsetzen der öffentlichen Meinung darüber, daß unmittelbar nach einem Verbrechen der Täter sich nach wie vor auf freiem Fuß befindet, ist unberechtigt. Steht für die Ermittlungsbehörden fest, daß dieser Täter sich dem späteren Strafverfahren stellen wird, besteht zu seiner vorläufigen Verhaftung keinerlei Veranlassung.

Haftbefehl nur durch den Richter

Untersuchungshaft bedeutet Einsperren des Beschuldigten in ein Gefängnis. Nach Abschaffung der Todesstrafe ist diese Freiheitsbeschränkung der extremste Eingriff, den sich der Staat in die Rechte seiner Bürger vorbehält. Daß über einen solchen Eingriff nicht die Ermittlungsbehörden allein entscheiden können, ist selbstverständlich. Die Mißbrauchsgefahr wäre zu groß, wenn Polizei und Staatsanwaltschaft sowohl für den Gang der Ermittlungen als auch für die Entscheidung bei Zwangsmaßnahmen allein verantwortlich wären. Eine Selbstbedienung der Polizei besteht nicht. Eingriffe in Grundrechte des Beschuldigten unterliegen dem sogenannten Richtervorbehalt. Das heißt: Nicht die dem Ermittlungserfolg verpflichteten Behörden, sondern allein ein unabhängiger Richter entscheidet über die Rechtmäßigkeit der Freiheitsentziehung. Die Strafprozeßordnung weist die **Zuständigkeit** einem besonderen **Ermittlungsrichter** beim Amtsgericht zu. Dieser

Richter wird regelmäßig nicht von allein tätig, da er das Ermittlungsverfahren und die Notwendigkeit einer Verhaftung zumeist gar nicht kennt. Verantwortlich für das gesamte Ermittlungsverfahren bleibt nach wie vor die Staatsanwaltschaft. Für den Fall, daß sie die Verhaftung eines Beschuldigten für notwendig erachtet, hat sie bei dem zuständigen Amtsrichter einen Antrag zu stellen. Bei Vorliegen der gesetzlichen Voraussetzungen erläßt der Richter den Haftbefehl.

Dringender Tatverdacht – Wann darf sich der Richter des Täters sicher sein?

Eine der beiden Voraussetzungen, die bei Erlaß eines Haftbefehls immer vorliegen müssen, ist der **dringende Tatverdacht.**

Nicht ausreichend für eine Untersuchungshaft ist damit die vage Vermutung, daß es sich bei dem Beschuldigten möglicherweise um den Täter handelt. Es reichen weder schwache Indizien noch möglicherweise eine sehr unsichere Täterbeschreibung eines Zeugen aus. Die Beweis- und Verdachtslage muß schon wesentlich belastender sein.

Das gesamte bisherige Ermittlungsergebnis muß bereits ein recht fest gefügtes Bild ergeben, das eindeutig auf den Beschuldigten als Täter hindeutet.

Die Juristen sprechen davon, daß das Ermittlungsergebnis eine **hohe Wahrscheinlichkeit** dafür erkennen läßt, daß der Beschuldigte die ihm vorgeworfene Tat auch tatsächlich begangen hat. Wie auch immer man den dringenden Tatverdacht beschreiben will, es verbleibt für den entscheidenden Richter stets ein nicht unerheblicher **Beurtei-**

lungsspielraum. Die Einschätzung der Täterschaft des Beschuldigten im Ermittlungsverfahren kann immer nur vorläufig sein. Dem zuständigen Haftrichter stehen dabei zumeist noch weniger Beweismittel zur Verfügung als später dem Strafgericht in der eigentlichen Hauptverhandlung. Unter Umständen hat der Haftrichter wenige Stunden oder Tage nach der Tat über den dringenden Tatverdacht zu entscheiden, wenn lediglich vorläufige Berichte von Polizeibeamten, unvollständige Zeugenaussagen oder grobe Einschätzungen von Sachverständigen in der Akte vorliegen.

Dem Haftrichter ist es erlaubt, bei seiner Einschätzung auf die Ermittlungsmöglichkeiten der Polizei Rücksicht zu nehmen. Er kann sich zur Bejahung des dringenden Tatverdachts zu Beginn des Ermittlungsverfahrens mit sehr viel weniger Beweismitteln zufriedengeben, als er dies nach ausgiebiger monatelanger Ermittlungstätigkeit tun wird.

Haftgründe – Warum darf ein Tatverdächtiger eingesperrt werden?

Der Tatverdacht ist oft recht schnell zusammengefügt, insbesondere nach einem Geständnis des Beschuldigten. Der gesetzliche Weg zu einer Inhaftierung ist dennoch weit. Nur wenn einer der gesetzlich genau vorgeschriebenen Haftgründe vorliegt, kann der Haftrichter vom Beschuldigten verlangen, daß er das Ende des Ermittlungsverfahrens in der Untersuchungshaft abwartet.

Flucht des Beschuldigten

Flucht des Beschuldigten ist ein wichtiger Haftgrund. Versteckt sich der Beschuldigte vor der

Polizei, ist er auch für ein späteres Strafverfahren nicht greifbar. Der Beschuldigte hat durch sein aktives Tun bewiesen, daß er sich dem Strafverfahren entziehen will.

Nicht jede Abwesenheit ist allerdings Flucht. Macht der Beschuldigte in Unkenntnis des Ermittlungsverfahrens monatelang Urlaub oder hat er sich aus grundsätzlichen Erwägungen für das Leben unter Brücken und auf Parkbänken statt in bürgerlichen Wohnungen entschieden, flieht er nicht automatisch vor den Ermittlungsbehörden.

Der Haftgrund der Flucht ist erst dann gegeben, wenn der Haftrichter einen eindeutigen Zusammenhang herstellen kann zwischen dem laufenden Ermittlungsverfahren und der Abwesenheit des Beschuldigten.

Fluchtgefahr

Der häufigste Haftgrund ist der der **Fluchtgefahr**. Der Haftrichter kann die Untersuchungshaft anordnen, wenn der Beschuldigte zwar für ihn greifbar ist, bei Abwägung aller Umstände sich jedoch der Eindruck vermittelt, daß der Beschuldigte sich demnächst dem Verfahren durch Flucht entziehen wird. Neben dem dringenden Tatverdacht hat der Haftrichter hier eine weitere Prognose über eine zukünftige Entwicklung vorzunehmen. Um diese Aufgabe ist er nicht zu beneiden, denn allein aufgrund von Spekulationen über das zu erwartende Verhalten der beschuldigten Person, die er nicht näher kennt, hat er über Haft oder Freiheit zu entscheiden. Aufgrund aller ihm bekannten Umstände hat er abzuwägen, ob der Beschuldigte demnächst weglaufen und sich dem Verfahren entziehen wird oder ob er in Kenntnis aller Umstände des Verfahrens sich diesem stellen wird.

Kriterien für die Bestimmung der Fluchtgefahr

Gegen eine Flucht sprechen **die sozialen Bindungen des Beschuldigten**. Solche Bindungen sind ein starkes Indiz dafür, daß der Beschuldigte trotz drohender Strafe sein gewohntes Lebensumfeld nicht verlassen wird und nach Anklageerhebung vor Gericht erscheint. Eine langjährige Ehe mit Kindern, für die sich der Beschuldigte in der Vergangenheit verantwortlich gezeigt hat, ist ein solcher Bindungsfaktor. Die gleiche Wirkung können auch langjährige homosexuelle Beziehungen entfalten. Das bereits abbezahlte Einfamilienhäuschen als einziger Vermögenswert des Beschuldigten hält diesen trotz Ermittlungsverfahrens ebensosehr in seinem bekannten Lebenskreis fest wie ein langjähriger solider und zufriedenstellender Arbeitsplatz.

Dagegen sind **die Fluchtanreize** abzuwägen, die das Ermittlungsverfahren für den Beschuldigten mit sich bringt. An erster – und oft einziger – Stelle steht hier **die Höhe der zu erwartenden Strafe**. Je schwerwiegender die konkret zu erwartende Strafe, desto schwächer müssen auch die Bindungswirkungen des bisherigen sozialen Umfelds bewertet werden. Sind zum Beispiel bei einem schweren Raub nach dem bisherigen Ermittlungsstand Freiheitsstrafen von sechs bis acht Jahren durchaus möglich, ist auch der Anreiz für einen bodenständigen Bürger sehr groß, der Heimat und damit dem Gefängnis den Rücken zu kehren. Das Risiko einer Freiheitsstrafe von wenigen Monaten oder gar Jahren geht derjenige Beschuldigte erfahrungsgemäß ein, der Wert auf seine sozialen Bindungen legt.

Die Fluchtwahrscheinlichkeit wird erhöht durch tatsächlich bestehende **Fluchtmöglichkeiten**. Wer nicht weiß, wohin er fliehen soll, flieht seltener.

Demgegenüber kann das Ferienhäuschen in Spanien oder der seit Jahren emigrierte Bruder in Kanada einem Beschuldigten durchaus zum Verhängnis werden. Ergibt sich aus den Ermittlungsakten gar, daß der Beschuldigte über ein prall gefülltes Konto in der Schweiz verfügt, spricht unter Umständen nur noch wenig gegen seine Flucht.

Je schwerwiegender das vorgeworfene Delikt ist, desto höher ist die zu erwartende Bestrafung und daraus folgend die Wahrscheinlichkeit einer Flucht. Bei bestimmten Delikten, wie Mord, Totschlag oder Mitgliedschaft in einer terroristischen Vereinigung geht das Gesetz sogar soweit, eine Fluchtgefahr praktisch zu unterstellen. In diesem Fall hat in einer Art Beweislastumkehr der Beschuldigte die Aufgabe, den Haftrichter von seinem späteren freiwilligen Erscheinen vor dem Strafgericht zu überzeugen – was immer seltener gelingen dürfte.

Verdunklungsgefahr

Ein anderer Haftgrund ist die **Verdunklungsgefahr**. Hiernach ist eine Verhaftung des Beschuldigten begründet, wenn die Strafverfolgungsbehörden zu Recht davon ausgehen können, daß dieser Beweise vernichten oder Zeugen, Mitbeschuldigte oder Sachverständige beeinflussen will.

Der Beschuldigte, der belastende Urkunden verbrennt, verdunkelt. Ebenso verdunkelt, wer ein von ihm gestohlenes Auto ins Ausland verschieben will. Hat der Haftrichter konkrete Anhaltspunkte – nicht nur theoretische Spekulationen –, daß der Beschuldigte in Zukunft derartige unlautere Beweisbeeinträchtigungen vornehmen wird, kann er dies durch Anordnung der Untersuchungshaft verhindern.

Verdunklung stellt auch **die unzulässige Einflußnahme auf Mitbeschuldigte und auf Zeugen** dar.

Hier ist der Beschuldigte häufig in einem Dilemma: Die bloße Kontaktaufnahme zu den angeführten Personen ist ihm erlaubt, die Ausübung von Druck kann zu einem Haftbefehl führen. Der Besuch des Beschuldigten beim Zeugen und die Bitte, sich bei seinen Aussagen korrekt an das Geschehene zu erinnern, wird nicht selten als Aufforderung mißverstanden, der Zeuge möge in jedem Fall im Sinne des Beschuldigten aussagen. Um Gründen der Verdunklungsgefahr hier keinen Vorschub zu leisten, ist es schon von daher für den Beschuldigten häufig **empfehlenswert**, während des Ermittlungsverfahrens von Personen Abstand zu halten, die als Zeugen in Betracht kommen.

Der Beschuldigte verdunkelt niemals, wenn er von seinen Prozeßrechten Gebrauch macht. Schweigt er in der Vernehmung oder weigert er sich, die Namen von Mittätern zu nennen, kann eine Verdunklungsgefahr nicht begründet werden.

Ist das bisherige Beweisergebnis der Ermittlungsbehörden bereits festgefügt, kann es unter Umständen durch theoretisch denkbare Beeinträchtigungen des Beschuldigten nicht mehr erschüttert werden. Ein solches nicht mehr zu verdunkelndes Ermittlungsergebnis liegt beispielsweise vor, wenn der Beschuldigte ein umfangreiches und glaubwürdiges Geständnis abgelegt hat. Allein dies ist der legitime Hintergrund dafür, daß in Ausnahmefällen dem Beschuldigten vom Haftrichter nahegelegt wird, er solle ein Geständnis ablegen, damit eine ansonsten bestehende Verdunklungsgefahr ausgeräumt und damit ein Haftbefehl vermieden wird.

Wiederholungsgefahr

Ein weiterer Haftgrund ist die **Wiederholungsgefahr.** Auch hier muß selbstverständlich der dringende Verdacht einer geschehenen Tat vorliegen.

Der Beschuldigte wird allerdings nicht inhaftiert, weil man auf seiten der Staatsanwaltschaft befürchtet, daß er sich dem späteren gerichtlichen Verfahren wegen dieser vergangenen Tat nicht stellen wird. Inhaftiert wird der Beschuldigte vielmehr deswegen, weil man weitere Straftaten in der Zukunft befürchtet. Eigentlich dient die Strafprozeßordnung der Aufklärung vergangener Straftaten. Hier wird ausnahmsweise von seiten der Staatsanwaltschaft eine Maßnahme ergriffen, um zukünftige Straftaten zu verhindern.

Dieser Haftgrund soll eine Ausnahme darstellen. Dementsprechend eng sind die Voraussetzungen. Nicht jeder Hühnerdieb kann vor seiner strafgerichtlichen Verhandlung mit der Begründung eingesperrt werden, er könne möglicherweise weitere Hühner stehlen. Der Schwerpunkt der Wiederholungsgefahr liegt bei den sogenannten **Sexualstraftaten**. Besteht der dringende Verdacht gegenüber dem Beschuldigten wegen eines sexuellen Mißbrauchs von Schutzbefohlenen oder Kindern oder beispielsweise der Verdacht einer Vergewaltigung, kann ein Haftbefehl ergehen, wenn es zusätzliche Anhaltspunkte (z.B. die besondere Triebhaftigkeit des Täters) dafür gibt, daß der Verdächtige weitere erhebliche Straftaten gleicher Art begehen werde.

Ausnahmsweise kann die Wiederholungsgefahr auch bei anderen Delikten wie Einbruchdiebstahl, Körperverletzung oder Betrug zu einer Inhaftierung führen. Dann muß allerdings der Richter der Ansicht sein, daß ein bestimmter Hang des Täters dazu besteht, auch derartige Straftaten in Zukunft zu begehen. Zwingende Voraussetzung hierfür ist, daß der Verdächtige wegen einer anderen Straftat innerhalb der letzten fünf Jahre bereits rechtskräftig zu einer Freiheitsstrafe verurteilt worden ist.

Andere Haftgründe als die Flucht-, Verdunklungs- oder Wiederholungsgefahr gibt es nicht. Insbesondere ist es der Staatsanwaltschaft und dem Haftrichter **verboten, aus ermittlungstaktischen Gründen einen Haftbefehl anzuordnen.** Zwar kann durch das Leiden in der Untersuchungshaft tatsächlich die Geständnisbereitschaft des inhaftierten Beschuldigten gefördert werden, er wird vielleicht auch animiert, mögliche Mittäter zu nennen. Alle diese Zwecke dürfen die Ermittlungsbehörden jedoch mit der Haft nicht bewußt verfolgen. Sie sind allein an die gesetzlichen Haftgründe gebunden.

Die Verhaftung – Wann darf die Polizei zugreifen?

Vorlage des Haftbefehls

Wird dem Beschuldigten von der Polizei ein – knallroter! – **Haftbefehl präsentiert**, so sind die Voraussetzungen der Inhaftierung vom zuständigen Haftrichter bereits geprüft worden. Liegt ein Haftbefehl vor, so hat zuvor ein Staatsanwalt beim Haftrichter einen entsprechenden Antrag gestellt. Der Haftrichter hat den Ermittlungsstand anhand der ihm vorgelegten Akten überprüft. Er hat darüber hinaus den dringenden Tatverdacht und einen Haftgrund bejaht. Aufgrund der Aktenlage wurde daraufhin der Haftbefehl formuliert und vom Haftrichter unterschrieben. Der Haftbefehl enthält zumeist in wenigen dürren Sätzen Angaben darüber, welcher Tat der Beschuldigte dringend verdächtigt ist und weshalb ein Haftgrund besteht.

Verhaftung des Beschuldigten

Ausgestattet mit diesem Haftbefehl kann jeder Polizeibeamte nunmehr den Beschuldigten verhaften und der Untersuchungshaft zuführen. Diese Entscheidung nach Aktenlage »vom grünen Tisch aus« ist jedoch in der Praxis eher die Seltenheit. Dieser Weg wird allenfalls dann eingeschlagen, wenn die Staatsanwaltschaft den Verdächtigen sucht, d.h. er auf der Flucht ist. Der nach Aktenlage unterschriebene Haftbefehl ist dann zumeist Grundlage für weitergehende **Fahndungsmaßnahmen**. Bei einem Grenzübertritt oder einer anderweitigen polizeilichen Kontrolle wird der Verdächtige festgehalten und ihm eröffnet, daß gegen ihn ein Haftbefehl besteht. Er wird dann von der Polizei oder den Zollbeamten verhaftet und dem nächstgelegenen Amtsgericht zugeführt. Dort hat man zumeist eine Abschrift des Haftbefehls besorgt. Dieser Haftbefehl wird dann vom Richter dem inhaftierten Beschuldigten präsentiert. Ändern kann dieser Richter allerdings an dem Haftbefehl nichts, er ist für eine Aufhebung nicht zuständig. Der Inhaftierte muß im Anschluß daran – oft sehr mühevoll über mehrere Tage – zu dem Haftrichter transportiert werden, der den ursprünglichen Haftbefehl unterzeichnet hat.

Anhörung durch den Haftrichter

Dieser **Haftrichter**, der möglicherweise Wochen oder Monate zuvor aufgrund der Aktenlage den Haftbefehl unterzeichnet hat, sieht dann den Inhaftierten erstmalig von Angesicht zu Angesicht. Er hat ihn zu vernehmen, ihm also erstmals rechtliches Gehör zur Frage des Haftbefehls zu gewähren. Im Anschluß an die **Anhörung** hat er erneut über die Aufrechterhaltung des Haftbefehls zu entscheiden.

Daß erst der Haftbefehl und anschließend die Verhaftung erfolgt, ist die Ausnahme. Demgegenüber ist eine **Verhaftung ohne Haftbefehl** durch Polizeibeamte die Regel. Dies ist eine sogenannte vorläufige Festnahme.

Die Verhaftung **ohne** Haftbefehl

Zu einer solchen vorläufigen Festnahme ist die Polizei befugt, wenn sie aufgrund einer plötzlich eintretenden Ermittlungssituation schnell zugreifen muß. **»Gefahr im Verzuge«** liegt vor, wenn eine Verhaftung auf dem normalen Wege nicht sichergestellt werden kann. Müßte die Polizei erst die Staatsanwaltschaft informieren und müßte anschließend die Staatsanwaltschaft einen Haftbefehlsantrag beim Haftrichter stellen, diesem die Akten vorlegen und ihn erst anschließend über die Haft entscheiden lassen, könnte der Beschuldigte die Zeit nutzen, um sich dem Verfahren zu entziehen. Hier darf die Polizei sofort vor Ort zuschlagen und den Verdächtigen festnehmen.

Selbstverständlich reizt es manchen Kriminalbeamten, einem Beschuldigten gegenüber zu erklären, er sei verhaftet. Normalerweise braucht der Beschuldigte freiwillig nicht auf der Wache zu erscheinen. Mit der vorläufigen Festnahme hat die Polizei die Möglichkeit, nach einem überraschenden Zugriff und ohne weitere Kontrolle von Rechtsanwälten oder Richtern Vernehmungen durchzuführen. Gerade eine Vernehmung nach vorläufiger Festnahme verfehlt häufig ihre Wirkung auf den Beschuldigten nicht. Zahlreiche Fälle sind nachgewiesen, in denen Beschuldigte in solchen Situationen den Polizeibeamten alles »gestanden« haben, nur um so schnell wie möglich aus der als bedrohlich empfundenen Situation wieder herauszukommen.

Aber: Die Voraussetzungen des Haftbefehls müssen gegeben sein

Das Gesetz sieht allerdings die vorläufige **Verhaftung nicht als kriminaltaktisches Mittel** vor, sondern lediglich als Ersatz des Haftbefehls bei Gefahr im Verzuge. Das bedeutet, daß auch bei der vorläufigen Festnahme aus Sicht des handelnden Polizeibeamten **sämtliche Voraussetzungen eines Haftbefehls** gegeben sein müssen. Gegen den Beschuldigten muß daher nicht nur ein vager Verdacht, sondern ein **dringender Tatverdacht** bestehen. Darüber hinaus muß auch der Polizeibeamte bei der Überprüfung vor Ort davon ausgehen, daß ein Haftgrund besteht. Gibt es nicht den geringsten Anlaß zu einer Flucht- oder Verdunklungsgefahr, darf der Beschuldigte nicht zur Wache mitgenommen werden. Ein Haftbefehl wäre unzulässig, daher auch eine vorläufige Festnahme.

Vorführung vor den Haftrichter

Ist der Beschuldigte vorläufig verhaftet worden, muß alsbald die **Vorführung vor den Haftrichter** erfolgen. Zwar haben die Ermittlungsbehörden noch Gelegenheit, auch nach der vorläufigen Festnahme ergänzende Ermittlungen durchzuführen. Es wird häufig versucht, durch Wohnungsdurchsuchungen oder kurzfristige Zeugenvernehmungen einen Tatverdacht abzurunden. Spätestens am Tage nach der vorläufigen Festnahme hat die Staatsanwaltschaft jedoch zu entscheiden, ob ihre vorläufige Bewertung bei der Festnahme aufrechterhalten wird und ihrer Ansicht der Festgenommene weiter zu inhaftieren ist. Ändert sie ihre Ansicht und liegt plötzlich kein dringender Tatverdacht mehr vor, ist der Verhaftete noch am selben Tage freizulassen. Soll der Beschuldigte demgegenüber weiter in Haft bleiben, muß sofort ein Antrag beim zuständigen Haftrichter gestellt werden.

Die **Vorführung** muß **am Tage nach der vorläufigen Festnahme** stattfinden. Genauere Anhaltspunkte gibt das Gesetz nicht. Extremerweise könnte eine vorläufige Festnahme kurz nach Mitternacht erfolgt sein. Die Vorführung müßte dann spätestens am Abend des darauffolgenden Tages vorgenommen sein. Daß der Polizei an einer solchen Zeitspanne gelegen ist, belegen die zahlreichen Festnahmen, die gerade in den frühen Morgenstunden vonstatten gehen.

Entscheidung über den Erlaß eines Haftbefehls

Vor einer Entscheidung über den Erlaß des Haftbefehls hat der Haftrichter mit dem festgenommenen Beschuldigten zu sprechen. Der Richter hat ihn über seine Rechte wie vor jeder Vernehmung zu belehren. Er muß dem Beschuldigten auch Gelegenheit gewähren, sich nach seinem Wunsch mit einem Verteidiger in Verbindung zu setzen. Erst **nach der Vernehmung** entscheidet der Haftrichter über den **Erlaß des Haftbefehls**. Lehnt er den Antrag der Staatsanwaltschaft auf Erlaß eines Haftbefehls ab, ist der Beschuldigte sofort freizulassen. Unterschreibt er statt dessen den Haftbefehl, bleibt der Beschuldigte inhaftiert und wird dem Untersuchungsgefängnis zugeführt. Damit der Beschuldigte nun nicht mehr das Gefühl hat, unkontrolliert in dunklen Verliesen zu verschwinden, hat der Haftrichter die Pflicht, auf Wunsch des Beschuldigten einen **Angehörigen** oder eine andere **Person des Vertrauens** von der Inhaftierung zu **benachrichtigen**.

Haftbefehl ohne Haft – Wie kann der Tatverdächtige trotz allem vor dem Gefängnis bewahrt werden?

Der Haftrichter hat nicht nur die Möglichkeit, entweder einen Haftbefehlsantrag der Staatsanwaltschaft abzulehnen oder einen Haftbefehl zu erlassen. Es gibt noch einen Mittelweg, der dem Beschuldigten die Qual der Inhaftierung erspart: Er erläßt zwar den Haftbefehl, setzt ihn aber gleichzeitig außer Vollzug.

In einem solchen Fall bejaht der Haftrichter grundsätzlich die Voraussetzung des Haftbefehls. Er nimmt also dringenden Tatverdacht und einen Haftgrund an. Möglicherweise erachtet er allerdings den Haftgrund als nicht derart gravierend, als daß er keine andere Möglichkeit als das Einsperren des Beschuldigten sieht. Zweck des Haftbefehls ist **die Sicherung des Verfahrens.** Diese Sicherung kann trotz dringenden Tatverdachts im Einzelfall auch **durch andere Maßnahmen** sichergestellt werden.

Zahlung einer Kaution

Auch wenn der Richter zum Beispiel Fluchtgefahr annimmt, so lassen sich doch unter Umständen entweder die Fluchtanreize vermindern oder die Bindungen des Beschuldigten an seinen Heimatort erhöhen. Das klassische Mittel ist die **Kaution.** Stellt der Beschuldigte einen Großteil seines Vermögens der Staatsanwaltschaft praktisch als Pfand zur Verfügung, kann diese sich unter Umständen sehr viel sicherer sein, daß hier der Beschuldigte nicht wegläuft; er hängt schließlich an seinem Geld.

Abgabe von Ausweis und Reisepaß

Der Flucht ins Ausland könnte dadurch vorgebeugt werden, daß der Beschuldigte der Staatsanwaltschaft seinen Ausweis und Reisepaß zur

Verfügung stellt. Darüber hinaus könnte die Staatsanwaltschaft eine Kontrolle des Beschuldigten dadurch erhöhen, daß sich dieser regelmäßig bei der Polizei meldet.

Bejaht der Haftrichter Verdunklungsgefahr, weil er beispielsweise die unzulässige Beeinflussung einer Belastungszeugin befürchtet, kann er sich statt der Inhaftierung des Beschuldigten auch um eine räumliche Trennung zwischen Beschuldigtem und Zeugin kümmern.

In allen diesen Fällen kann der Haftrichter den Beschuldigten **von der Haft verschonen**. Immer dann, wenn auf der einen Seite zwar ein Haftbefehl ergeht, auf der anderen Seite zur Sicherung des Verfahrens andere Möglichkeiten als das Einsperren gegeben sind, erläßt der Haftrichter einen **Verschonungsbeschluß**. In diesem Verschonungsbeschluß werden dem Beschuldigten Auflagen gemacht, die das spätere Gerichtsverfahren sichern sollen: beispielsweise die Zahlung einer Kaution, die Abgabe des Reisepasses oder das Verbot, jeglichen Kontakt mit einer Zeugin aufzunehmen. Der Beschuldigte ist zwar anschließend wieder in Freiheit, der auf ihm lastende Druck ist jedoch groß. Verstößt er gegen Auflagen, indem er sich entgegen der Anordnung des Richters nicht regelmäßig bei der Polizei meldet oder telefonischen Kontakt zu der Zeugin aufnimmt, wird er wieder inhaftiert. Der Haftbefehl wird dann durch Entscheidung des Haftrichters wieder in Vollzug gesetzt.

Die Untersuchungshaft – Was darf der Beschuldigte im Gefängnis?

Die Untersuchungshaft ist keine Bestrafung. Das Einsperren soll lediglich verhindern, daß der Beschuldigte nicht vor dem Beginn des Prozesses wegläuft oder in Freiheit Beweismittel vernichtet. Nur dies darf die Justiz verhindern, weitere Einschränkungen der Lebensführung werden hierdurch nicht gerechtfertigt.

Theoretisch wäre also eine Untersuchungshaft vorstellbar, in der der Beschuldigte seiner Arbeit nachgeht, telefoniert, täglich Kaviar schlemmt und seine Freundin zu einem schmusigen Abend bei Kerzenlicht empfängt. Das ist nur Theorie. Die Praxis sieht anders aus. Der Staat stellt zum Zwecke der Untersuchungshaft keine Schlösser zur Verfügung, sondern bringt die Untersuchungsgefangenen in **Justizvollzugsanstalten** unter, häufig sogar denselben Justizvollzugsanstalten, in denen rechtskräftig verurteilte Strafgefangene ihre Freiheitsstrafe abzusitzen haben. Allein diese Organisationsform bringt es mit sich, daß auch der Untersuchungsgefangene erhebliche **zusätzliche Einschränkungen** hinnehmen muß.

Die Anstalten können oder wollen viele Dinge nicht kontrollieren, Personal- und Platzmangel führen häufig dazu, daß auch dem Untersuchungsgefangenen schlicht viele Dinge verboten werden. Er hat zwar Anspruch auf einen eigenen Fernseher, ein Radio und die Lektüre der Tageszeitung, darüber hinaus kann er nicht gezwungen werden, in der Anstalt zu arbeiten. Damit enden aber schon fast die Unterschiede zu denjenigen Gefangenen, die durch das Einsperren tatsächlich bestraft werden sollen.

Das häufig über allem stehende »**Sicherheitsinteresse**« verbietet beispielsweise dem Untersuchungsgefangenen die Benutzung von Kassettenrekordern oder anderen durch das Bewachungspersonal nicht zu untersuchendem technischen Gerät. Auch der **Besuch** ist streng reglementiert. Nur zu bestimmten Besuchszeiten der Anstalt darf der Untersuchungsgefangene mit Besuchern sprechen. Jeder Besucher benötigt eine ausdrückliche Besuchserlaubnis des Haftrichters. Die Anzahl der Gesamtbesuche ist beschränkt, häufig lediglich auf zweimal eine halbe Stunde im Monat. Besonders in sicherheitsrelevanten Fällen kann der Haftrichter sogar jeden Besuch verbieten.

Beschwerde gegen Beschränkungen

Der Untersuchungsgefangene kann sich gegen übermäßige Beschränkungen wehren. Werden vom Haftrichter Besuchserlaubnisse an bestimmte Personen nicht erteilt, wird ihm beispielsweise ausnahmsweise eine Fernseherlaubnis versagt oder Bezug bestimmter Zeitschriften verboten, kann er beim Haftrichter hiergegen Beschwerde einlegen. Gibt der Haftrichter der Beschwerde nicht nach, muß hierüber die große Strafkammer des Landgerichts entscheiden.

Dauer der Untersuchungshaft – Wann muß der Beschuldigte wieder aus dem Gefängnis entlassen werden?

Die Höchstdauer ist nicht festgelegt

Eine Höchstdauer für die Untersuchungshaft legt das Gesetz nicht fest. Theoretisch kann der Untersuchungsgefangene also für viele Jahre inhaftiert werden. Da die Untersuchungshaft nur eine vorläufige Sicherungsmaßnahme ist, endet sie spätestens dann, wenn das Strafverfahren rechtskräftig abgeschlossen ist. Das kann sehr lange dauern.

Der Haftrichter beim Amtsgericht bleibt für alle Fragen der Untersuchungshaft so lange zuständig, bis die Staatsanwaltschaft Anklage erhoben hat. Von dem Zeitpunkt an wird das Gericht zuständig, vor dem in der Strafsache dann die Hauptverhandlung stattfindet.

U-Haft länger als 6 Monate nur bei zusätzlichen Voraussetzungen

Auch wenn es keine festen Grenzen für die Dauer der Untersuchungshaft gibt, hat das Gesetz doch eine Idealvorstellung. Spätestens **nach sechs Monaten** sollten die Ermittlungen in einer Strafsache abgeschlossen sein. Spätestens dann sollte auch der Untersuchungsgefangene seinem Richter in der Hauptverhandlung gegenüberstehen. Bei einer längeren Untersuchungshaft als sechs Monate müssen zusätzliche Gründe für eine weitere Inhaftierung gegeben sein. Die Ermittlungen müssen sich als überdurchschnittlich kompliziert erwiesen haben. So sind möglicherweise bei einer vermuteten Rauschgiftbande zahlreiche abgehörte Telefongespräche auszuwerten, oder in einer Mordsache nehmen aufwendige Gutachten viel Zeit in Anspruch.

Ob diese besonderen zusätzlichen Voraussetzungen vorliegen, kann nicht mehr der Haftrichter entscheiden. Hierfür **zuständig** ist das **Oberlandesgericht.** Spätestens nach sechs Monaten Untersuchungshaft muß die Staatsanwaltschaft daher die Akten dem Oberlandesgericht zur Entscheidung vorlegen. Stellen die Richter beim Oberlandesgericht fest, daß die Ermittlungen verzögert worden sind und eine Hauptverhandlung längst hätte stattfinden können, heben sie den Haftbefehl sofort auf. Halten sie demgegenüber die weitere Inhaftierung für gerechtfertigt, haben sie im regelmäßigen

Abstand von weiteren drei Monaten über die Haftfortdauer neu zu entscheiden.

Aufhebung des Haftbefehls und Haftprüfung – Wie kann sich der Beschuldigte gegen die Haft wehren?

Hält der Staatsanwalt den Haftbefehl nicht mehr für notwendig, **beantragt er** beim Haftrichter die **Aufhebung**. Der Haftrichter muß dann den Haftbefehl aufheben, der Untersuchungsgefangene wird wieder auf freien Fuß gesetzt.

Einlegung der Beschwerde

Will der Untersuchungsgefangene die Aufhebung des Haftbefehls erwirken, kann er hiergegen jederzeit **Beschwerde** einlegen. Das Landgericht hat dann über die Rechtmäßigkeit der Haft zu entscheiden. Hält auch das Landgericht den Haftbefehl aufrecht, kann der Untersuchungsgefangene eine weitere Beschwerde einlegen. Als letzte Instanz hat dann das Oberlandesgericht über den Haftbefehl zu entscheiden. Diese Rechtsmittel können alle jederzeit und immer wieder eingelegt werden.

Das Beschwerdeverfahren ist grundsätzlich ein schriftliches Verfahren. Mit Schriftsätzen muß daher der Untersuchungsgefangene oder sein Anwalt versuchen, das Gericht mittels neuer Argumente davon zu überzeugen, daß kein dringender Tatverdacht oder eine Fluchtgefahr vorliegt.

Antrag auf mündliche Haftprüfung

Statt der Beschwerde kann der Untersuchungsgefangene auch einen **Antrag auf mündliche Haftprüfung** stellen. Spätestens zwei Wochen nach dem Antrag muß der Untersuchungsgefangene dann dem Haftrichter vorgeführt werden, dem er nunmehr Auge in Auge gegenübersitzend seine Argumente vortragen kann. Lehnt am Ende der Haftprüfung der Richter die Aufhebung des Haftbefehls doch ab, kann ein neuer Antrag auf mündliche Haftprüfung erst zwei Monate später gestellt werden.

Vorläufige Festnahme zur Identitätsfeststellung

Unabhängig von den dauernden Freiheitsbeschränkungen durch den Haftbefehl droht dem Tatverdächtigen zumindest ein kurzfristiger Freiheitsentzug.

Ist er auf freiem Fuß und wird er aus – für ihn – heiterem Himmel von Polizeibeamten angesprochen, so ist er zur Angabe seiner Personalien verpflichtet. Diese Verpflichtung gilt für jeden Bürger. Macht er keine oder gar falsche Angaben, begeht er eine Ordnungswidrigkeit.

Darüber hinaus drohen ihm weitere Nachteile. Kann oder will er seine Personalien nicht angeben oder haben Polizeibeamte aufgrund seiner Angaben **Zweifel an seiner Identität**, können sie ihn festnehmen.

Dann müssen sie ihn allerdings **einer Straftat verdächtigen.** Vor einer möglichen Festnahme müssen die Polizeibeamten den Beschuldigten daher darauf hinweisen, welcher Tat er verdächtig ist. Der plötzlich mit der Staatsgewalt konfrontierte einsame Spaziergänger soll zumindest wissen, was Anlaß für die Zwangsmaßnahme ist.

Das Festhalten durch die Polizei darf ausschließlich zu dem Zweck erfolgen, die **Feststellung der Identität einer tatverdächtigen Person** zu ermöglichen. Wird ein Personalausweis präsentiert und bestehen keine Zweifel an der Echtheit des Papiers, ist auch der Tatverdächtige sofort wieder freizulassen. Will die Polizei den Beschuldigten über längere Zeit festhalten, darf sie das nur unter den Voraussetzungen, unter denen ein Haftbefehl ergeht. Das heißt, es reicht nicht der einfache Tatverdacht, es muß ein dringender Tatverdacht vorliegen; darüber hinaus muß ein Haftgrund gegeben sein.

Freiheitsbeschränkung zum Zwecke der Identitätsfeststellung ist nur möglich, wenn dieser schwerwiegende Grundrechtseingriff zur Feststellung der Personalien **unabdingbar** ist. Es reicht nicht aus, daß es für den Polizeibeamten lediglich bequemer ist, zunächst den Tatverdächtigen festzunehmen und »in aller Ruhe« Klärungen vorzunehmen. Vielmehr muß er an Ort und Stelle alle nur denkbaren Maßnahmen ergreifen, um sich Informationen über die Personaldaten zu verschaffen. Aussagen anderer greifbarer Zeugen sind hierbei ebenso denkbar wie schnell durchzuführende Rückfragen anhand polizeilicher Datensammlungen.

Nur erhebliche Schwierigkeiten bei der Beschaffung der Personaldaten rechtfertigen die vorläufige Festnahme. Nur in diesem Falle darf der Polizeibeamte den Tatverdächtigen auch durchsuchen. Bei konkreten Anhaltspunkten darf der Verdächtige auch zur Eigensicherung des Polizeibeamten nach Waffen durchsucht werden.

Maximal zwölf Stunden darf der Verdächtige festgehalten werden. Das gibt der Polizei allerdings keinen Freibrief zur unbeschränkten Inhaftierung während dieses Zeitraums. Vielmehr ist der Verdächtige unverzüglich dem nächsten Richter vorzuführen, der über die weitere Fortdauer der Freiheitsentziehung zu entscheiden hat. Darüber hinaus hat die Polizei mit Hochdruck an dem eigentlichen Zweck der Freiheitsentziehung zu arbeiten, nämlich der Identitätsfeststellung. Ist die Feststellung ausreichend gesichert, ist der Tatverdächtige sofort wieder auf freien Fuß zu setzen.

4. Die Hausdurchsuchung

Die Szene ist aus vielen Filmen bekannt: Am Mittwochnachmittag um 16 Uhr klingelt es an der Haustür. Mehrere ebenso freundlich wie entschlossen aussehende Herren in Zivil und Uniform bitten um Einlaß. Sie wollen die Wohnung durchsuchen. Der Hausherr ist meist verdattert und zu vernünftigen Reaktionen nicht fähig. Angesichts der geballten Staatsmacht liegen die Nerven blank. Die Szene endet meistens mit Brüllen und Tränen und einer chaotisch durchwühlten Wohnung.

Soweit der Film – und leider häufig auch die Realität. Das Gesetz sieht demgegenüber für die beschriebene Aktion der Polizei sehr enge Grenzen vor.

Der Durchsuchungsbefehl – Wer erlaubt das Betreten einer fremden Wohnung?

So verhalten Sie sich richtig!

Die Polizei darf niemals nach Gutdünken in die Wohnung eines Tatverdächtigen eindringen. Jeder – auch der Beschuldigte eines Ermittlungsverfahrens – hat ein grundgesetzlich garantiertes **Recht auf seine heimische Privatsphäre**. Jeder, der gegen seinen Willen seine Wohnung betritt, macht sich sogar wegen Hausfriedensbruchs strafbar.

Grundsätzlich darf die Polizei also weder die Wohnung noch Büro- oder Lagerräume betreten. Hierzu zählen auch die Keller einer Wohnung, Autos, Gärten und Hofräume. Frei ermitteln darf sie praktisch nur auf offener Straße und freiem Gelände.

Das Betreten der Wohnungsräume beim Verdächtigen ist den Ermittlungsbehörden nur in zwei Fällen gestattet: Entweder die **Polizei sucht den Verdächtigen** und will ihn festnehmen oder sie vermutet in den zu durchsuchenden Räumen **Beweismittel**.

Jeder **Eingriff in ein Grundrecht** darf **nur durch einen Richter** erfolgen. Ein Richter beim Amtsgericht muß daher vor der Durchsuchung prinzipiell einen Durchsuchungsbeschluß erlassen.

Liegt ein Hausdurchsuchungsbefehl vor?

Klingelt die Polizei an der Tür und will die Wohnung durchsuchen, hat der Hausherr (oder Frau) zunächst nach diesem **Hausdurchsuchungsbefehl** zu fragen. Wird ihm ein solcher Befehl präsentiert, sollte dieser einer eingehenden Lektüre unterzogen werden. Denn das Gericht muß eindeutig beschrieben haben, **welcher Tat** der Hausrechtsinhaber verdächtig ist. Zum anderen ist im Durchsuchungsbefehl niedergelegt, **welche Räume** durchsucht werden dürfen und **welchen Zweck** die Durchsuchung hat. Auf diese Weise kann der Hausrechtsinhaber kontrollieren, ob sich die durchsuchenden Polizeibeamten im Rahmen der Erlaubnis des Richters halten.

Wann ist eine Durchsuchung ohne Durchsuchungsbefehl möglich?

Nicht selten können die Polizeibeamten einen Durchsuchungsbeschluß nicht vorweisen. Dies ist auch nicht nötig. **Ohne richterliche Erlaubnis** kann eine Wohnung durchsucht werden, wenn **»Gefahr im Verzuge«** besteht. Eine solche Gefahr ist gegeben, wenn der Umweg zum Richter für die Polizei ein nicht wiedergutzumachender Zeitverlust wäre. Ergibt sich plötzlich aufgrund neuer Ermittlungen die Notwendigkeit, eine Wohnung sofort zu durchsuchen und besteht die Befürchtung, daß die vermuteten Beweismittel wenige Stunden später schon beiseite geschafft sind, darf die Polizei auch ohne Durchsuchungsbeschluß eine Wohnung betreten.

Darauf sollten Sie achten!

In diesem Fall wird dem Hausherrn nichts Schriftliches präsentiert. Er hat daher ein berechtigtes Interesse zu erfahren, ob die Voraussetzungen einer Hausdurchsuchung gegeben sind. Wird ihm dies nicht deutlich durch die Polizeibeamten mitgeteilt, muß er danach **fragen**, **welcher Tat** er verdächtig sei und **welchen Zweck** die Durchsuchung hat. Darüber hinaus kann er Aufklärung darüber verlangen, wieso die Sache derart eilbedürftig ist. Schließlich verletzen Polizeibeamte sein Hausrecht unter der Voraussetzung der Gefahr im Verzuge.

Der bequemste Weg für die Ermittlungsbehörden, sich aller Formalien zu entledigen, ist die **Zustimmung des Hausherrn**. »Sie haben doch nichts dagegen, daß wir uns bei Ihnen in der Wohnung etwas umsehen?« ist häufig die einleitende Frage der Polizeibeamten, auf die der unerfahrene Hausherr nur unverständlich stotternd reagiert. Im späteren polizeilichen Protokoll heißt es dann, der Tatverdächtige habe der Durchsuchung zugestimmt. Will dieser eine solche Auslegung seines Verhaltens vermeiden, muß er laut und deutlich **der Durchsuchung widersprechen.**

Auf den Hinweis der Polizei »Sie wissen ja, daß wir uns jederzeit einen Durchsuchungsbefehl holen könnten«, bleibt nur die entschlossene Antwort des Hausherrn: »Dann tun Sie dies bitte!«

Der Durchsuchungsbeschluß erscheint häufig als Formalität. Durch die Kontrolle des Richters hat der Hausrechtsinhaber aber einen gewissen Schutz davor, daß seine Wohnung willkürlich von Polizeibeamten zum Ermittlungsfeld gemacht wird.

Im übrigen gelten die Voraussetzungen nicht nur für die Durchsuchung der gesamten Wohnung. Die aufgezeigten gesetzlichen Grenzen gelten auch, wenn die Polizei den Verdächtigen selbst oder seine Sache, wie z.B. Taschen, durchsuchen will.

Die Durchführung der Durchsuchung – Was muß der Beschuldigte in seiner Wohnung dulden?

Eine durchwühlte Wohnung als Ergebnis der Durchsuchung kann auch der Betroffene nicht vermeiden. Die Beamten dürfen zwar nichts beschädigen. Aber eine Pflicht zum Aufräumen besteht nicht.

Wird der gestellte Rahmen eingehalten?

Das heißt allerdings nicht, daß nach dem erlaubten Betreten der Wohnung Beamte nunmehr willkürlich vorgehen können. Sie müssen sich selbstverständlich an den vom Richter im **Durchsuchungsbeschluß gestellten Rahmen** halten. Bezieht sich der Durchsuchungsbeschluß nur auf bestimmte Räume, so ist das Betreten anderer Räume gerade nicht erlaubt. Soll die Durchsuchung ausschließlich der Ergreifung einer bestimmten Person dienen, so ist das Durchwühlen von Schubladen verboten.

Bei Unklarheiten nachfragen!

Der Hausherr hat regelmäßig ein starkes Interesse daran, daß seine Rechte nur so weit wie notwendig verletzt werden. Auf der anderen Seite halten allzu forsche Polizeibeamte einen Durchsuchungsbefehl häufig für eine gerichtliche Unbedenklichkeitsbescheinigung, jede nur denkbare Ermittlungstätigkeit in der Wohnung vorzunehmen. Der Betroffene hat das Recht, bei jeder Unklarheit nachzufragen und die Beamten an ihre gesetzlichen Grenzen zu erinnern.

Ist ein Zeuge hinzugezogen?

Leider ist der Hausrechtsinhaber häufig allein. Die Gefahr willkürlichen Vorgehens der Polizei ist daher besonders groß. Dies hat auch das Gesetz erkannt. Die Polizeibeamten sind daher verpflichtet, **als Zeugen andere Personen hinzuzuziehen.** Hierauf sollte der Wohnungsinhaber stets bestehen, falls in der Eile der Ermittlungen den Polizeibeamten diese Vorschrift entfallen sein sollte. Ein naher Angehöriger oder Nachbar dürfte immer erreichbar sein.

Der **Wohnungsinhaber selbst** darf selbstverständlich ebenfalls **anwesend** sein. Seine Freiheitsrechte sind durch den Durchsuchungsbeschluß nicht tangiert. Er hat daher auch das Recht, in Anwesenheit der durchsuchenden Polizeibeamten sich in der Wohnung **frei zu bewegen** und gegebenenfalls auch zu **telefonieren.** Die Polizei darf den Wohnungsinhaber insbesondere nicht daran hindern, sofort seinen Anwalt anzurufen.

Gesetzeswidrig ist die häufig anzutreffende Anordnung der durchsuchenden Beamten, der Wohnungsinhaber solle sich ruhig auf einen Stuhl setzen und warten, bis die Durchsuchung beendet ist. Hier bleibt dem Hausherrn nur der wiederholte Protest. Er sollte allerdings für das Verhalten der Beamten auch keinen Vorschub leisten. Denn er darf sich zwar frei bewegen, aber er darf die Beamten an ihren Vollstreckungshandlungen nicht hindern. Käme es sogar zur körperlichen Auseinandersetzung, liefe der Wohnungsinhaber Gefahr, daß er sich wegen Widerstandes gegen Vollstreckungsbeamte strafbar macht.

Keine Durchsuchungen bei Nacht!

Nachts sind Durchsuchungen verboten. Die Nachtzeit dauert laut gesetzlicher Definition vom 1. April bis zum 30. September 9 Uhr abends bis 4 Uhr morgens, vom 1. Oktober bis zum 31. März von 9 Uhr abends bis 6 Uhr morgens. Ausgenommen sind allgemein zugängliche nächtliche Treffpunkte, wie z.B. Bordelle. Wohnungen dürfen nachts nur ausnahmsweise bei der Verfolgung auf frischer Tat, bei Gefahr im Verzuge oder bei Wiederergreifung eines entwichenen Gefangenen betreten werden.

Grenzen der Durchsuchung

Bei der Durchsuchung dürfen in der Wohnung selbst alle Winkel und Behältnisse von der Polizei gesichtet werden. Bei Schriftstücken, insbesondere auch intimen Dingen wie Briefen und Tagebüchern, genießt der Betroffene jedoch einen weiteren gesetzlichen Schutz. Die Polizeibeamten dürfen derartige Papiere zwar sichten, aber nicht näher zur Kenntnis nehmen. Die **Durchsicht von gefundenen Papieren** steht allein der **Staatsanwaltschaft** zu, nicht den Polizeibeamten. Ist ein Staatsanwalt bei der Durchsuchung vor Ort dabei, darf er die Papiere durchsehen. Polizeibeamte haben allenfalls das Recht, diese Papiere einzupacken und mitzunehmen. Damit zwischenzeitlich kein Mißbrauch betrieben werden kann, sind diese Papiere von Polizeibeamten in einem Umschlag zu **versiegeln**. Das schreibt das Gesetz ausdrücklich vor. Hierauf sollte der Betroffene auch bestehen, damit er nicht später hören muß, er sei mit einer anderweitigen Handhabe einverstanden gewesen.

Das Durchsuchungsprotokoll – Was muß von der Polizei dokumentiert werden?

Liegt der Durchsuchung kein richterlicher Beschluß zugrunde, so hat der Betroffene zumindest nachträglich ein Recht auf eine schriftliche Mitteilung, die den Grund der Durchsuchung sowie die verdächtige Straftat bezeichnet. Dies muß er allerdings ausdrücklich verlangen.

Inhalt des Durchsuchungsprotokolls

Darüber hinaus wird von den Durchsuchungsbeamten regelmäßig ein Protokoll erstellt. Es handelt sich hierbei um einen **Vordruck**, in dem die wesentlichen Umstände der Durchsuchung, wie beispielsweise die **Dauer** und konkrete **Uhrzeit**, sowie diejenigen **Gegenstände** niedergelegt sind, die letztlich aufgrund der Durchsuchung von der Polizei mitgenommen werden. Polizeibeamte verlangen häufig vom Hausrechtsinhaber noch eine **Unterschrift** unter dieses Protokoll, wozu er allerdings gesetzlich nicht verpflichtet ist. Hat er das Protokoll unterschrieben, gilt das Dokument häufig später als Legitimationspapier dafür, daß alles bei der Durchsuchung seine gute Ordnung hatte. Vor der Unterschrift hat der Betroffene also allen Anlaß, das Protokoll sorgfältig zu überprüfen.

Prüfen Sie das Protokoll sorgfältig!

Neben der korrekten Uhrzeit sollten in dem Vordruck des Protokolls die Kreuzchen vom Polizeibeamten im richtigen Feld angebracht sein. Das Kreuz am falschen Platz kann möglicherweise dokumentieren, daß der Hausrechtsinhaber mit der Durchsuchung einverstanden war, obwohl er tatsächlich heftig widersprochen hatte. Ein solches Kreuz im Vordruck dokumentiert auch, ob die von der Polizei mitgenommenen Gegenstände freiwillig herausgegeben worden sind oder beschlagnahmt werden mußten.

Das Protokoll enthält auch eine **Auflistung der mitgenommenen Gegenstände**. Um später Unklarheiten zu vermeiden, sollte der Betroffene darauf dringen, daß die Gegenstände so genau wie möglich beschrieben werden. »Eine Kiste mit schriftlichen Unterlagen« ist als Angabe kaum dazu geeignet, später genau nachzuvollziehen, welche Dinge nun von der Polizei beschlagnahmt worden sind. Der Betroffene hat keine Veranlassung, den Polizeibeamten die Mühe zu ersparen, die einzelnen mitgenommenen Gegenstände und den Fundort in der Wohnung so exakt wie möglich zu beschreiben.

Beschwerde gegen die Hausdurchsuchung – Wie kann sich der Beschuldigte nachträglich wehren?

Ist der Betroffene der Ansicht, daß die Hausdurchsuchung selbst und ein Großteil der Handlungen der Polizeibeamten rechtswidrig sind, hat er hiergegen leider nur sehr wenig Rechtsschutz. Die Strafprozeßordnung hat hierfür keinerlei ausdrücklichen Rechtsbehelf vorgesehen.

Haben die Polizeibeamten die Wohnung verlassen, besteht die Verletzung des Hausrechts nicht mehr fort. Will der Betroffene Beschwerde gegen den Hausdurchsuchungsbeschluß einlegen, wird er immer zu spät kommen. Mit Beendigung der Durchsuchungsmaßnahme kann jeder Richter dem Betroffenen entgegenhalten, daß er nicht mehr aktuell beeinträchtigt wird und das Rechtsmittel der Beschwerde daher unzulässig ist.

Gegen die Fortdauer der Beeinträchtigung durch die Beschlagnahme von Gegenständen kann er sich wehren, nicht jedoch gegen rüpelhafte Polizeibeamte, die seine Tür eingetreten haben, die entgegen dem Durchsuchungsbeschluß auch sein Auto und Kellerräume durchsucht haben, die keine Zeugen hinzugezogen haben und genüßlich während der Durchsuchung das Tagebuch studierten.

Nachträgliche richterliche Überprüfung

Um hier wenigstens in Extremfällen dem Betroffenen einen Rechtsschutz zu gewähren, hält es die Rechtsprechung für zulässig, wenn **nachträglich beim zuständigen Amtsrichter die Rechtmäßigkeit der Durchsuchung überprüft** wird. Dies soll allerdings nur dann möglich sein, wenn ausnahmsweise ein sogenanntes nachwirkendes Bedürfnis beim Betroffenen für eine solche Entscheidung besteht. Ein solches Bedürfnis liegt vor, wenn die **Gefahr der Wiederholung** einer als rechtswidrig angesehenen Hausdurchsuchung besteht. Ist beim Betroffenen beispielsweise schon seit mehreren Monaten mehrfach die Polizei »zu Besuch« gewesen, ohne daß die Voraussetzungen einer Durchsuchung gegeben waren, hat er einen Anspruch darauf, daß der zuständige Amtsrichter die Durchsuchungen der Vergangenheit nachträglich für rechtswidrig erklärt.

War die Durchsuchung zwar grundsätzlich zulässig, hält der Betroffene aber die **Art und Weise der Durchsuchung nicht für rechtmäßig**, kann er den Amtsrichter nicht mehr anrufen. Mangels anderer Rechtsbehelfe hat es die Rechtsprechung hier für zulässig erachtet, daß der Betroffene einen **Antrag beim zuständigen Oberlandesgericht** stellen kann. Dieses kann im Falle der Wiederholungsgefahr feststellen, daß beispielsweise die fehlende Zuziehung von Durchsuchungszeugen, die Durchsicht von Papieren durch Polizeibeamte oder das Fotografieren der Wohnung rechtswidrig gewesen war.

5. Die Beschlagnahme – Welche Dinge kann die Polizei wegnehmen?

Gegenstände, die im Eigentum des Beschuldigten stehen, können ihm unter Umständen zwangsweise von den Ermittlungsbehörden weggenommen werden. Eine derartige Beschlagnahme darf jedoch nur zur Sicherung des Strafverfahrens und in den gesteckten Grenzen der Strafprozeßordnung erfolgen.

Nur Beweismittel beschlagnahmbar

Nicht jeder Gegenstand kann beschlagnahmt werden, sondern nur diejenigen, die **als Beweismittel in Betracht** kommen. Dazu kann das blutverschmierte Hemd ebenso gehören wie die Kontoauszüge. Je nach Lage der Ermittlungen kann ein Buch des Beschuldigten ebenso Beweisbedeutung haben wie die bei ihm gefundene angebrochene Zigarettenpackung.

Vorläufig beschlagnahmt werden können auch Gegenstände, die das Gericht dem Beschuldigten später im Urteil endgültig wegnehmen kann. Der **Gewinn aus der Straftat**, beispielsweise der Lohn des Agenten oder das Bestechungsgeld des Beamten, unterliegen dem sogenannten »Verfall«; das Geld kann bereits im Ermittlungsverfahren beschlagnahmt werden. Hierzu gehören auch die **Tatwerkzeuge**: Das kann das Mordmesser sein, die Druckmaschine für das Falschgeld, aber auch der PKW, mit dem umfangreiche Diebestouren gestartet werden. Letztlich gehören hierzu auch die Tatprodukte, wie beispielsweise die gefälschte Urkunde oder das Falschgeld. Genügte bei der Beschlagnahme von Beweismitteln ein sogenannter einfacher Tatverdacht gegenüber dem Beschuldigten, ist in allen weiteren Fällen jedoch schon die weitergehende Stufe des dringenden Tatverdachts erforderlich.

Anordnung der Beschlagnahme durch den Richter

Die Beschlagnahme ist ein Eingriff in das grundgesetzlich geschützte Eigentumsrecht. Sie kann daher nur vom Richter angeordnet werden.

Die **Praxis** sieht anders aus. Das Interesse an bestimmten Gegenständen entsteht meist bei Ermittlungsmaßnahmen vor Ort. Bei einer Wohnungsdurchsuchung oder bei einer Personenkontrolle entdecken Polizeibeamte häufig mögliche Beweismittel. Wollen sie jetzt erst einen richterlichen Beschluß herbeiführen, sind ihnen die Gegenstände Stunden später entzogen. Es liegt Gefahr im Verzuge vor. Die Gegenstände werden daher von der Polizei ohne richterliche Genehmigung in Verwahrung genommen.

Dieser Vorgang heißt »**Sicherstellung**«. Der Beschuldigte wird regelmäßig gefragt, ob er mit der Sicherstellung einverstanden ist. Bejaht er dies, handeln die Polizeibeamten in seinem Einverständnis, sie verletzen also sein Eigentumsrecht nicht. Sie benötigen daher auch **keine nachträgliche richterliche Bestätigung**.

Wie kann eine richterliche Überprüfung erreicht werden?

Hat der Beschuldigte dagegen ein Interesse daran, daß die Vorgehensweise der Polizeibeamten richterlich überprüft wird, muß er der **Sicherstellung** in jedem Fall **widersprechen**. Polizeibeamte fördern häufig die Zustimmung zur Sicherstellung mit dem Hinweis, man könne ohnehin auch zwangsweise beschlagnahmen. Resignieren wäre hier die falsche Reaktion des Beschuldigten. Der ausdrückliche Widerspruch sollte aufrechterhalten werden. Gegen den Widerspruch, also mittels unmittelbaren Zwangs, muß die Sicherstellung durchgeführt werden. Erst dies ist eine Beschlagnahme.

Erst hierdurch ist die Polizei gezwungen, **innerhalb von drei Tagen** nach der Beschlagnahme eine **Bestätigung durch den zuständigen Amtsrichter** einzuholen. Der Beschuldigte soll also darauf vertrauen können, daß ein Richter die Maßnahme der **Polizei nochmals überprüft**. Hält der Richter die Voraussetzung der Beschlagnahme nicht für gegeben, sind die Gegenstände wieder an den Beschuldigten herauszugeben.

Die Notwendigkeit der Einholung einer richterlichen Bestätigung gerät bei der Polizei nicht selten in Vergessenheit. Hier kann der Beschuldigte selbst nachhaken. Er kann sich unmittelbar an den zuständigen Amtsrichter wenden und eine **richterliche Entscheidung** über die Rechtmäßigkeit der Beschlagnahme **beantragen**. Einen solchen Antrag kann er auch stellen, wenn er der Sicherstellung zunächst nicht widersprochen hatte.

Formale Besonderheiten gelten bei **Postsendungen**, die an den Beschuldigten gerichtet sind und auf der Post lagern. Diese sind für Polizeibeamte grundsätzlich tabu. Beschlagnahmeanordnungen dürfen hier nur vom Richter, bei Gefahr im Verzug nur vom Staatsanwalt erfolgen.

6. Körperliche Beeinträchtigungen des Beschuldigten

Die körperliche Untersuchung

Wann darf die Polizei durchsuchen?

Sucht die Polizei etwas **in der Kleidung oder am Körper** des Beschuldigten, ist dies eine Durchsuchung. Sie kann unter denselben Voraussetzungen wie eine Hausdurchsuchung vorgenommen werden. Ausreichend ist für die Polizei, daß der Beschuldigte einer Straftat verdächtigt ist und daß sie vermuten kann, daß die Durchsuchung zur Auffindung von Beweismitteln führt.

Inwieweit darf durchsucht werden?

Nicht nur die Taschen und getragene Kleidungsstücke können auf diese Art und Weise durchsucht werden. Alles, was ohne medizinische Hilfsmittel durch die Polizeibeamten am Körper des Beschuldigten entdeckt werden kann, stellt noch eine Durchsuchung dar. Hierzu gehört die Kontrolle einer Beinprothese auf der Suche nach Rauschgift ebenso wie ein Einblick in die geöffnete Mundhöhle. Eine durchsuchte **Frau** kann **besondere Rücksicht** verlangen. Fühlt sie sich in ihrem Schamgefühl verletzt, so darf ein Polizeibeamter auch die oberflächliche Durchsuchung nicht fortsetzen; diese darf nur durch eine andere Frau oder einen Arzt erfolgen.

Die Durchsuchung einer Person ist oberflächlich. Hiermit gibt sich die Kriminalpolizei häufig nicht zufrieden. Für die Aufklärung einer Straftat erscheint es ihr häufig wichtig, **Befunde aus dem Körperinneren** zu erheben. Aus einer Untersuchung des Urins könnten sich beispielsweise Rückschlüsse auf den Rauschgiftkonsum des Beschuldigten ziehen lassen. Das Blut kann ein entscheidend belastender Faktor sein: sei es, daß der Alkoholpegel festgestellt werden kann, sei es, daß das Blut mit Blutspuren am Tatort verglichen werden kann. Auch dem Samen kann erhebliche Beweisbedeutung zukommen. Das Auspumpen des Magens kann ein ebenso wichtiges Beweismittel werden wie eine Röntgenaufnahme oder eine Computertomographie.

So interessant alle diese Ergebnisse für die Polizei sind, sie können nur durch eine Körperverletzung herbeigeführt werden. Diese ist nicht immer zulässig. Vielmehr sind die Ermittlungsbehörden hier an besondere Voraussetzungen gebunden.

Körperliche Untersuchung nur durch den Arzt!

So darf beispielsweise die **körperliche Untersuchung** nur **durch einen Arzt** ausgeführt werden. Dieser hat sich streng an die Regeln der ärztlichen Kunst zu halten. Grundsätzlich ist zur Anordnung der Untersuchung nur ein Richter zuständig, allein bei Gefahr im Verzuge dürfen die Staatsanwaltschaft und die Polizei selbst hierüber entscheiden.

Der **psychische Zustand** eines Beschuldigten kann für die Beurteilung eines Ermittlungsverfahrens von besonderer Bedeutung sein. Im Extremfall kann sich hier die Polizei Informationen durch einen psychiatrischen Sachverständigen verschaffen. In besonders gravierenden Fällen darf der Sachverständige den Beschuldigten sogar über längere Zeit in einem psychiatrischen Krankenhaus beobachten. Dies bedeutet, daß – allerdings nur auf gerichtliche Anordnung – zur Vorbereitung eines psychiatrischen Gutachtens der Beschuldigte sogar in die Psychiatrie eingewiesen werden kann. Dies gilt bis zu einer maximalen Zeit von sechs Wochen. Ohne Haftbefehl kann hier also der Beschuldigte für eine Weile der Bewegungsfreiheit beraubt werden. Flattert ihm ein solcher Beschluß eines Gerichts ins Haus, kann er hiergegen innerhalb einer Woche Beschwerde einlegen. Mit der Einweisung in die Psychiatrie haben die Ermittlungsbehörden dann so lange zu warten, bis über die Beschwerde durch das zuständige Landgericht entschieden worden ist.

Zulässige Untersuchungen muß der Beschuldigte dulden

Ist eine Untersuchung zulässig, ist der Beschuldigte zur **Duldung** verpflichtet. Er darf sich nicht gegen die Untersuchung wehren. Auf der anderen Seite ist er aber auch nicht verpflichtet, aktiv an ihr mitzuarbeiten. So muß er sich z.B. in der Psychiatrie beobachten lassen, er muß allerdings **nicht** Tests durchführen, Fragen beantworten oder sich einer Prüfung unterziehen lassen.

Dulden muß der Beschuldigte nur die körperliche Untersuchung. Daß dies einige Minuten in Anspruch nimmt, ist regelmäßig selbstverständlich. Er muß also auch einen Freiheitsentzug dulden, der sich aus der Natur der Sache ergibt. Eine darüber hinausgehende Freiheitsbeschränkung braucht der Beschuldigte nicht hinzunehmen. Käme ein Richter oder die Ermittlungsbehörden auf die Idee, den Beschuldigten zwangsweise für fünf Tage in ein Krankenhaus zur Untersuchung einzuweisen, so wäre diese Freiheitsbeschränkung nicht gerechtfertigt. Der Beschuldigte dürfte dann nur festgehalten werden, wenn die zusätzlichen Voraussetzungen eines Haftbefehls vorlägen.

Die Blutprobe

Der häufigste Fall des körperlichen Eingriffs im Ermittlungsverfahren ist die Blutprobe. Trunkenheit am Steuer ist zu einem Massendelikt geworden. Ärzte sind auf den Polizeiwachen häufige Besucher.

Das Blut kann von den Ermittlungsbehörden für Vergleichsblutuntersuchungen benötigt werden. Der häufigste Fall ist jedoch die Bestimmung des aktuellen Blutalkohols. Wer mit mehr als 0,8 Promille Blutalkoholgehalt am Steuer seines Fahrzeuges am Straßenverkehr teilnimmt, begeht eine Ordnungswidrigkeit. Mit mehr als 1,1 Promille begeht er sogar eine Straftat. Liegt zusätzlich ein Fahrfehler vor, reichen zur Straftat der Trunkenheitsfahrt bereits sehr viel geringere Werte.

Darüber hinaus kann der Blutalkoholgehalt auch für andere Straftaten von Bedeutung sein. Letztendlich entlastend kann eine Blutalkoholkonzentration von mehr als 2,0 Promille für den Beschuldigten sein, da er während der Tatausführung unter Umständen lediglich beschränkt schuldfähig war.

Wann darf eine Blutprobe genommen werden?

Könnte die Blutprobe in einem späteren Strafverfahren ein belastendes Beweismittel sein, hat der Beschuldigte selbstverständlich ein Recht darauf, daß die gesetzlichen Vorschriften eingehalten werden. Wird er nachts am Steuer seines Fahrzeuges angetroffen und zur Blutprobe verbracht, dürfte die Polizei dies nur anordnen, wenn er **einer Straftat oder Ordnungswidrigkeit verdächtig** ist. Er sollte also zunächst darauf beharren, daß ihm mitgeteilt wird, welcher Tat er verdächtig ist. Eine »vorsorgliche Blutprobe« für alle Fälle darf sich die Polizei nicht verschaffen. Der Blutalkoholpegel für den Mitfahrer mag für die Polizei von Interesse sein, zwangsweise dürfen sie sich grundsätzlich eine Blutprobe nicht verschaffen. Anderes gilt nur dann, wenn sie auch dem Beifahrer den Verdacht einer Straftat nahelegen.

Der Verdacht einer Trunkenheitsfahrt kann sich aus den Beobachtungen der Polizei ergeben. Die berühmten Schlangenlinien, die viele Polizeibeamte beim verfolgten Fahrer festgestellt haben wollen, sind bereits ausreichend. Der weitgehende körperliche Eingriff durch die Blutprobe ist auch dann gerechtfertigt, wenn ein Atemluftgerät trotz seiner Ungenauigkeiten den Verdacht verstärkt hat.

Die **Anordnung der Blutprobe** darf die Polizei nur **bei Gefahr im Verzuge** treffen. Dies ist meist bei Trunkenheitsfahrten der Fall. Denn der Blutalkoholpegel ändert sich ständig. So wird beispielsweise zwischen 0,1 und 0,2 Promille stündlich abgebaut. Um einen möglichst sicheren Wert des Blutalkoholspiegels zu erhalten, ist daher schnelles Handeln geboten. Demgegenüber besteht keine Gefahr im Verzuge, falls das Blut von den Ermittlungsbehörden lediglich zu Vergleichszwecken benötigt wird, z.B. für eine sogenannte Genomanalyse. Hier droht hinsichtlich der Qualität des Blutes kein Beweismittelverlust, hier muß die Polizei zunächst die Anordnung des Richters einholen.

Blutprobe nur durch den Arzt!

Der Eingriff darf nur von einem **Arzt** vorgenommen werden. Hat der Beschuldigte Zweifel an der ärztlichen Kompetenz, so sollte er auf einen Nachweis der Arzteigenschaft bestehen.

Die Blutentnahme hat er zu dulden, mehr nicht. Er braucht keine Fragen zu beantworten, weder zu den eingenommenen Speisen und Getränken der letzten Stunden noch zu seinem aktuellen körperlichen Befinden. Niemand kann den Beschuldigten zwingen, einen Finger-Nase-Test zu machen oder den Versuch zu unternehmen, gradlinig über eine weiße Linie zu laufen.

Erkennungsdienstliche Maßnahmen

Häufig müssen sich vorläufig festgenommene Beschuldigte einer seltsamen Prozedur unterziehen: der Polizeifotograf auf der Dienststelle fertigt – zumeist wenig schmeichelnde – Fotos. Darüber hinaus muß er seine Fingerabdrücke auf einer Karteikarte hinterlassen. Gegen derartige Maßnahmen wird er sich nur selten wehren können, sofern **Fotos und Fingerabdrücke als Beweismittel** in Betracht kommen. Die Fotos müssen unter Umständen Tatzeugen präsentiert werden, die Fingerabdrücke mit Abdrücken des Tatortes verglichen werden.

Zum Zwecke der Aufklärung der Tat können auch ähnliche Maßnahmen zwangsweise vorgenommen werden, die keine Körperverletzung darstellen. Dies reicht von der Messung der Größe der Füße bis hin zur genehmigten Tonbandaufnahme der Stimme des Beschuldigten.

Die Strafprozeßordnung erlaubt allerdings der Polizei noch mehr:

Die so gewonnenen Unterlagen werden nicht nur für die Aufklärung der geschehenen Tat verwandt. Die Unterlagen wandern vielmehr ins **kriminalpolizeiliche Archiv**. Fotos und Fingerabdrücke finden sich plötzlich in der polizeiinternen »Verbrecherkartei« wieder. Diese für den Beschuldigten unangenehme Aufbewahrung persönlicher Daten hat mit der Aufklärung der Straftat nichts mehr zu tun. Dennoch soll dies aus vorbeugenden Gründen zur Aufklärung zukünftiger Straftaten erlaubt sein. Wer schon einmal mit dem Gesetz in Konflikt gekommen ist, dem traut man zu, daß er dies in Zukunft auch ein zweites Mal macht und daher als potentieller Straftäter in Betracht kommt.

War ein völlig Unschuldiger in diese Kartei geraten, kann er sich jedoch gegen die Aufbewahrung seiner Unterlagen wehren. Ist ein Tatverdacht gegen ihn im Ermittlungsverfahren oder durch das spätere Urteil völlig ausgeräumt worden, muß die Polizei die Unterlagen vernichten. In einem Schreiben an die Polizeibehörde kann der frühere Beschuldigte dies ausdrücklich verlangen, die **Vernichtung** muß ihm bestätigt werden.

Ob und wie lange ansonsten derartige Unterlagen von der Polizei aufbewahrt werden dürfen, ist eine Frage des Einzelfalls. Strenge Regeln gibt es nicht. Der Mordverdächtige muß mit lebenslanger Aufbewahrung rechnen, der einmalige Ladendieb kann schon nach wenigen Jahren Vernichtung verlangen. Kommt die Polizeibehörde der Aufforderung des Beschuldigten nicht nach, muß sie gegebenenfalls vor dem Verwaltungsgericht verklagt werden.

7. Der Führerschein

Eine der bitteren Maßnahmen, mit denen der Beschuldigte im Ermittlungsverfahren rechnen muß, ist der **vorläufige Entzug der Fahrerlaubnis**. Das bedeutet, daß der Führerschein dem Beschuldigten weggenommen wird, er darf vorläufig im Straßenverkehr kein Kraftfahrzeug mehr führen.

Diese Entziehung ist eine vorläufige Maßnahme. Eine endgültige Entziehung kann wie bei jeder anderen Strafe nur der Richter in einem späteren rechtskräftigen Urteil anordnen. Im Grunde ist allerdings die vorläufige Entziehung bereits eine vorweggenommene Bestrafung.

Wann darf der Führerschein weggenommen werden?

Denn die Polizei darf den Führerschein dem Beschuldigten nur wegnehmen, wenn aus Sicht des handelnden Beamten eine hohe Wahrscheinlichkeit dafür spricht, daß der Richter in einem späteren Strafverfahren die Fahrerlaubnis rechtskräftig entziehen wird. Eine solche Entziehung wird der Richter des Strafverfahrens in einem Urteil regelmäßig anordnen, wenn z.B. eine Trunkenheitsfahrt vorliegt, der Beschuldigte also mit einer Blutalkoholkonzentration von mehr als 1,1 Promille sein Kraftfahrzeug führte.

Hat die Polizei bereits bei der Kontrolle auf der Straße Anhaltspunkte für eine derart hohe Blutalkoholkonzentration, kann sie den Führerschein beschlagnahmen. Zwar ist auch für die Beschlagnahme des Führerscheins grundsätzlich nur der Richter zuständig, Gefahr im Verzuge liegt allerdings fast immer vor. Die Gefahr wird schon damit begründet, daß ohne die Abnahme des Führerscheins weitere Trunkenheitsfahrten unter Umständen zu befürchten sind.

Nach Abgabe des Führerscheins und der Blutprobe wird der Beschuldigte zumeist wieder entlassen. Das Ergebnis der Blutprobe liegt erst einige Tage später vor. Bestätigt sich die Vermutung der Trunkenheitsfahrt von mehr als 1,1 Promille, bleibt der Führerschein bis zum Gerichtsverfahren in

Verwahrung der Polizei. Liegt der Wert unter 1,1 Promille, lohnt es sich für den Beschuldigten, um die Rückgabe seines Führerscheins zu kämpfen.

Wie kann der Führerschein zurückerlangt werden?

Manchmal wird in derartigen Situationen der Führerschein von der Polizei wenige Tage nach der Sicherstellung zurückgegeben. Soll der Führerschein jedoch gegen den Willen des Beschuldigten diesem weiterhin entzogen bleiben, muß der Polizeibeamte **nachträglich eine richterliche Entscheidung** hierüber einholen. Tut er das nicht, kann der Beschuldigte selbst jederzeit die Entscheidung des zuständigen Amtsrichters beantragen. Dieser hat dann zu entscheiden, ob auch bei einem Wert von unter 1,1 Promille weitere Anhaltspunkte für eine Trunkenheitsfahrt (Fahrfehler etc.) oder für andere Verkehrsdelikte vorliegen, die den Entzug der Fahrerlaubnis im späteren Hauptverfahren wahrscheinlich machen. Erfolgt eine vorläufige Entziehung der Fahrerlaubnis durch richterlichen Beschluß, kann der Beschuldigte hiergegen Beschwerde einlegen. Dann hat das Landgericht darüber zu befinden, ob bis zum Beginn der Hauptverhandlung die vorläufige Entziehung der Fahrerlaubnis aufrechterhalten bleibt.

8. Das heimliche Abhören von Gesprächen

Jedermann hat das Recht, privat Gespräche zu führen. Jeder hat auch das Recht, daß diese Privatgespräche intim bleiben. Niemand darf heimlich derartige Gespräche abhören und auf Tonband aufnehmen. Dies ist sogar ein strafbares Verhalten.

Die Vertraulichkeit des Wortes ist ein hohes Gut. Der Beschuldigte kann auf diese Intimität vertrauen. Dies gilt erst recht, wenn er sich bei diesem Gespräch auf sein Hausrecht berufen könnte oder, falls er telefoniert, den Schutz des Post- und Fernmeldegeheimnisses genießt.

Das Abhören ist nur in Ausnahmefällen erlaubt

Das Gesetz erlaubt es den Ermittlungsbehörden nur in Ausnahmefällen, unter Verletzung der Vertraulichkeit des Wortes mit technischen Hilfsmitteln Gespräche des Beschuldigten abzuhören und aufzuzeichnen. Den Ermittlungsbehörden völlig entzogen bleiben nach wie vor Gespräche, die der Beschuldigte in seinen eigenen vier Wänden führt. Abgehörte Tonaufzeichnungen sind jedoch unter Umständen von **Gesprächen außerhalb der Wohnung oder am Telefon** erlaubt. Voraussetzung hierfür ist jedoch, daß die Kriminalpolizei mit ihrer üblichen Ermittlungstätigkeit nicht weiterkäme, ihre Ermittlungen ohne die Tonaufzeichnungen aussichtslos oder wesentlich erschwert wären. Der Verdacht gegen den Beschuldigten darf kein vager Anfangsverdacht sein, vielmehr muß dieser Verdacht bereits durch bestimmte Tatsachen begründet sein. Mit dieser Voraussetzung wollte der Gesetzgeber die Eingriffsschwelle heben, letztlich stellt dies für unternehmungslustige Kriminalbeamte kein Hindernis dar. Nirgendwo in demokratischen Staaten wird offenbar so häufig abgehört wie in Deutschland.

Verdacht bestimmter Straftaten

Erschwert wird das legale Abhören von Gesprächen durch Polizeibeamte allerdings dadurch, daß es **nur bei Verdacht bestimmter Straftaten** möglich ist. Ist der Beschuldigte nur eines kleinen Ladendiebstahls verdächtig, darf eine Telefonüberwachung niemals angeordnet werden. Das Gesetz hat einen bestimmten Katalog von schwerwiegenderen Straftaten aufgelistet, bei denen der Lauschangriff nur zulässig ist. Der Katalog reicht von Spionagedelikten über Geldfälschungen, Bandendiebstahlstaten, Raub und Erpressung bis hin zu Mord und Totschlag. Zum Katalog gehören noch einige weitere Delikte, wie auch das Handeltreiben mit Drogen in nicht geringer Menge; wer verdächtig ist, mehrere hundert Gramm Haschisch verkauft zu haben, muß damit rechnen, daß sein Telefon überwacht oder seine Kneipengespräche mit technischen Mitteln abgehört werden.

Die Anordnung durch den Richter

Ebenso strenge Regeln versucht das Gesetz für die Anordnungskompetenz aufzustellen. Grundsätzlich darf **nur ein Richter die Lauschangriffe anordnen**. Diese Anordnung muß auf drei Monate **befristet** sein. Sie kann unter Umständen bei Fortbestand der Verdachtsgründe verlängert werden.

Alle diese Einschränkungen gelten nur für Zwangsmaßnahmen, d.h. gegen den Willen erfolgte Abhörmaßnahmen. Ist auch nur einer der Gesprächsteilnehmer mit dem Abhören eines Telefongesprächs einverstanden, ist das Fernmeldegeheimnis nicht verletzt. Der Polizeibeamte darf also zusammen mit den Gesprächsteilnehmern die Unterhaltung an dem einen Ende der Leitung belauschen. Ebenso kann er natürlich Gespräche, von denen er ohne technische Hilfsmittel Kenntnis erlangt, wahrnehmen und später als Zeuge hierüber vor Gericht berichten. Lediglich der Einsatz technischer Hilfsmittel ist reglementiert.

Als Beweismittel in einer späteren Hauptverhandlung können die Tonbänder vorgespielt werden, unter Umständen reicht auch die Verlesung von Protokollen, die aufgrund des Mithörens erstellt wurden.

Lauschangriffe bieten der Polizei eine Fülle von Informationen. Erfährt sie hierdurch von Straftaten, die keine der bereits aufgeführten Katalogtaten darstellt, darf das Tonband nicht als Beweismittel benutzt werden. Das zufällige telefonische Geständnis eines Gesprächspartners hinsichtlich einer Steuerhinterziehung oder eines einfachen Diebstahls darf nicht gegen ihn verwendet werden.

III. Der unbeteiligte Bürger im Ermittlungsverfahren

Der beschuldigte Bürger ist der maßgebliche Betroffene des Ermittlungsverfahrens. Er muß gerade wegen des Tatverdachts zahlreiche Grundrechtseinschränkungen in Kauf nehmen.

Alle anderen Bürger, die keiner Straftat verdächtigt sind, sind im Ermittlungsverfahren lediglich Unbeteiligte. In vielerlei Hinsicht können sie trotzdem in das Ermittlungsverfahren der Polizei und Staatsanwaltschaft gegen einen Beschuldigten verwickelt werden. Haben sie Beobachtungen zur Tat gemacht oder können sie etwas anderes zu Tat und Verdächtigem mitteilen, sind sie Zeugen des Ermittlungsverfahrens. Sie müssen eine wahrheitsgemäße Aussage machen und sehen sich deshalb vielfältigen Einschränkungen ausgesetzt (siehe Kapitel IV).

Können die unbeteiligten **Bürger** nichts zu Tat und Täter sagen, können sie trotzdem **in ein Ermittlungsverfahren verstrickt** werden. Sie sind unter Umständen »Opfer« der Ermittlungstätigkeit der Polizei, die sich eigentlich gegen den Beschuldigten richtet. **Niemand** ist jedoch **verpflichtet**, ganz allgemein Opfer zu sein oder sogar **Grundrechtseingriffe hinzunehmen**, nur weil sie dem guten Ziel eines Ermittlungsverfahrens dienen. Will die Polizei eine Straftat aufklären und greift sie dabei in Rechte völlig unbeteiligter Personen ein, darf sie dies nur, wenn ihr das Gesetz dies ausdrücklich erlaubt.

1. Die Festnahme

Auch der völlig unverdächtige Bürger kann im Rahmen eines Ermittlungsverfahrens von der Polizei festgenommen werden. Ein solch eklatanter **Eingriff in seine Freiheitsrechte** darf jedoch nur erfolgen, wenn die Identität der Person nicht feststeht. Insoweit gilt dasselbe wie bei der **Identitätsfeststellung** des Verdächtigen (siehe Kapitel II, 3).

Wer darf festgenommen werden?

Die Polizei darf nicht jeden Unbeteiligten zur Identitätsfeststellung festhalten. Vielmehr muß die unbeteiligte Person von erheblichem **Aufklärungsinteresse** für die Straftat sein. Er muß also als Zeuge oder in anderer Form als Beweismittel für das spätere Strafverfahren wichtig sein. Die Aufklärung von Mord, Totschlag und Raub rechtfertigen die Festnahme eines Zeugen, dessen Identität nicht feststeht. In Bagatellsachen, wie z.B. leichteren Verkehrsunfällen, ist demgegenüber die Festnahme auch eines unbekannten Zeugen nicht möglich.

Was hat nach der Festnahme zu geschehen?

Wird der Unbeteiligte festgenommen, ist ihm sofort mitzuteilen, zur Aufklärung welcher Tat er durch seine Identifizierung beitragen soll. Er ist sofort dem Richter vorzuführen, darf maximal 12 Stunden festgehalten werden. Darüber hinaus ist dem Verdächtigen sofort Gelegenheit zu geben, einen Angehörigen oder eine Person seines Vertrauens zu benachrichtigen. Gegen seinen Willen dürfen auf keinen Fall erkennungsdienstliche Maßnahmen, wie das Anfertigen von Fotos oder Fingerabdrücken, durchgeführt werden.

2. Die Hausdurchsuchung

Der an einem Strafverfahren völlig unbeteiligte Bürger sollte im allgemeinen darauf vertrauen können, daß die Ermittlungsbehörden seine eigenen vier Wände als **Tabuzone** ihrer Ermittlungstätigkeit respektieren.

Wann darf die Wohnung eines Unbeteiligten durchsucht werden?

Anderes gilt nur, wenn die Polizei meint, sie müßte in die Wohnung eines Unbeteiligten, um den verdächtigen **Straftäter zu ergreifen**, um **Spuren einer Straftat zu verfolgen** oder um **bestimmte Beweismittel zu beschlagnahmen**. Die gesetzlich legitimierte Eintrittskarte in die Wohnung des Unbeteiligten besteht allerdings aus einem Mehr als der bloßen polizeilichen Vermutung. Reicht für die Durchsuchung der Wohnung des Beschuldigten selbst ein allgemeiner Verdacht der Polizei aus, der auch auf sogenannter kriminalistischer Erfahrung beruhen darf, müssen die Anhaltspunkte zur Durchsuchung einer unbeteiligten Wohnung schon konkreter sein. So haben beispielsweise der Polizei bestimmte Zeugenaussagen vorzuliegen, die den Schluß darauf zulassen, daß ausgerechnet in der Wohnung eines unbeteiligten Bürgers tatrelevante Spuren zu finden sind.

Bis auf die leicht erschwerten Eingriffsvoraussetzungen gilt damit für die Hausdurchsuchung beim Unbeteiligten praktisch dasselbe wie bei der Durchsuchung der Wohnung des Verdächtigen selbst (siehe Kapitel II, 3).

3. Die Beschlagnahme von Gegenständen

Wann dürfen Gegenstände beschlagnahmt werden?

Gegenstände eines Unbeteiligten können durch Zufall in eine Straftat verstrickt werden. Ein Gast nimmt beispielsweise in einem erzürnten Augenblick ein Messer vom Tisch, um einen anderen Gast zu erstechen: Das Messer steht im Eigentum des ansonsten unbeteiligten Gastgebers und ist für das Strafverfahren von nicht unerheblicher Bedeutung. Die Strafprozeßordnung verlangt vom Bürger, daß er im Hinblick auf notwendige Ermittlungen sein Eigentumsrecht einschränkt.

Gibt der Unbeteiligte den ihm gehörenden Gegenstand freiwillig heraus, wird dieser von den Ermittlungsbehörden lediglich sichergestellt. Demgegenüber hat darüber hinaus ein Richter über die Zulässigkeit der Sicherstellung zu entscheiden, wenn der Eigentümer von Anfang an oder zu einem späteren Zeitpunkt Widerspruch angemeldet hat und die Sache trotzdem beschlagnahmt worden ist. Insoweit gilt dasselbe wie bei der Beschlagnahme gegen den Beschuldigten (siehe Kapitel II, 4).

Als Ausnahme von diesen allgemeinen Regeln dürfen bestimmte Gegenstände nicht beschlagnahmt werden:

Welche Gegenstände sind beschlagnahmefrei?

Beschlagnahmefrei sind bestimmte Gegenstände, die sich im Gewahrsam eines Zeugen befinden, wenn dieser Zeuge ein Zeugnisverweigerungsrecht hat (siehe Kapitel IV, 4, 5). Diese Zeugen sind beispielsweise nahe Angehörige des Beschuldigten oder sogenannte Berufsgeheimnisträger, wie der Anwalt, der Pfarrer oder der Arzt des Beschuldigten. Sie alle dürfen als Zeugen schweigen.

Die Handakte des Verteidigers darf ebensowenig beschlagnahmt werden wie die Krankenakte des Arztes einschließlich aller Blutproben und Röntgenaufnahmen. Die beschlagnahmefreien Unterlagen beim Berufsgeheimnisträger müssen auch berufsbezogen sein. Hierzu gehören beispielsweise beim Steuerberater die Steuererklärung selbst und hierfür erforderliche Unterlagen, nicht aber sämtliche Buchführungsunterlagen, die der Beschuldigte dem Steuerbevollmächtigten zum Zwecke des Jahresabschlusses übergeben hatte.

4. Körperliche Untersuchungen

Ein Vergewaltigungsopfer hat ein erschreckendes Erlebnis hinter sich. Erfährt die Polizei hiervon, drohen dem Tatopfer unter Umständen noch weitere Negativ-Erlebnisse. So kann beispielsweise für die Ermittlungsbehörden eine Untersuchung der vergewaltigten Frau von größter Wichtigkeit sein. Weigert sich die Frau, wird sie erfahren, daß in gewissen Grenzen auch Unbeteiligte zu einer körperlichen Untersuchung gezwungen werden können.

Wann darf ein Unbeteiligter körperlich untersucht werden?

Eine solche **körperliche Untersuchung** darf jedoch für die Polizei nicht nur irgendwie nützlich sein, sie muß vielmehr **zur Erforschung der Wahrheit notwendig** sein. Der Punkt, den die Untersuchung aufklären kann, muß ein besonders wichtiger sein. Nur dann ist eine solche Untersuchung auch zumutbar. Selbstverständlich ist hierbei, daß die Untersuchung nur nach den anerkannten Regeln der Wissenschaft stattfinden darf. Kann die körperliche Untersuchung einer Frau deren Schamgefühl verletzen, so darf sie nur von einer Frau oder einem Arzt durchgeführt werden.

Inwieweit darf untersucht werden?

Sind die Voraussetzungen gegeben, darf die Polizei den Körper allerdings nur **nach äußeren Spuren untersuchen** lassen. Hierzu gehören Beulen und Schrammen auf der Haut ebenso wie Blut und Hautreste unter den Fingernägeln. Die Rechtsprechung versteht unter der zulässigen Spurensuche am Körper auch die Untersuchung der Körperöffnungen, so daß die Suche nach Spermien in der Scheide erlaubt ist.

Nicht erlaubt sind grundsätzlich **körperliche Eingriffe**. Vor zwangsweisem Magenauspumpen oder Röntgendurchleuchten ist der Bürger im Strafverfahren (wenn er nicht selbst der Tatverdächtige ist) grundsätzlich geschützt.

5. Telefonüberwachung und andere Lauschangriffe

Wann ist eine Telefonüberwachung zulässig?

Die Intimität eines nicht öffentlichen Gesprächs ist vor den Ermittlungsbehörden nicht zwingend geschützt. Gegen den Beschuldigten kann eine **Telefonüberwachung**, das Belauschen anderer Gespräche außerhalb der Wohnung oder eine **Observation mittels Video** angeordnet werden (siehe Kapitel II, 8). Wichtige Voraussetzung hierfür ist, daß der Verdacht einer bestimmten **schweren Straftat** vorliegt und anderweitige Ermittlungsmaßnahmen nicht erfolgversprechend sind.

Darf ein Unbeteiligter abgehört werden?

Wird der Beschuldigte selbst derart überwacht, wird notgedrungen auch jeder unbeteiligte Bürger mit überwacht, der mit dem Beschuldigten in Kontakt tritt. Die gesamten Gespräche und Zusammentreffen einschließlich der Gesprächsbeiträge des an der Straftat Unbeteiligten werden von der Polizei aufgezeichnet.

Pech hat auch derjenige Unbeteiligte, der einen Freund besucht, dessen Fernsprechanschluß abgehört wird. Führt er von diesem Anschluß aus ein liebevolles Gespräch mit seiner ebenfalls an der Straftat unbeteiligten Freundin, hört die Polizei mit.

Außer diesen zufälligen Verwicklungen ist es der Justiz sogar erlaubt, **direkt den Fernsprechanschluß eines Unbeteiligten anzuzapfen.** Aus Sicht der Ermittlungsbehörden muß es sich bei dem Unbeteiligten um einen sogenannten **Nachrichtenmittler** handeln. Ist jemand, ohne daß er das weiß, telefonisch Informationsempfänger wichtiger Angaben des Beschuldigten und sind diese Angaben für die Ermittlungsbehörden wichtig, darf ein Richter die Telefonüberwachung anordnen. Ist beispielsweise ein Tatverdächtiger auf der Flucht und erwarten Polizei und Staatsanwaltschaft, daß sich der Gesuchte bei Eltern, Freundin oder Bekannten telefonisch melden wird, sind diese Personen potentielle Nachrichtenmittler. Die Telefongespräche können wertvolle Hinweise zum Aufenthaltsort des Flüchtigen liefern. Allein diese Erwartung rechtfertigt es, daß die Polizei für den vom Richter angeordneten Zeitraum der Überwachung sämtliche Telefongespräche des Unbeteiligten aufzeichnen darf.

Ebenso dürfen vom Richter gezielt **Observationen oder andere Lauschangriffe gegen einen Unbeteiligten** angeordnet werden.

6. Die polizeiliche Fahndung

Jeder Bürger soll sich sicher sein können, daß die Polizei nicht in seine allgemeine Lebensführung oder gar in seine Grundrechte eingreift. Besteht gegen ihn kein Verdacht einer Straftat, darf er im Rahmen der allgemeinen Gesetze hingehen, wohin er will. Die Polizei darf ihn nicht kontrollieren.

Hiervon gibt es wenige Ausnahmen:

Was darf die Polizei?

Nach dem allgemeinen Polizeirecht wird die Polizei vorbeugend aktiv, um konkret anstehende Gefahren abzuwehren. Ist es zu diesem Zweck notwendig, kann sie auch den unbescholtenen Bürger kontrollieren. Im Rahmen einer sogenannten **allgemeinen Verkehrskontrolle** muß sich der Kraftfahrer ebenso ausweisen wie der zufällige Gast in einer einschlägigen Spelunke im Rahmen einer **Razzia**. Das alles hat nichts mit Strafverfolgung zu tun.

Ist demgegenüber eine Straftat passiert und sucht die Polizei nach einem Tatverdächtigen, wird sie als Ermittlungsbehörde tätig. Sie ist dann an die engen Grenzen der Strafprozeßordnung gebunden. Das Gesetz sieht umfangreiche Fahndungsmaßnahmen nur gegen den Tatverdächtigen vor, Unverdächtige sollen hiervon nicht berührt werden.

Kontrollstellen

Ausnahmsweise darf die Polizei bei einer sogenannten **Kontrollstelle** auch unverdächtige Personen anhalten, sie durchsuchen und ihre Identität feststellen. Diese Kontrollstelle ist aber eine absolute Seltenheit. Sie darf nur eingerichtet werden, wenn eine terroristische Gewalttat oder ein Raubüberfall mit Schußwaffen aufgeklärt werden soll.

Netzfahndung

Der Unbeteiligte kann aber auch ausnahmsweise in den Polizeicomputer rutschen, und zwar bei der sogenannten **Netzfahndung**. Zur Aufklärung besonders gravierender Straftaten darf ein Richter anordnen, daß die Daten einer Fülle von Bürgern gesammelt und gespeichert werden. Hat die Polizei ermittelt, daß z.B. der Täter einer terroristischen Gewalttat männlich, blond, ca. 1,80 Meter groß ist, einen weißen VW-Golf fährt und eine Eigentumswohnung besitzt, so ist jeder Bürger, der diese Voraussetzung erfüllt, noch lange kein Tatverdächtiger. Kann die Polizei aber die Daten aller Bürger sammeln, die diese Suchkriterien erfüllen, so kann das Abgleichen von Daten alsbald auf die Spur des Täters führen.

IV. Der Zeuge bei der Kripo

1. Die gefährliche Rolle des Zeugen

Ohne Zeugen könnten die meisten Straftaten nicht aufgeklärt werden. Polizei und Gerichte sind dringend angewiesen auf die Beobachtungen der Mitbürger, um einen Täter der Tat zu überführen. Die **Hilfe** bei der **Aufklärung** sollte für jeden daher **Ehrensache** und **gesellschaftliche Verpflichtung** sein. Der Zeuge hat nichts zu verbergen, er muß bloß das sagen, was er gesehen oder gehört hat – so die weitverbreitete Ansicht. Der zu einer Zeugenvernehmung Geladene sieht sich zumeist einer vielleicht zeitaufwendigen, aber ansonsten harmlosen Aufgabe gegenüber.

Der Zeuge sollte seine Rechte und Pflichten kennen!

Wer derart unvorbereitet und gedankenlos in eine kriminalpolizeiliche Vernehmung geht, wird bei deren Beendigung nicht selten zu der Ansicht gelangen, daß er in seinem Bedürfnis zu helfen seine eigenen Belange einfältig unterschätzt hat. Er hat gemerkt, wie brüchig die eigene Erinnerung sein kann und erst recht, wie schwierig, länger zurückliegende Wahrnehmungen zu formulieren. Er hat vielleicht heftige Diskussionen mit dem Kommissar geführt über Erinnerungsmöglichkeiten und das, was wahr ist. Er hat mit ihm gestritten, ob er ausnahmsweise die Aussage verweigern darf, falls er einen nahen Verwandten belasten müßte. Nicht selten endet die Zeugenvernehmung in einer Beschuldigtenvernehmung – der Helfer wird zum Verfolgten, entweder weil die Polizei ihn aufgrund ungeschickter Formulierungen in die Nähe der zu ermittelnden Tat rückt, oder weil sie dem Zeugen schlicht nicht glaubt.

Der Zeuge übernimmt einen gefährlichen Job. Er soll und muß den Ermittlungsbehörden helfen. Er muß sich dabei allerdings der Gefahr der Selbstgefährdung bewußt sein. Wer sich als Zeuge in den Sog der Strafjustiz begibt und sogar begeben muß, kann leicht persönlich in den Strudel der Ermittlungstätigkeit geraten. Auch der hilfsbereite Zeuge tut gut daran, sich vor seiner Vernehmung über seine Aufgabe, seine **Rechte und Pflichten** zu **informieren.**

2. Die Vorladung zur Zeugenvernehmung – Muß der Zeuge zur Polizei?

Der Zeuge muß helfen, und es ist daher seine **staatsbürgerliche Pflicht**, eine Aussage zu machen. Selbstverständliche Voraussetzung hierfür ist, daß der Zeuge zu diesem Zweck bei dem Vernehmenden erscheint und hierzu geladen werden kann.

Die staatsanwaltliche Ladung

Nicht selbstverständlich ist allerdings, daß der Zeuge jeder Ladung Folge leisten muß. **Nur** der **Ladung der Staatsanwaltschaft** ist Folge zu leisten. Demgegenüber kann die Polizei den Zeugen nicht zum Erscheinen auf der Dienststelle zwingen. Die Erfahrung aus den Kriminalfilmen führt in die Irre: Auch wenn dort der Kommissar im barschen Ton noch am Tatort den Zeugen auffordert, am nächsten Tag um 11 Uhr im Polizeipräsidium aufzutauchen, täuscht er gesetzliche Befugnisse nur vor. Erscheint der Zeuge zum Termin nicht, hat der Kommissar schlicht Pech gehabt.

Die polizeiliche Ladung

Der Zeuge, der **polizeiliche Aufforderungen** zur Vernehmung **grundsätzlich mißachten** kann, darf sich erst recht Vernehmungsversuchen direkt am Tatort oder in seiner eigenen Wohnung erwehren. Dies kann aus Sicht des Zeugen sinnvoll sein, wenn eigene Rechte in besonderer Weise auf dem Spiel stehen und er diese Rechte nicht allein in die Hände eines allzu forsch ermittelnden und juristisch nur eingeschränkt differenzierenden Polizisten legen will.

Die fehlende Verpflichtung, bei der Polizei zu erscheinen, ist allgemein kaum bekannt. Die Polizei selbst unternimmt wenig, um dem Zeugen dieses Recht zu verdeutlichen. Auch die Ladungen der Polizei sind insoweit undeutlich und häufig mißverständlich. Da wird jemand als Zeuge in einer bestimmten Strafsache zu einer Vernehmung auf einen bestimmten Termin gebeten. Daß der Zeuge nicht zu kommten braucht, findet dieser selten auf der Ladung wiedergegeben. Statt dessen erschreckt er oft über den Hinweis: »Im Falle Ihres Nichterscheinens bei der Polizei können Sie durch die Staatsanwaltschaft geladen werden. Dort sind Sie verpflichtet zu erscheinen. Leisten Sie der Ladung keine Folge, so kann Vorführung veranlaßt werden.«

Zwangsmaßnahmen bei Nichterscheinen?

Bei oberflächlicher Lektüre rechnet er mit sofortigen Zwangsmaßnahmen. Tatsächlich gibt die Belehrung jedoch den weit harmloseren Normalfall wieder. **Erscheint der Zeuge nicht** bei der Polizei, **geschieht** erst einmal **nichts**. Der für das Ermittlungsverfahren zuständige Staatsanwalt erhält hiervon Nachricht und muß dann entscheiden, ob er selbst den Zeugen vernehmen will. Häufig nimmt er hiervon Abstand, weil er sich im Vergleich mit dem Arbeitsaufwand von der Zeugenaussage doch nicht allzu viel verspricht. Ist ihm der Zeuge wichtig, lädt er ihn erneut, diesmal unmittelbar zur Staatsanwaltschaft.

Nichterscheinen nach staatsanwaltlicher Ladung – Folgen

Erst jetzt hat der Zeuge mit Schwierigkeiten zu rechnen. Hält er den **Termin**, für dessen Festsetzung keine Fristen vorgeschrieben sind, **nicht ein**, muß er mit der **Auferlegung der Kosten** für den ausgefallenen Termin und der Verhängung von **Ordnungsmitteln** rechnen. Extremerweise droht ihm eine **Vorführung**, d.h. Polizisten erscheinen unangemeldet zu Hause oder am Arbeitsplatz, um ihn zwangsweise zur staatsanwaltschaftlichen Vernehmung zu schaffen.

Als milderes Mittel wird von der Staatsanwaltschaft bei erstmaligem Nichterscheinen **Ordnungsgeld** verhängt. Bis zu 1.000,– DM sind möglich, 100,– DM bis 200,– DM üblich. Die Verhängung des Ordnungsgeldes wird dem Zeugen zumeist mit einer weiteren Ladung zu einem neuen Termin und der Androhung der Vorführung mitgeteilt. Fühlt der Zeuge sich ungerecht behandelt, kann er der Staatsanwaltschaft schreiben und einen »Antrag auf gerichtliche Entscheidung« stellen. Das Landgericht hat dann über die Richtigkeit der Ordnungsgeldverhängung zu entscheiden. Kannte der Zeuge den versäumten Termin nicht, weil ihm die Ladung nicht zugegangen war, oder hatte er sich vor Beginn des Vernehmungstermins – z.B. wegen eines Unfalls oder plötzlicher Erkrankung – **rechtzeitig entschuldigt**, wird das Gericht die Verhängung des Ordnungsgeldes wieder aufheben.

Keine ausreichende Entschuldigung ist eine geringfügigere Erkrankung, die den Zeugen vielleicht in seinem Beruf arbeitsunfähig, aber keinesfalls transport- und vernehmungsunfähig macht. Private und berufliche Belange haben immer hinter der Verpflichtung des Zeugen zurückzustehen, seine Zeit der Ermittlungstätigkeit der Staatsanwaltschaft zu opfern. Ausnahmen lassen die Gerichte nur in extremen Fällen zu, in denen dem Zeugen ansonsten unabwendbare und unverhältnismäßige Nachteile enstehen würden. Ein geplanter Urlaub gilt allgemein nicht als genügende Entschuldigung. Bei rechtzeitiger telefonischer Bitte wird sich der verständige Staatsanwalt einer Terminverlegung allerdings kaum verschließen.

Vernehmung vor dem Richter

Soll wegen der besonderen Wichtigkeit der Aussage oder wegen der zu befürchtenden Abwesenheit des Zeugen in einer späteren Gerichtsverhandlung die Aussage ausnahmsweise schon in einem Ermittlungsverfahren vor dem Richter erfolgen, muß der Zeuge einer Ladung ebenfalls folgen. Auch hier hat er bei Nichterscheinen mit der Auferlegung der Kosten und mit Ordnungsmitteln zu rechnen.

Eltern haften für ihre Kinder. Es gibt für die Zeugenrolle keine Altersbegrenzung, so daß **selbst** kleinere **Kinder zur Vernehmung** gebeten werden können. Die Ladung richtet sich zumeist an die Eltern, die aufgefordert werden, mit ihrem Kind den Vernehmungstermin wahrzunehmen.

3. Der Zwang zur Zeugenaussage – Was droht dem Zeugen, wenn er schweigt?

Notwendige Angaben des Zeugen

Erscheint der Zeuge zum Vernehmungstermin – sei es bei der Polizei, bei der Staatsanwaltschaft oder beim Richter –, beginnt die Vernehmung regelmäßig mit den **Angaben** der **Personalien**. Der

Zeuge hat Namen und Vornamen ebenso anzugeben wie sein Alter, seinen Beruf und seinen Wohnort. Da mit den Angaben zur Person lediglich eine Verwechselung von Personen vermieden werden soll, begnügt sich das Gesetz mit diesen Merkmalen. Weitergehende Angaben zur Person wie Religionszugehörigkeit oder aktuelle gewerbliche Tätigkeit und deren Honorierung gehören bereits »zur Sache«.

Ausnahmsweise werden Personalien von der Staatsanwaltschaft geheimgehalten, wenn der Zeuge durch deren Offenbarung an Leib, Leben oder Freiheit gefährdet wäre. Gedacht ist hier an die geheim und verdeckt für die Polizei arbeitenden Ermittler.

Drohen dem Zeugen nicht Mord und Totschlag, so kann er doch zu Recht erhebliche andere Nachteile durch einen rachsüchtigen Angeklagten oder dessen Familie befürchten. Bloße Belästigungen hat er hinzunehmen. Gegen konkrete Verletzungen seines Eigentums oder Hausfriedens können ihn die Ermittlungsbehörden jedoch insofern schützen, als auf die Nennung des Wohnortes verzichtet werden kann. Dann müssen aber konkrete Anlässe zur Besorgnis und nicht bloße Hirngespinste vorliegen. Angaben über Geschäfts-, Dienstort oder eine andere ladungsfähige Anschrift ersetzen dann den Wohnort.

Information des Zeugen zum Gegenstand der Untersuchung

Nach den Angaben zur Person ist der Zeuge darüber zu informieren, **welche Tat Gegenstand der Untersuchung** ist und wen die Ermittlungsbehörden dieser Tat beschuldigen. Ohne diese Information wäre der Zeuge nicht imstande, eventuell bestehende **Schweigerechte** zu erkennen und von ihnen

Gebrauch zu machen. Um sich nicht selbst zu belasten, muß er wissen, worum es geht. Um Anverwandte nicht zu belasten, muß er die Person des Beschuldigten kennen. Erst danach beginnt die Vernehmung zur Sache.

Überlegt es sich der bei der Polizei erschienene Zeuge plötzlich anders und will er keine Aussage machen, steht ihm dies frei. Die Kripo kann weder sein Erscheinen noch seine Aussage erzwingen.

Schweigen bei staatsanwaltlichen oder richterlichen Vernehmungen – Folgen

Unangenehmer wird ein solches Verhalten in Vernehmungen bei Staatsanwaltschaft und Richter. Hier kann die **Pflicht des Zeugen zur vollständigen Aussage** zwangsweise durchgesetzt werden. Bei unberechtigter Zeugnisverweigerung können die hierdurch entstandenen Kosten ihm auferlegt und darüber hinaus Ordnungsmittel verhängt werden.

Das gilt nicht nur, wenn der Zeuge vollständig schweigt. Auch fehlende Antworten auf einzelne Fragen können die nachteiligen Folgen auslösen. Erinnert sich der Zeuge nicht, sagt er vollständig aus. Ordnungsmittel sind unzulässig. Erinnert er sich sehr wohl, will aber Teile seiner Erinnerung nicht preisgeben, drohen Ordnungsmittel. In der Vernehmung läuft der Zeuge allerdings Gefahr, daß ihm die fehlende Erinnerung nicht geglaubt wird. Täuscht der Zeuge offensichtlich Erinnerungslücken nur vor, kann er nach höchstrichterlicher Rechtsprechung zur Einhaltung seiner Aussageverpflichtung gezwungen werden. Hierauf hat sich der Zeuge einzustellen.

Der Staatsanwalt kann ein **Ordnungsgeld** verhängen, und zwar wie beim unentschuldigten Ausbleiben bis zu 1.000,– DM. Hiergegen kann der Zeuge wiederum eine gerichtliche Entscheidung beantragen. Das lohnt insbesondere, wenn der Zeuge meint, zu Recht das Zeugnis verweigern zu dürfen. Drang er mit dieser Ansicht beim Staatsanwalt nicht durch, kann ihm der Richter unter Umständen zum Recht verhelfen.

Ein paar Hundert Mark nimmt manch ein Zeuge in Kauf, um den Staatsanwalt ein wenig im unklaren zu lassen. Das Mittel des Ordnungsgeldes kann daher wenig wirksam sein. Der Staatsanwalt kann aber noch viel mehr: Der unbotmäßige Zeuge kann eingesperrt werden! **Beugehaft** (bis zu 6 Monaten) heißt diese häßliche Einrichtung, mit der ein schweigender Zeuge zum Reden gebracht werden soll. Die Methode wirkt mittelalterlich, zeigt aber, wie wichtig auch dem heutigen Gesetzgeber die Zeugenaussagen im Strafverfahren sind.

Aus eigener Machtvollkommenheit darf der Staatsanwalt aber nicht den stummen Zeugen hinter Gitter bringen. Zuständig zur **Anordnung** einer **Beugehaft** ist nur ein **Richter**. Der vernehmende Staatsanwalt kann dies beim Amtsrichter nur beantragen, so daß der Zeuge vor Inhaftierung noch Gelegenheit hat, dem Richter seine Gründe für die angebliche Unbeugsamkeit darzulegen.

4. Nahe Angehörige des Beschuldigten dürfen schweigen

Weshalb gibt es ein Zeugnisverweigerungsrecht?

Die Familie ist dem Staat heilig. Nach wie vor gilt der enge Verwandtenverband als kleinste und wichtigste Keimzelle unserer Gesellschaft. Der Staat respektiert daher den Intimbereich der engen

Verwandtschaft, selbst die um Aufklärung von Straftaten bedachten Ermittlungsbehörden. Ist ein Familienmitglied Beschuldigter eines Ermittlungsverfahrens, so soll keiner seiner nahen Angehörigen gezwungen werden, Angaben aus dem Intimbereich der Familie zu machen. Er hat als Zeuge ein sogenanntes **Zeugnisverweigerungsrecht**.

Der nahe Angehörige des Beschuldigten hat das Recht, vollständig zu schweigen. Zugunsten der Aufrechterhaltung der familiären Intimität verzichten Staatsanwaltschaft und Polizei auf vielleicht dringend benötigte Informationen zur Aufklärung einer Straftat. Die Ausübung des Schweigerechts des Zeugen ist somit nicht davon abhängig, ob er den nahen Angehörigen als Beschuldigten belasten müßte. Auch wenn er zu Recht der Ansicht ist, der Beschuldigte habe mit dem Ermittlungsvorwurf nichts zu tun und seine – des Zeugen – Aussage könne allenfalls entlastend sein, darf er schweigen.

Wie macht man vom Zeugnisverweigerungsrecht Gebrauch?

Ob der verweigerungsberechtigte Zeuge tatsächlich schweigt, ist seine eigene Entscheidung. Häufig wird der um Informationen verlegene vernehmende Polizeibeamte den Zeugen darauf hinweisen, daß dieser möglicherweise der einzige ist, der den Beschuldigten durch seine Aussage entlasten kann. Wenn er dem Beschuldigten helfen wolle, solle er aussagen.

Das mag theoretisch richtig sein. In der Praxis weiß jedoch jeder Staatsanwalt und Richter, daß der verwandte Zeuge dem Beschuldigten helfen will und die **Glaubwürdigkeit der Aussage** schon von vornherein mit einem großen Fragezeichen zu versehen ist. Die Hilfe ist oft nicht viel wert. Nicht selten werden nebensächlich erscheinende Angaben von der Staatsanwaltschaft herangezogen, um die Beschuldigungen abzurunden. Im schlimmsten Fall resultiert aus der Aussage des helfenden Verwandten ein Ermittlungsverfahren gegen ihn selbst.

Der Zeuge allein wird fast niemals aus seiner Position einen Überblick darüber haben, ob seine Aussage nützlich oder schädlich ist. Will er die Ausübung des Zeugnisverweigerungsrechts hiervon abhängig machen, sollte er vor seiner Vernehmung **anwaltlichen** Rat einholen.

Erklärung zu Protokoll

Will der Zeuge schweigen, muß er zwar wie jeder andere Zeuge bei der Staatsanwaltschaft und beim Gericht zum Vernehmungstermin erscheinen. Macht er aber von seinem **Zeugnisverweigerungsrecht** Gebrauch, ist die Vernehmung zur Sache alsbald beendet. Er sollte wenigstens nicht durch Unklarheiten Raum für Spekulationen lassen, sondern in aller Deutlichkeit z.B. protokollieren lassen: *»Ich verweigere das Zeugnis, weil der Beschuldigte mein Bruder ist.«*

Einzelheiten

Die zu treffende Entscheidung kann der Zeuge auch ändern. Nachdem er schon Angaben zur Sache gemacht hat, kann er die Vernehmung abbrechen und von seinem Zeugnisverweigerungsrecht Gebrauch machen. Er kann auch lediglich die Aussage zu einzelnen Fragen oder bestimmten Tatkomplexen verweigern, im übrigen aber aussagen. Um sich hier nicht unnötig in Gefahr zu begeben, muß der Zeuge in einem solchen Fall aber deutlich machen, wann er bewußt die Aussage verweigert.

Verschweigt er lediglich in seiner Aussage wichtige Teile, macht er sich unter Umständen strafbar, weil er unvollständig und damit falsch ausgesagt hat.

Erst schweigen, dann reden

Der verweigerungsberechtigte Zeuge kann seine **Haltung** auch im Laufe eines langen Strafverfahrens **ändern.** Hat er noch bei der Polizei unter Berufung auf sein Verwandtschaftsverhältnis zum Beschuldigten geschwiegen, kann er ohne weiteres in einer späteren gerichtlichen Hauptverhandlung doch noch eine Aussage machen. Er kann auch eine **frühere Aussage widerrufen** und vor Gericht später vollständig schweigen – die bereits gemachten Angaben können dann vom Richter **nicht verwertet** werden.

Zeugnisverweigerungsrecht bei minderjährigen Kindern

Auch **minderjährige Kinder** entscheiden in ihrer Zeugenrolle grundsätzlich selbst, ob sie von ihrem bestehenden Zeugnisverweigerungsrecht tatsächlich Gebrauch machen wollen. Eine Ausnahme sieht das Gesetz nur für den Fall vor, daß Kinder wegen mangelnder Verstandesreife über die Bedeutung des Rechts keine ausreichende Vorstellung haben. Für diese Einsichtsfähigkeit gibt es keine scharfen Altersgrenzen, die Reife soll im Einzelfall beurteilt werden. Die höchstrichterliche Rechtsprechung hat lediglich insoweit eine Vorgabe gemacht, als sie im Regelfall die notwendige Verstandesreife bei 14jährigen Kindern annimmt, bei 7jährigen dagegen ausschließt.

Liegt die Verstandesreife bei Kindern (ebenso bei wegen Geisteskrankheit Entmündigten) nicht vor, entscheiden sie weiterhin über die Ausübung ihres Schweigerechts. Zusätzliche Voraussetzung ist hier allerdings die Zustimmung aller gesetzlichen Vertreter. Die Eltern können damit praktisch die Aussage ihres jüngeren Kindes in einem Verfahren gegen nahe Anverwandte verhindern.

Nicht selten wird ein gesetzlicher Vertreter selbst Beschuldigter sein. So z.B., wenn einem Vater vorgeworfen wird, er habe sein 6jähriges Kind sexuell mißbraucht. Hier entscheidet der beschuldigte Vater nicht über die Ausübung des Zeugnisverweigerungsrechts des Kindes. Vielmehr hat hier die Staatsanwaltschaft beim Vormundschaftsgericht darauf hinzuwirken, daß ein sogenannter **Ergänzungspfleger** bestellt wird, der in eigener Verantwortung darüber entscheidet, ob das Kind eine Aussage macht.

Wer ist naher Angehöriger und darf schweigen?

Die Strafprozeßordnung hat den Kreis derjenigen Verwandten, die noch dem Intimbereich der Familie zuzuordnen sind, exakt umschrieben. **Nur folgende nahe Angehörige** haben das Recht, das Zeugnis in einer Vernehmung vollständig zu verweigern:

Ehegatten

Die **Ehefrau**/der **Ehemann** des/der Beschuldigten hat das Recht zu schweigen. Das gilt **auch nach** der **Scheidung**. Das Schweigerecht gegenüber dem früheren Ehegatten gilt ein Leben lang fort.

Verlobte

Der/die **Verlobte** des/der Beschuldigten hat ein Zeugnisverweigerungsrecht. Die Verlobung muß dem Vernehmenden aber **glaubhaft** gemacht werden. Da das Gesetz zu einer Verlobung nur ein ernsthaftes Eheversprechen, aber keine formellen Handlungen vorsieht, ist dessen Nachweis oft schwierig. Eine reguläre Familienfeier oder der Austausch von Ringen gibt dem Versprechen den notwendigen seriösen Anstrich.

Ist der Zeuge im Zeitpunkt der Vernehmung mit dem Beschuldigten verlobt, darf er schweigen. Das gilt auch für Verlobungen nach dem Zeitpunkt, in dem die vorgeworfene Tat begangen worden sein soll. Selbst nach Inhaftierung des Beschuldigten kann er sich in der Justizvollzugsanstalt mit seiner Freundin verloben, die anschließend ein vollständiges Zeugnisverweigerungsrecht hat. Ist einer der Verlobten allerdings noch anderweitig verheiratet, ist das Verlöbnis unwirksam. Ein Schweigerecht besteht – im Gegensatz zur Ehe – auch dann **nicht** mehr, wenn das Heiratsversprechen zurückgenommen und der Zeuge zum Zeitpunkt der Vernehmung nicht mehr verlobt ist.

Die »wilde« Ehe

Widersetzt sich ein Paar den bürgerlich-rechtlichen Formen der Zweisamkeit, wird ihre eheähnliche Konfliktlage nicht respektiert. Auch wer jahrelang mit einem Beschuldigten in einer **nichtehelichen Lebensgemeinschaft** zusammenwohnt, hat **kein** Zeugnisverweigerungsrecht. Der einzige Ausweg: eine Verlobung, die durch Aufgebotsbestellung auch gegenüber skeptischen Polizeibeamten glaubhaft gemacht wird.

Verwandte in gerader Linie

Blutsverwandte in gerader Linie sind stets zeugnisverweigerungsberechtigt. Der Zeuge braucht nicht auszusagen in Verfahren gegen Eltern, Großeltern, Urgroßeltern einerseits oder Kinder, Enkel oder Urenkel andererseits. In der **Seitenlinie** gilt das Schweigerecht in Verfahren gegen die eigenen Geschwister und deren Kinder (Nichten, Neffen) sowie die Geschwister der Eltern (Onkel, Tanten). Weitergehende Verwandtschaft führt demgegenüber nicht mehr zum Schweigerecht. So hat z.B. in Ermittlungsverfahren gegen Kinder des Onkels oder der Tante (Cousin, Cousine) der Zeuge dieselbe Aussagepflicht wie jeder andere Nichtverwandte.

Minderjährige Adoptivkinder

Für die nichtehelichen Kinder gelten keine Besonderheiten. Minderjährige **Adoptivkinder** behalten das Zeugnisverweigerungsrecht zugunsten ihrer bisherigen Verwandten; sie erhalten ein zusätzliches Schweigerecht wie eheliche Kinder gegenüber der Verwandtschaft der Adoptiveltern. Volljährige Adoptierte können das Recht nur gegenüber den Adoptiveltern, nicht gegenüber deren Verwandtschaft ausüben. Pflegeeltern und Pflegekinder haben kein Zeugnisverweigerungsrecht.

Verschwägerte

In Verfahren gegen **Verschwägerte** besteht zum Teil ebenfalls ein Schweigerecht des Zeugen. Soll er aussagen in Ermittlungsverfahren gegen in gerader Linie Verwandte seines Ehegatten, kann er schweigen. Hierzu zählen Eltern, Großeltern, Urgroßeltern des Ehegatten ebenso wie dessen (nicht vom Zeugen stammende) Kinder. In der Seitenlinie des Ehegatten des Zeugen werden nur noch dessen Geschwister erfaßt. Gegen alle anderen verschwägerten Personen muß der Zeuge aussagen, z.B. gegen die Kinder der Geschwister des Ehepartners. Ehegatten zweier Blutsverwandter, z.B. die Ehemänner zweier Schwestern, sind nicht miteinander verschwägert, so daß ein Schweigerecht eines Mannes im Verfahren gegen den anderen nicht in Betracht kommt.

Gibt es ein Schweigerecht auch bei mehreren Beschuldigten?

Beispiel

Prangt auf dem Aktendeckel der Ermittlungsakte deutlich »Alois Müller« als Name des Beschuldigten und soll seine Frau Evelin Müller als Zeugin in dem Verfahren aussagen, ist klar, daß sie ein Zeugnisverweigerungsrecht hat.

Möglicherweise wird Alois Müller jedoch vorgeworfen, er habe eine Tat zusammen mit dem »Fritz Schmitz« begangen. Auch der ist Beschuldigter. Mit Fritz Schmitz ist Evelin Müller weder verwandt noch verschwägert. Auch gegen Fritz Schmitz braucht sie jedoch nicht auszusagen. Bei demselben Sachverhalt kann ein Zeuge nicht zu einer beteiligten Person Angaben machen, aber zu anderen Personen schweigen. Bei derselben Tat besteht daher das **Zeugnisverweigerungsrecht gegenüber allen Mitbeschuldigten**.

Ist jeder Angehörige über das Zeugnisverweigerungsrecht zu belehren?

Da das Recht des Zeugen als naher Angehöriger des Beschuldigten komplizierter darzustellen ist, als der Laie ahnt, sind die geschulten Vernehmungsbeamten **verpflichtet**, einen Zeugen immer und vor jeder Vernehmung auf dieses **Recht hinzuweisen**. Bevor eine Äußerung des Zeugen zur Sache erfolgt, muß also geklärt sein, ob ein Verwandtschaftsverhältnis, eine Ehe oder Verlobung besteht. Das gilt nicht nur für den Beschuldigten, sondern auch für alle anderen Personen, die zu einem früheren Zeitpunkt Mitbeschuldigte derselben Tat waren.

Falsche Belehrung

Der nahezu nebensächliche Hinweis des Polizeibeamten »Sie wissen ja, daß Sie einen Verwandten nicht zu belasten brauchen« ist unzureichend und falsch. Der Zeuge muß vor seiner Aussage eine genaue Vorstellung über Beschuldigte als nahe Angehörige und Umfang und Bedeutung eines bestehenden Zeugnisverweigerungsrechts haben. Darüber hinaus besteht das Verweigerungsrecht auch, wenn der Zeuge den nahen Angehörigen nicht belasten müßte.

Wird der Zeuge vor seiner Vernehmung über sein Recht, gegen den beschuldigten nahen Angehörigen das Zeugnis verweigern zu dürfen, **nicht belehrt**, ist seine Aussage für das Strafverfahren nichts wert. Insoweit besteht ein sogenanntes **Verwertungsverbot**.

5. Schweigerecht des Zeugen aus beruflichen Gründen

Neben dem Familienverband respektiert der Gesetzgeber auch **Vertrauensverhältnisse** im Rahmen **bestimmter Berufszweige**. Suchen Menschen Rat oder Hilfe bei solchen Berufsgruppen, sollen sie sicher sein, daß ein intimes Gespräch auch im Ermittlungsverfahren intim bleibt. Die Strafprozeßordnung anerkennt bei einigen Berufsgruppen daher das Recht zu schweigen, wenn ein Zeuge Aussagen über Sachverhalte machen soll, die ihm in seiner beruflichen Eigenschaft anvertraut worden sind.

Vertrauensverhältnisse bei der Berufsausübung bilden sich sicherlich viele, ein **Schweigerecht** billigt das Gesetz allerdings **nur in** ganz **bestimmten Fällen** zu:

Geistliche

So hat ein **Geistlicher** ein Zeugnisverweigerungsrecht, wenn er z.B. von den Ermittlungsbehörden zum Inhalt der letzten Beichte des Beschuldigten befragt wird. Alles, was er darüber hinaus in seiner Eigenschaft als Seelsorger erfahren hat, kann er der Polizei vorenthalten. Nur die Angehörigen staatlich anerkannter Religionsgemeinschaften sollen hierzu gehören. Bei einer älteren Entscheidung des Bundesgerichtshofs trifft dies z.B. auf die Zeugen Jehovas nicht zu.

Rechtsanwälte

Rechtsanwälte dürfen schweigen, wenn sie zum Inhalt von Mandatsgesprächen befragt werden. Auch wenn ihnen der Mandant im intimen Gespräch schwerste Straftaten gestanden hat, sind Anwälte nicht zu deren Offenbarung verpflichtet. Das Vertrauensverhältnis wird höher eingeschätzt als der Aufklärungsbedarf der Ermittlungsbehörden.

Notare, Wirtschaftsprüfer, vereidigte Buchprüfer, Steuerberater, Steuerbevollmächtigte

Gleiches gilt für **Notare**, **Wirtschafts-** und **vereidigte Buchprüfer**, **Steuerberater und Steuerbevollmächtigte**. Jeder Bürger, der als Mandant einen Vertreter dieser Berufsgruppen aufsucht und um Rat bittet, soll sich im Grundsatz darauf verlassen können, daß alle seine Informationen im beruflichen Vertrauensverhältnis verbleiben. Er soll nicht befürchten müssen, daß er Angaben, die er z.B. zur Vorbereitung der Einkommensteuererklärung gegenüber seinem Steuerberater gemacht hat, plötzlich in einer Zeugenaussage seines Beraters wiederzufinden sind. **Andere** als die aufgeführten Personen aus einem wirtschaftlichen Bereich haben allerdings nicht die Möglichkeit, als Zeugen zu schweigen. Der im Gesetz nicht erwähnte Bankangestellte muß daher als Zeuge bei der Polizei sehr wohl über die Geldgeschäfte seiner

Kunden Auskunft geben. Ein vor der Kripo zu schützendes Bankgeheimnis gibt es nicht.

Ärzte, Zahnärzte, Apotheker, Hebammen, Schwangerschaftsberater

Gesetzlich geschützt ist auch der sensible Bereich der medizinischen Versorgung. **Ärzte, Zahnärzte** (Nichtheilpraktiker oder Nichtärztliche Psychotherapeuten) brauchen über ihre Patienten ebensowenig auszusagen wie **Apotheker**, **Hebammen** und **Schwangerschaftsberater**. Selbst die Ursache und Durchführung einer Blinddarmoperation bleibt das Geheimnis von Arzt und Patient. Die intime Atmosphäre der Behandlung bleibt vor der Neugierde der Ermittlungsbehörden bewahrt.

Berufshelfer

Damit sich die Polizei nicht die erwünschten Informationen aus dem beruflichen Vertrauensverhältnis über Umwege verschaffen kann, haben auch die **Berufshelfer** ein entsprechendes Schweigerecht. Die Anwaltsgehilfin kann ebenso wie z.B. die Arzthelferin als Zeugin die Aussage zum geschützten Berufsbereich verweigern. Schriftstücke aus diesem Vertrauensverhältnis – das Krankenblatt so wie beispielsweise die Post zwischen Verteidiger und Mandanten – dürfen nicht beschlagnahmt werden.

Geschützt wird der Patient oder Mandant im Strafverfahren aber nur so lange, wie er selbst geschützt werden will. Gibt er den Schutz selbst auf, muß der Berufsträger wie jeder andere Zeuge eine umfassende Aussage machen. Eine **Entbindung von der Verschwiegenheitspflicht** muß der Berechtigte allerdings ausdrücklich erklären. Bevor dieser prozessuale Schutz leichtfertig aufgegeben wird, sollte sich der Geschützte allerdings sorgfältig über alle nachteiligen Konsequenzen informieren lassen – gegebenenfalls von dem Berufsberater selbst. Stirbt der Berechtigte, ist damit nicht das Vertrauensverhältnis beendet. Der jeweilige Träger des Berufsgeheimnisses hat vielmehr als Zeuge in eigener Verantwortung über die Geheimhaltungsbedürftigkeit nach dem Tode zu entscheiden.

Abgeordnete

Einen vergleichbaren Schutz genießen auch Bundes- oder Landtags**abgeordnete**, soweit sie als Zeugen über Dinge aussagen sollen, die ihnen in ihrer Eigenschaft als Abgeordnete mitgeteilt worden sind.

Presseangehörige

Besonders zugeknöpft dürfen sich **Presseangehörige** in der Zeugenrolle geben. Die Pressefreiheit ist grundgesetzlich garantiert. Um die Tätigkeit von Presse, Rundfunk und Fernsehen auch praktisch zu ermöglichen, schützt das Gesetz konsequenterweise das Vertrauensverhältnis zwischen Presse und Informanten.

Kein Reporter oder Redakteur, nicht einmal ein Setzergehilfe oder Zeitungsausträger kann als Zeuge gezwungen werden, Informationen preiszugeben, die die Anonymität eines Informanten gefährden könnten. Insoweit sind alle **zeugnisverweigerungsberechtigt**. Sie brauchen keine Angaben darüber zu machen, wer der Verfasser, Einsender oder Gewährsmann einer Mitteilung ist. Das gilt auch dann, wenn hierdurch die Aufklärung schwerer Straftaten erschwert wird. Selbst wenn ein Reporter ein Interview mit einem lange gesuchten Terroristen macht und daher über dessen Identität bestens informiert ist, kann er hierzu Angaben in der Vernehmung verweigern.

Das Schweigerecht bezieht sich nicht nur auf die Person des Informanten, sondern auch auf das Informationsmaterial. Selbst zur Herkunft von letztendlich nicht veröffentlichtem Hintergrundmaterial braucht der Presseangehörige nichts zu sagen. Allerdings bleibt nur das Verhältnis zum Informanten und seiner Information den Ermittlungsbehörden entzogen. Zu seinem übrigen Arbeitsbereich muß der Presseangehörige umfassend aussagen wie jeder andere Zeuge. Zu eingesandtem Material darf der Reporter schweigen, selbst recherchiertes Material muß er dagegen offenlegen. Dementsprechend darf z.B. das vom unbekannten Informanten eingesandte Foto nicht beschlagnahmt werden, dagegen kann die Staatsanwaltschaft unter Umständen sehr wohl die selbst vom Fotoreporter geschossenen Bilder beschlagnahmen. Im Einzelfall kann dies zu erheblichen Abgrenzungsschwierigkeiten führen.

Beamte, Angehörige des öffentlichen Dienstes, Richter

Beamte, Angehörige des öffentlichen Dienstes und **Richter** sind aus dienstlichen Gründen zur Verschwiegenheit verpflichtet. Alles, was sie im Rahmen ihrer dienstlichen Ausübung erfahren, unterliegt zunächst einem öffentlichen Geheimhaltungsinteresse. Hiergegen dürfen sie auch als Zeugen nicht verstoßen. Wird der Polizeibeamte als Zeuge zu Vorgängen während eines Polizeieinsatzes gefragt, soll der Gerichtsvollzieher Auskünfte über Zwangsvollstreckungsmaßnahmen geben oder der Soldat über Details des letzten Manövers berichten, müßten sie alle aus dienstrechtlichen Gründen das Zeugnis verweigern. Dieses Hindernis bei der Aufklärung von Straftaten kann aber dadurch beseitigt werden, daß der Dienstherr diesen Zeugen eine **Aussagegenehmigung** erteilt. Vor einer Zeugenaussage muß also jede Person des öffentlichen Dienstes ihren Vorgesetzten aufsuchen und eine Befreiung von der Pflicht der Amtsverschwiegenheit erbitten. Die Genehmigung soll er bei der Vernehmung vorlegen.

Polizisten als Zeugen

Die **Aussagegenehmigung** wird fast immer erteilt. Sie darf **nur versagt werden, wenn** die Aussage des Zeugen dem Wohle des Staates Nachteile bereiten oder die Erfüllung öffentlicher Aufgaben ernstlich gefährden oder erheblich erschweren würde. Hierzu zählt nicht nur die Geheimhaltungsbedürftigkeit der Spionageabwehr, sondern auch allgemein taktische Einsatzpläne der Polizei. Dem Polizisten wird daher häufig eine Aussagegenehmigung zu konkreten Umständen einer Festnahme erteilt, nicht jedoch zu den allgemein kriminaltaktischen Vorbereitungsmaßnahmen dieser Festnahme. Erst recht verweigert der Dienstherr oft die Genehmigung zur Offenbarung eines noch im Untergrund eingesetzten V-Mannes. Dessen erfolgversprechende Arbeit dient dem Wohl der Bundesrepublik und muß aus der Natur der Sache anonym bleiben.

Was, wenn der Schweigepflichtige aussagt?

Macht der zur Verschwiegenheit verpflichtete Zeuge ohne Genehmigung eine Aussage, wird er Ärger mit seinem Dienstherrn bekommen. Im Strafverfahren stört das wenig. Hat dieser Zeuge eine Aussage gemacht, können seine Angaben auch in vollem Umfang verwertet werden.

Dasselbe gilt für die Aussage der übrigen beruflichen Geheimnisträger. So kann sich z.B. ein Anwalt oder Arzt sogar selbst strafbar machen, wenn sie ihnen vom Mandanten oder Patienten anvertraute Dinge ausplaudern. Ist allerdings die Information einmal in der Welt, bedient sich die Justiz hieran ohne Hemmungen. Ein Beschuldigter kann auch aufgrund einer diesem nicht erlaubten Zeugenaussage seines Arztes oder Seelsorgers überführt werden. Das gilt auch dann, wenn der berufliche Geheimnisträger vor seiner Zeugenaussage nicht über sein Schweigerecht belehrt wurde. Man geht davon aus, daß die »Profis« über diesen wesentlichen Punkt ihrer Berufsausübung selbst bestens informiert sind.

6. Schweigerecht des Zeugen bei Gefahr der Selbstbelastung

Niemand braucht sich der Strafjustiz selbst ans Messer zu liefern. Das ist ein Grundsatz unseres Rechtsstaats. Deswegen darf der Beschuldigte auch zu dem Vorwurf der Straftat schweigen. Das gleiche gilt auch, wenn jemand als Zeuge mit der Kripo oder Staatsanwaltschaft in Berührung kommt. Da der Zeuge gezwungen ist, alles, was er weiß, wahrheitsgemäß zu berichten, müßte er unter Umständen auch Dinge erzählen, die ihn selbst verdächtig werden lassen. Soweit geht die Aussagepflicht allerdings nicht. Der Zeuge kann die Auskunft auf bestimmte Fragen verweigern, wenn er sich bei deren wahrheitsgemäßer Beantwortung der **Gefahr der Verfolgung wegen einer Straftat oder Ordnungswidrigkeit** aussetzen würde.

Beispiele

Schildert der Zeuge, wie er aus seinem parkenden Auto den Banküberfall beobachtet hat, und wird er von der Kripo befragt, wo er genau gestanden hat, kann er unter Umständen die Antwort verweigern. Denn er müßte offenbaren, daß er mit seinem Auto in einer Halteverbotszone stand.

Hat der Zeuge über eine Schlägerei auf offener Straße berichtet, kann er möglicherweise auf die Frage schweigen, was er nach Beendigung der Auseinandersetzung gemacht hatte. Er müßte vielleicht gestehen, daß er das blutende Opfer auf dem Gehsteig liegen ließ. Ihm selbst droht ein Verfahren wegen unterlassener Hilfeleistung.

Auskunftsverweigerungsrecht zu bestimmten Fragen

In allen Fällen hat der Zeuge kein umfassendes Schweigerecht, sondern nur ein **Auskunftsverweigerungsrecht zu bestimmten Fragen.** Ausnahmsweise darf der Zeuge vollständig schweigen, wenn er sich bei dem Beweisthema der Vernehmung praktisch mit jeder Antwort belasten müßte. Klar ist dies, wenn der Zeuge unter Umständen Mittäter des Beschuldigten ist. Die Staatsanwaltschaft führt möglicherweise gegen zwei Mittäter derselben Tat zwei verschiedene Ermittlungsverfahren; das ist z.B. denkbar, wenn einer der Mittäter Jugendlicher ist und vom Dezernat des Jugendstaatsanwalts bearbeitet wird. Jeder der Mittäter ist im gegen ihn selbst gerichteten Verfahren Beschuldigter, in dem Verfahren gegen den Mittäter ist er Zeuge. Mit jeder Angabe zur Tat des Mittäters würde der Zeuge hier auch Dinge zu seiner eigenen Straftat mitteilen. Hier hat er daher praktisch ein umfassendes Recht, auch als Zeuge zu schweigen.

Belehrung

So einfach das Prinzip erscheint, so tückisch ist die Umsetzung für den Zeugen während der Vernehmung. Schon die notwendige Belehrung durch den Vernehmenden zeigt häufig die denkbaren Mißverständnisse. Nicht selten wird der Zeuge wie folgt belehrt: »Immer, wenn Sie eine Straftat oder Ordnungswidrigkeit offenbaren müßten, dürfen Sie schweigen.«

Dies ist falsch. Schweigt der Zeuge tatsächlich auf eine Frage, wäre jedermann klar, daß er eine Tat begangen hat, sie aber nicht offenbaren will. Schweigen wäre mittelbar ein Schuldeingeständnis. Das Auskunftsverweigerungsrecht geht tatsächlich viel weiter. Allein die **»Gefahr« der Strafverfolgung** reicht aus, um Antworten zu verweigern. Auch der Zeuge mit einem guten Gewissen, der sich zu Recht keiner eigenen Straftat bewußt ist, kann schweigen. Die Staatsanwaltschaft nimmt schon Ermittlungen auf, wenn auch nur ein geringfügiger Anfangsverdacht besteht, der sich alsbald als haltlos erweist. Bereits das ist Strafverfolgung, bereits hiervor darf sich der Zeuge durch Schweigen schützen. Er braucht damit keinerlei Angaben zu machen, die für einen skeptischen Staatsanwalt Anlaß sein könnten, ein Ermittlungsverfahren einzuleiten.

Gefahr der Strafverfolgung

Ob diese Gefahr besteht und ob damit der Zeuge ein Auskunftsverweigerungsrecht hat, kann der Vernehmende oft nur **schwer erkennen**. Er kennt die verschwiegenen Antworten nicht und kann ihre Auswirkung auf eine mögliche Strafverfolgung nicht einschätzen. Damit Staatsanwaltschaft oder Richter nicht den Zeugen durch Ordnungsgeld oder Beugehaft zu einer Aussage zwingen, müssen sie selbst vom Bestehen des Auskunftsverweigerungsrechts überzeugt sein. Der Zeuge hat damit die oft heikle Aufgabe, den Inhalt der möglichen Antwort anzudeuten, ohne die Antwort selbst zu geben. Er muß das Bestehen seines Schweigerechts glaubhaft machen. In extremen Konstellationen ist dies jedoch unmöglich. Der Zeuge kann die Gefahr der Strafverfolgung nicht darlegen, ohne selbst eine Straftat zu offenbaren oder Beweismittel gegen sich selbst zu schaffen. Dann muß die eidesstattliche Versicherung des Zeugen genügen, daß eine Beantwortung der Frage strafrechtliche Verfolgung nach sich ziehen könnte.

Laufendes Strafverfahren gegen den Zeugen

Häufig läßt sich das Auskunftsverweigerungsrecht ohne solche Klimmzüge schon aus der Situation ableiten. Besteht nicht nur die Gefahr der Strafverfolgung, sondern **existiert bereits Strafverfolgung**, ist das Schweigerecht offensichtlich. Kein Zeuge braucht etwas zu einer Tat zu sagen, wegen der er Beschuldigter eines anderen Strafverfahrens ist. Durch dieses Strafverfahren muß ihm aber auch tatsächlich Bestrafung drohen. Ist ein Strafverfahren bereits rechtskräftig mit einem Urteil abgeschlossen, muß der Verurteilte später als Zeuge auch zu seiner Straftat wahrheitsgemäß und umfassend aussagen: Denn durch diese Aussage drohen ihm keine weiteren strafrechtlichen Nachteile.

Eingestellte Verfahren gegen den Zeugen

Ist demgegenüber das Strafverfahren nicht durch Urteil abgeschlossen, sondern lediglich wegen geringen Verschuldens – ohne Bußgeldzahlungen – eingestellt worden, ist das Unheil für den Beschuldigten nicht mit Sicherheit beendet. Wenn die Zeugenaussage der Staatsanwaltschaft neue belastende Erkenntnisse bieten würde, könnte sie das eingestellte Verfahren jederzeit wieder zu Lasten des Zeugen (dann ist er wieder Beschuldigter) aufnehmen. Der Zeuge braucht sich nicht zu belasten und kann **auch hier schweigen**.

Mit Freispruch abgeschlossenes Verfahren gegen den Zeugen

Ist ein früheres Verfahren bereits rechtskräftig abgeschlossen, und zwar durch ein freisprechendes Urteil, müßte der Freigesprochene als Zeuge in einem späteren Verfahren eigentlich aussagen. Es gibt allerdings die Möglichkeit, auch ein durch Freispruch rechtskräftig abgeschlossenes Verfahren nachträglich wieder aufzurollen, wenn der Freigesprochene später ein Geständnis ablegt. Dieses für ihn nachteilige Geständnis muß der Freigesprochene auch nicht als Zeuge der Staatsanwaltschaft liefern. Er hat daher unter Umständen ebenfalls ein Auskunftsverweigerungsrecht.

Verjährte Straftaten

Keine Nachteile drohen dem Zeugen auch, wenn eine zu offenbarende Tat nicht zu einer Verurteilung führen kann, beispielsweise weil diese Tat längst verjährt ist. Nach Ablauf der Verjährungsfrist von fünf Jahren müßte der Zeuge im Rahmen seiner Aussage auch umfassende Angaben zu seinem eigenen lange zurückliegenden Betrug machen. Das kann für ihn leider zu sozialen oder wirtschaftlichen Nachteilen führen, das Auskunftsverweigerungsrecht schützt ihn aber nur vor strafrechtlichen Nachteilen.

Auch die **Art der Fragestellung** selbst kann für jedermann erkennbar das Recht der Auskunftsverweigerung begründen. »Schlagen Sie Ihre Frau immer noch?« wird der Zeuge im Rahmen seiner Vernehmung gefragt. Sagt er ja, gibt er eine Körperverletzung zu. Sagt er nein, gesteht er zumindest ein, früher eine Körperverletzung begangen zu haben. Alle theoretisch denkbaren Antworten belasten ihn. Er hat daher mit Sicherheit das Recht, auf diese Frage die Antwort zu verweigern.

Belastung von nahen Angehörigen

Das Auskunftsverweigerungsrecht geht noch einen Schritt weiter: Die Gefahr der Belastung bezieht sich nicht nur auf den Zeugen selbst, sondern auch auf seine **nahen Angehörigen**. Enge Verwandte und Verschwägerte braucht der Zeuge nicht zu belasten. Geschützt wird derselbe Personenkreis, zu dessen Gunsten ein umfassendes Zeugnisverweigerungsrecht besteht (siehe Kapitel IV, 4). Das Zeugnis verweigern kann der Zeuge nur, wenn der nahe Angehörige bereits Beschuldigter eines Strafverfahrens ist. Die Auskunft auf einzelne Fragen verweigern darf er, wenn er durch seine Antwort den nahen Angehörigen erst zu einem Beschuldigten machen könnte.

Beispiel

Der Zeuge wird von einem PKW an seinem Arbeitsplatz abgesetzt. Er wird unmittelbar darauf Zeuge eines Unfalls, in den dieser PKW verwickelt wird. Der Fahrer oder die Fahrerin des PKW fährt weiter. Die Staatsanwaltschaft ermittelt wegen Unfallflucht. Der Zeuge kennt offensichtlich den Täter und wird in der Vernehmung nach dessen Namen gefragt. Er verweigert die Antwort auf diese Frage, weil er ansonsten einen nahen Angehörigen belasten müßte. Hier drängt sich auch für den Vernehmungsbeamten nach der Lebenserfahrung auf, daß die Ehefrau oder ein naher Verwandter den Zeugen zu seinem Arbeitsplatz gefahren hat. Nicht nur die Frage nach dem Namen des Fahrers kann der Zeuge unbeantwortet lassen. Auch die Angabe des Kennzeichens des Kraftfahrzeuges oder des Ortes, an dem die gemeinsame Fahrt von Zeugen und tatverdächtigem Fahrer begann, bringt die Ermittlungsbehörden der Identifizierung näher. Hierzu braucht der Zeuge zu Lasten eines nahen Angehörigen nicht mitzuwirken.

Ausdrückliche Verweigerungserklärung

Verweigern heißt stets: ausdrücklich darauf hinweisen, daß nicht geantwortet wird. Antwortet der Zeuge, der seine Ehefrau als Fahrerin nicht belasten will, er kenne die Fahrerin nicht, lügt er und macht sich strafbar. »Ich weiß nicht« ist ebenfalls eine Antwort, die wahr oder unwahr sein kann. *»Ich möchte hierauf nicht antworten«*, ist die **richtige Reaktion** desjenigen Zeugen, der von seinem Auskunftsverweigerungsrecht Gebrauch machen will.

7. Die Aussagen des Zeugen: Wahr und vollständig

Macht der Zeuge Angaben, müssen diese **wahr und vollständig** sein. Sagt der Zeuge die Unwahrheit, kann er sich strafbar machen. Die bewußte Lüge kann den Zeugen daher teuer zu stehen kommen.

Die Schwierigkeiten der eigenen Wahrnehmung

Nahezu schicksalhaft erscheinen jedoch die unwahren Zeugenaussagen, die keinesfalls auf dem bösen Willen des Zeugen beruhen. Der Zeuge hat zwar nur schlicht seine eigenen Beobachtungen und andere Wahrnehmungen wiederzugeben, er unterschätzt hierbei jedoch häufig, wie schwierig ein solcher alltäglicher Vorgang ist. Die Psychologie hat längst herausgefunden, daß das Sehen und Hören auf der einen Seite und das Erzählen des Gesehenen und Gehörten auf der anderen Seite ein viel komplizierterer Vorgang ist, als dies allgemein angenommen wird. Schätzungen von Zeugen zu bestimmten Größenverhältnissen, zu Entfernungen zweier Gegenstände voneinander und ähnliche Vorgänge sind oft meilenweit von der Realität entfernt. Die Zeugen überschätzen häufig ihre Fähigkeit, exakte Maße und Entfernungen überhaupt wahrnehmen zu können. Eklatant sind Fehler, die häufig bei der Schätzung von Zeitspannen vorkommen. Ein blitzartiger Vorgang von zwei bis drei Sekunden wird im nachhinein vom Zeugen häufig als detailliert und daher lang andauernd empfunden. Sekunden werden hier schnell zu Minuten. Die falsche Schätzung der Geschwindigkeit eines Fahrzeuges durch Zeugen ist tägliche Gerichtspraxis.

Beispiele

Die **Schwächen der eigenen Wahrnehmung** sollte der Zeuge vor seiner Aussage stets bedenken. Er sollte die Schnelligkeit eines Vorgangs ebenso berücksichtigen wie möglicherweise eine ungünstige Beobachtungsposition. Hat er einen Unfall vor sich durch die Windschutzscheibe bei starkem Regen und laufenden Scheibenwischern beobachtet, ist die Beobachtungsmöglichkeit notgedrungenermaßen eingeschränkt. Auf diese Einschränkung sollte der Zeuge in seiner Aussage stets hinweisen, damit ihm nicht später offensichtliche und eklatante Widersprüche zu anderen Zeugenaussagen entgegengehalten werden können.

Was der Zeuge wirklich sieht und hört

Den **größten Fehler** begehen Zeugen regelmäßig dadurch, daß sie nicht unterscheiden zwischen dem, was sie gesehen und gehört haben, und dem, was sich als Folge des Gesehenen und Gehörten ereignet hat. So hört beispielsweise der Zeuge als Spaziergänger auf der Straße irgendwo hinter sich das Quietschen von Reifen, er dreht sich um und sieht gerade noch, wie ein Auto auf ein anderes Fahrzeug auffährt. In seiner späteren Aussage bei der Polizei behauptet der Zeuge wie selbstverständlich, daß das auffahrende Fahrzeug mit quietschenden Reifen gebremst habe und dann aufgefahren sei. Dabei übersieht er möglicherweise, daß hinter den beiden Unfallfahrzeugen noch weitere Autos bremsten und daß möglicherweise die Quietschgeräusche von diesen anderen Autos stammen. Der Zeuge hat wie selbstverständlich ein typisches Unfallgeschehen vor Augen und ordnet die Bruchteile seiner Beobachtung in dieses bereits vorhandene typische Bild ein. Insgesamt gibt er damit ein Unfallbild wieder, das er so selbst gar nicht gesehen hat. Es ist völlig unnötig, als Zeuge zu behaupten, das auffahrende Fahrzeug habe gebremst. Richtig ist vielmehr, exakt nur das wiederzugeben, was tatsächlich beobachtet worden ist. Der Zeuge kann damit nur aussagen, daß er ein – von wem auch immer stammendes – Quietschen von Reifen hinter sich hörte und daß er nach dem Umdrehen das Aufprallen der Fahrzeuge beobachtete. Zwar drängt sich hiernach die Schlußfolgerung auf, daß das auffahrende Fahrzeug kurz vor dem Aufprall noch gebremst hat. Diese Schlußfolgerungen mag die Polizei oder das Gericht ziehen. Der Zeuge selbst soll jedoch diese Schlußfolgerungen nicht als eigene Beobachtungen wiedergeben.

Vermischung: Was der Zeuge selbst sieht und was er von anderen hört

Ein **anderes Phänomen** erschwert die korrekte Zeugenaussage. Zumeist prägt sich das Bild eines Geschehens in das Gedächtnis des Zeugen ein. Es ist allerdings wissenschaftlich erwiesen, daß sich nachträglich dieses Bild verändert. Das Bild wird häufig überlagert von späteren Einflüssen, das Bild verändert sich, und in seiner Aussage gibt möglicherweise der Zeuge das Bild seiner Beobachtung wieder, die er tatsächlich so gar nicht gemacht hat. Diese Überlagerungen im Gedächtnis werden insbesondere hervorgerufen durch nachträgliche Beeinflussungen von außen. Der Zeuge mag einen Unfall genau beobachtet haben. Hört er kurz darauf noch am Unfallort die Schilderungen von anderen Unfallzeugen, nimmt er diese Schilderungen oft unbewußt in die eigene Vorstellung vom Unfallgeschehen auf. Ob ein Unfallfahrzeug tatsächlich wenige Sekunden vor dem Unfall bei Rot in eine Kreuzung eingefahren ist, hat der Zeuge möglicherweise nicht gesehen, konnte er möglicherweise auch von seinem Standpunkt aus nicht sehen. Dennoch behauptet er dies als eigene Beobachtung, weil ihm dies von anderen Zeugen kurz nach dem Unfall mitgeteilt worden war.

Die wahrheitsgemäße Wiedergabe von Beobachtungen ist daher auch eine Frage der exakten Formulierung. Der um Wahrheit bemühte Zeuge sollte daher darauf achten, daß er bei seiner Zeugenaussage von allen anderen Einflüssen frei bleibt. In der Vernehmungssituation selber ist es insbesondere der Polizeibeamte, Staatsanwalt oder Richter, der solche Beeinflussungen vornehmen kann. Wird zu Beginn der Vernehmung beispielsweise darauf hingewiesen, daß die Polizei wegen eines Heroinhandels ermittelt, kann der Zeuge leicht dazu verführt werden, seine eigenen Beobachtungen als Übergabe von ca. 100 Gramm Heroin zu schildern, obwohl er selbst keine Ahnung davon hat, wie Heroin aussieht und er allenfalls von der Übergabe eines weißen Pulvers berichten könnte.

Das sollten Sie bei der Vernehmung beachten!

Um sich auch von Erwartungshaltungen des Vernehmungsbeamten frei zu machen, sollte der Zeuge zunächst auf seinem Recht beharren, zu dem vorgegebenen Beweisthema zunächst im Zusammenhang aus seiner Erinnerung berichten zu können. Der Beginn der Vernehmung sollte daher kein Frage-Antwort-Spiel sein, sondern ein Monolog des Zeugen.

Die Formulierung des Zeugenprotokolls

Die Angaben des Zeugen werden vom Vernehmungsbeamten **protokolliert**. Für die Formulierung ist allein der Vernehmende zuständig. Um Mißverständnisse oder gar Verfälschungen zu verhindern, sollte der Zeuge bei seinem Bericht und dessen Protokollierung darauf achten, daß möglichst wörtlich die von ihm selbst gewählten Formulierungen im Protokoll auftauchen. Will der Polizeibeamte eine Schilderung des Zeugen, die ihm zu weitschweifig erscheint, mit eigenen Formulierungen zusammenfassen, sollte **der Zeuge** im eigenen Interesse **diese Formulierung so sorgfältig wie möglich prüfen.**

Erst recht ist Formulierungsgenauigkeit gefragt, wenn in der Vernehmung **ergänzende Fragen** erfolgen. Aus der Frage selbst sind später Rückschlüsse darauf möglich, wie genau und vollständig die Antwort tatsächlich erfolgt war. Um hier ebenfalls keine unzutreffenden Eindrücke durch das Protokoll erwecken zu lassen, **sollte** der **Zeuge darauf bestehen**, daß zunächst die Frage protokolliert wird. Er kann sie dann lesen und auf die schriftlich vorliegende Frage exakt antworten. Erwartungshaltungen und Vorgaben, die in der Fragestellung zum Ausdruck kommen, beeinflussen notwendigerweise die Antwort. Sie sind aber teilweise zur Verkürzung einer Gesprächssituation nicht zu vermeiden.

Verbotene Vernehmungsmethoden

Ausdrücklich verboten sind gegenüber Zeugen allerdings diejenigen **Vernehmungsmethoden**, deren Unzulässigkeit der Gesetzgeber schon bei der Beschuldigtenvernehmung festgestellt hat (siehe Kapitel II, 2). Die freie Willensbetätigung des Zeugen darf nicht beeinträchtigt werden durch Mißhandlung, Ermüdung, körperlichen Eingriff, durch Verabreichung von Mitteln, Quälerei, Täuschung oder Hypnose; ebenso unzulässig ist das Drohen gegenüber dem Zeugen mit einer gesetzlich unzulässigen Maßnahme oder das Versprechen eines gesetzlich nicht vorgesehenen Vorteils.

Intime Fragen an den Zeugen

Antworten muß der Zeuge zu allen Vorgängen, die er selbst im Zusammenhang mit der ermittelten Straftat wahrgenommen hat. Das Gesetz mutet dem Zeugen allerdings noch einiges mehr zu. Im Rahmen seiner Zeugenaussage muß er sich unter Umständen auch **unangenehmen Fragen** stellen, die seine eigene Person betreffen. Handelt es sich beispielsweise um prekäre detaillierte Darstellungen zu einer selbsterlebten Vergewaltigung, so ist deren Notwendigkeit zur Strafverfolgung auch dem Laien einsichtig. Daß ein Zeuge aber plötzlich beispielsweise Aussagen zu seinem Verhältnis zu einer anderen Zeugin machen soll, daß er möglicherweise über Art und Intensität seiner geschlechtlichen Beziehung zu einer anderen Zeugin berichten soll, daß er darüber hinaus möglicherweise seine Vorstrafen offenbaren soll, dürfte nicht jedem Zeugen einleuchtend sein. Grundsätzlich will das Gesetz den Zeugen auch vor entehrenden Fragen schützen. Ein unnötiges Eindringen in die Privatsphäre des Zeugen ist grundsätzlich zu vermeiden. Häufig hängt allerdings die für ein Verfahren entscheidende Glaubwürdigkeit eines Zeugen davon ab, daß Polizei und Gericht tatsächlich Einblick in die Privatsphäre des Zeugen erlangen. Sind Fragen für die Beurteilung der Glaubwürdigkeit eines Zeugen erforderlich, so muß sich der Zeuge letztendlich darauf einstellen, daß er hierauf antworten muß. Sein Vorleben, seine geistigen und körperlichen Eigenschaften, etwa vorhandene Vorstrafen und weitere Dinge seines Privatlebens können Gegenstand berechtigter Fragen sein. Hier läuft der Zeuge sehr viel eher als bei seinen eigentlichen Beobachtungen zur Tat Gefahr, aus Scham eine Falschaussage zu machen.

Die Unterschrift

Am Ende der Vernehmung ist das **Protokoll vom Zeugen zu unterschreiben**. Zuvor sollte er sich die vom Vernehmenden zu Papier gebrachten Formulierungen **nochmals sorgfältig durchlesen** und nicht davor zurückschrecken, handschriftliche Verbesserungen vorzunehmen.

8. Der Rechtsanwalt als Zeugenbegleiter

Die bisherige Darstellung belegt eins: Die **Rolle des Zeugen ist schwieriger**, als der Laie ahnt. Der Zeuge, der lediglich etwas erzählen soll, was er gesehen oder gehört hat, findet sich plötzlich in einem für ihn undurchdringlichen Gewirr von Rechten und Pflichten verbunden mit der Unsicherheit seiner eigenen Wahrnehmung und der Formulierung der Wiedergabe. Auch der Zeuge bedarf daher häufig des Rates des in praktischen und rechtlichen Dingen erfahrenen Rechtsanwalts. Sofern auch nur im geringsten die Gefahr droht, daß der Zeuge sich durch unglückliche Formulierungen selbst belasten könnte, sofern er sich in einem für ihn selbst nicht lösbaren Zwiespalt befindet, ob er als Zeuge gegen einen nahen Angehörigen aussagen soll, immer dann sollte er sich in eigenem Interesse des Rates eines versierten Anwalts versichern.

Die Strafprozeßordnung, die aus dem vorigen Jahrhundert stammt, hat diese schwierige Situation des Zeugen noch nicht berücksichtigt. Im Gesetz findet sich daher nichts darüber, **ob** und **wie** sich ein Zeuge der Hilfe eine Anwalts bedienen kann. Das Bundesverfassungsgericht hat jedoch schon seit langem festgestellt, daß die schwierige Rolle des Zeugen häufig anwaltlichen Rat dringend erforderlich erscheinen läßt. Der **anwaltliche Zeugenbegleiter** ist daher schon seit vielen Jahren **in der Praxis etabliert**.

Ist anwaltlicher Beistand sinnvoll?

Es ist anerkannt, daß der Zeuge nicht nur vor seiner Aussage den Rat eines Anwalts einholen kann. Der Zeuge kann auch mit seinem Anwalt unmittelbar zu der Vernehmung erscheinen. Die eigentliche

Aussage kann der Anwalt zwar dem Zeugen nicht abnehmen. Bei allen schwierigen Fragen während einer Vernehmung kann der Anwalt jedoch den Zeugen beraten. In diesem Fall ist es häufig angezeigt, daß Anwalt und Zeuge den Vernehmungsraum verlassen, sich untereinander beraten, und anschließend die Vernehmung erst fortgesetzt wird. Die **Kosten** der anwaltlichen Beratung hat der **Zeuge selbst zu tragen**. In den Gebührenordnungen ist die Tätigkeit des anwaltlichen Zeugenberaters nicht vorgesehen. Die Gebühren sollten daher vor der Tätigkeit des Anwalts zwischen diesem und dem Zeugen festgelegt werden. Denkbar ist ein für beide Seiten vorher zu kalkulierender Pauschalsatz oder eine festgesetzte Stundenvergütung des Anwalts.

9. Zeugenentschädigung – Geld für eine Aussage

Der Zeuge braucht seiner staatsbürgerlichen Pflicht der Zeugenaussage **nicht kostenlos** nachzukommen. Erscheint er als Zeuge bei Gericht oder bei der Staatsanwaltschaft, wird er nach den Vorschriften des Gesetzes über die Entschädigung der Zeugen und Sachverständigen entlohnt. Gleiches gilt auch, wenn die Polizei den Zeugen im Auftrage der Staatsanwaltschaft zu einer Vernehmung geladen hatte.

Die Höhe der Entschädigung ist zumeist recht dürftig. Der **Verdienstausfall** wird mit **maximal 20,– DM pro Stunde** erstattet. Wer keinen Verdienstausfall erlitten hat, erhält 3,– DM pro Stunde. Die Zeugenaussage der **Hausfrau** wird mit **12,– DM pro Stunde** angesetzt.

Darüber hinaus kann der Zeuge die Erstattung der **notwendigen Fahrtkosten** verlangen. Bei der Benutzung der öffentlichen Verkehrsmittel erhält er die tatsächlichen Auslagen erstattet, bei Benutzung eines privaten Kraftfahrzeuges werden ihm –,40 DM je Kilometer erstattet.

Sind ausnahmsweise mehr Aufwendungen für die Wahrnehmung des Termins erforderlich, werden auch diese erstattet. Hierbei handelt es sich regelmäßig um die **zusätzlichen Ausgaben zur Übernachtung** und **Verpflegung** von weit angereisten Zeugen.

Diese Zeugen haben auch die Möglichkeit, schon vor ihrer Vernehmung zu beantragen, daß ihnen ein **Reisekostenvorschuß** gewährt wird. Dies erfolgt in der Regel durch Zusendung einer Fahrkarte, falls dem Zeugen die Inanspruchnahme des eigenen Portemonnaies nicht zumutbar ist.

V. Das Opfer der Straftat

Noch im Mittelalter hatte der Verletzte das Recht oft selbst in die Hand genommen. Er rächte sich höchstpersönlich an dem Missetäter wegen einer Körperverletzung, eines Diebstahls oder des Todes eines nahen Angehörigen.

Die Sühne von Straftaten im modernen Rechtsstaat ist ausschließlich Aufgabe der Justiz. Das Opfer der Tat soll grundsätzlich in die Ermittlungstätigkeit und das spätere Strafverfahren nicht eingreifen können. Es ist allenfalls Zuschauer des Strafverfahrens, in dem die Staatsanwaltschaft den Beschuldigten anklagt und das Gericht hierüber urteilt. Als Zeuge darf auch der Verletzte wie jeder andere Bürger über seine Wahrnehmungen berichten. Mehr nicht.

Doch auch in Zeiten, in denen das Strafverfolgungsmonopol bei der Staatsanwaltschaft liegt, ist klar, daß dem **Opfer der Straftat** eine ganz besondere Stellung zukommt. Erst allmählich hat der Gesetzgeber dies eingesehen und dem Verletzten selbst auch im Strafverfahren eigenständige Rechte zugebilligt. Diese Rechtspositionen ergeben leider für den Laien kein einheitliches Bild, so daß sich die Rechte des Verletzten etwas kompliziert darstellen.

1. Strafanzeige und Strafantrag

Die Staatsanwaltschaft muß grundsätzlich bei jedem Anfangsverdacht einer Straftat ein **Ermittlungsverfahren** einleiten. Denn sie allein hat das Recht zur Strafverfolgung. Das Gesetz hat ihr daher auch die Pflicht auferlegt, bei jedem nur denkbaren Anhaltspunkt einer Straftat einzuschreiten.

Einleiten eines Strafverfahrens durch Anzeige

Nicht rechtlich, aber rein faktisch hat unter Umständen der Verletzte den Schlüssel zur Einleitung eines Strafverfahrens. Weiß die Staatsanwaltschaft nichts von der Straftat, kann sie auch niemanden verfolgen. Weiß allein der Verletzte von der Straftat, hat er es also in der Hand, durch die Mitteilung der Straftat an die Staatsanwaltschaft ein Strafverfahren in Gang zu bringen. Schweigt der Verletzte, handelt er nicht rechtswidrig. Denn es besteht keine Verpflichtung zur Strafanzeige.

Ein solches Verschweigen einer Straftat kann sich im Einzelfall auch für das Tatopfer als sinnvoll darstellen. So ist die Frau, die Opfer einer Vergewaltigung geworden ist, häufig nicht sehr davon erbaut, dieses extrem verletzende Ereignis nochmals in öffentlicher Hauptverhandlung schildern zu müssen, sich möglicherweise bereits im Ermittlungsverfahren skeptischen Fragen von Polizeibeamten und Untersuchungen von Ärzten auszusetzen. Das Vermeiden dieses Erlebnisses wird ihr manchmal wichtiger sein als die Sühne der Tat.

Strafanzeige – was Sie wissen sollten!

Entschließt sich das Opfer zur Anzeige der Straftat, ist sie an bestimmte **Formalien** nicht gebunden. **Die Strafanzeige** kann schriftlich oder mündlich gestellt werden, selbst minderjährige

Kinder können eine Strafanzeige erstatten. Wichtig ist allein, daß irgendwie glaubwürdige Informationen über eine Straftat zur Kenntnis von Polizei und Staatsanwaltschaft gelangen.

Wenn dem Anzeigenerstatter jedoch daran gelegen ist, den gesamten Sachverhalt der Straftat aus seiner Sicht umfassend und exakt wiederzugeben, empfiehlt es sich selbstverständlich, dies **schriftlich zu formulieren**. Darüber hinaus sollte der Anzeigenerstatter stets bei der Anzeige zu erkennen geben, daß er an **Informationen über den Ausgang des Verfahrens** interessiert ist. Denn nur so ist sichergestellt, daß der Anzeigende Monate oder gar Jahre später Auskunft darüber erhält, ob ein Ermittlungsverfahren eingestellt worden ist oder der Tatverdächtige sogar von einem Gericht verurteilt wurde.

Sogenannte Antragsdelikte

Für einige wenige Deliktsarten, wie z.B. leichte Körperverletzung, Beleidigung, Sachbeschädigung oder Hausfriedensbruch, gilt etwas Besonderes. Will hier der Geschädigte die Strafverfolgung des Täters, dann **muß** er sogar eine **Strafanzeige** erstatten. Es handelt sich bei diesen Delikten um sogenannte **Antragsdelikte**. Der Geschädigte muß daher einen ausdrücklichen **Strafantrag** stellen. Für einen solchen Strafantrag gelten relativ **strenge Regeln**.

Voraussetzungen für Strafantrag bei Antragsdelikten

Der Strafantrag kann **nur vom Geschädigten** gestellt werden. Für den Minderjährigen können die Eltern den Antrag stellen. Der Antrag muß spätestens **drei Monate**, nachdem der Verletzte von der Tat und der Person des Täters Kenntnis erlangt hat, bei der Polizei eingegangen sein. Er kann statt dessen auch bei einem Gericht oder bei der Staatsanwaltschaft gestellt werden. In jedem Fall muß der Antrag **schriftlich** erfolgen, d.h. er muß unterschrieben sein. Ein telefonisch bei der Polizei gestellter Strafantrag ist unwirksam.

Der Antrag muß deutlich **eine bestimmte Tat** bezeichnen. Ein Strafantrag wegen einer Körperverletzung am 7. Juni umfaßt nicht gleichzeitig auch eine zwei Tage später begangene Körperverletzung: Hier muß der Verletzte deutlich machen, daß er Antrag wegen beider Straftaten stellt. Ist die Person des Täters nicht bekannt, reicht auch ein Antrag gegen Unbekannt.

Ein Strafantrag kann zurückgenommen werden. Nach der **Rücknahme** kann er allerdings nicht mehr neu gestellt werden.

Liegt ein Tatverdacht wegen eines Antragsdeliktes vor, fehlt es allerdings an einem Antrag oder ist der Antrag nicht wirksam, so braucht die Staatsanwaltschaft nicht tätig zu werden. Häufig kann sie jedoch trotz fehlenden Antrags ein Ermittlungsverfahren einleiten, wenn sie aus bestimmten Gründen das besondere öffentliche Interesse an der Strafverfolgung bejaht.

2. Die vertrauliche Anzeige

Jeder, der Anzeige erstattet, insbesondere auch das Opfer der Tat, muß damit rechnen, daß er im Ermittlungsverfahren und in der Hauptverhandlung vor Gericht als Zeuge vernommen wird. Seine Angaben in der Strafanzeige dienen nicht nur dazu, das Ermittlungsverfahren einzuleiten. Vielmehr sind zur Überführung des Täters Staatsanwaltschaft und Gericht auch auf das Beweismittel der Zeugenaussage angewiesen.

Gerade daran hat möglicherweise der Anzeigenerstatter keinerlei Interesse. Er will zwar, daß eine

Straftat gesühnt wird. Er selbst will allerdings nicht öffentlich in einem Strafverfahren auftreten. Insbesondere wenn er sich durch den Beschuldigten gefährdet sieht, wird er unter Umständen darauf dringen, daß seine Angaben **vertraulich** behandelt werden.

Dieser Wunsch wird dem Anzeigenerstatter nur sehr selten erfüllt werden können. Denn die Staatsanwaltschaft ist auf die Zeugenaussage des Anzeigenerstatters angewiesen. Sie kann beispielsweise eine Vergewaltigung gegen den Beschuldigten nicht ernsthaft verfolgen, wenn sie nicht als Beweismittel auf die Zeugenaussage der vergewaltigten Frau zurückgreifen kann.

Kriminalistisch sinnvoll und rechtsstaatlich vertretbar kann die Vertraulichkeit einer Anzeige nur sein, wenn sich die Polizei erhoffen kann, den Täter auch mit anderen Beweismitteln zu überführen. Gibt der Anzeigenerstatter einen Hinweis darauf, daß sich in der Wohnung des Beschuldigten große Mengen Rauschgift befinden, so würde allein der Rauschgiftfund bei einer plötzlichen Durchsuchung ausreichendes Beweismittel sein. Auf die Zeugenaussage des Anzeigenerstatters käme es dann nicht an.

Kann dem Anzeigenerstatter Vertraulichkeit zugesichert werden?

Nur in diesen Ausnahmefällen dürfen die Ermittlungsbehörden dem Anzeigenerstatter Vertraulichkeit zusichern. Der Anzeigenerstatter, der **anonym** bleiben will, ist daher in einer mißlichen Situation. Ihm kann erst Vertraulichkeit zugesichert werden, wenn die Polizei aufgrund seiner Angaben zu dem Ergebnis kommt, daß es letztendlich auf die Zeugenaussage nicht ankommen wird. Verlaß ist für den Zeugen nur auf eine schriftliche Vertraulichkeitszusage. Diese kann nicht von der Polizei, sondern nur von der Staatsanwaltschaft gegeben werden. Dort ist nicht jeder Staatsanwalt, sondern lediglich der Behördenleiter zuständig.

Der Anzeigenerstatter, der sich auf die Vertraulichkeitszusage verläßt, sollte sich allerdings darüber im klaren sein, daß die Staatsanwaltschaft für sich stets in Anspruch nimmt, »zum Schutz höherwertiger Rechtsgüter« sich später nicht mehr an die Vertraulichkeitszusage gebunden zu fühlen. Im übrigen besteht immer die Gefahr, daß in einem späteren gerichtlichen Strafverfahren bestimmte Verfahrensbeteiligte die Nennung des Namens des Anzeigenerstatters über das Verwaltungsgericht erzwingen können.

3. Akteneinsicht durch einen Anwalt des Tatopfers

Recht zur Kenntnis über den Ermittlungsstand

Der Verletzte hat nicht nur das Recht, daß er zum Abschluß des Strafverfahrens über dessen Ausgang informiert wird. Er kann sich darüber hinaus sogar **Kenntnis über den Lauf der Ermittlungen** verschaffen. Zu diesem Zweck kann er Einsicht in die laufende Ermittlungsakte verlangen. Er kann danach feststellen, welche Aussagen die bisher vernommenen Zeugen gemacht haben und welche Ergebnisse bislang eingeholte Gutachten präsentieren. Diese Kenntnis könnte aufgrund seiner besonderen Nähe zu der Tat Anlaß sein, die Ermittlungsbehörden noch auf weitere Dinge aufmerksam zu machen, die das Verfahren fördern.

Die Staatsanwaltschaft wird jedoch die Akten niemals dem Verletzten selbst aushändigen. Eine solche Vertrauensposition genießt lediglich ein Anwalt. Der Verletzte **muß** also einen **Anwalt** mit der **Wahrnehmung seiner Interessen beauftragen** und erfährt über diesen den aktuellen Stand der Ermittlungen.

Dies stellt bereits einen erheblichen Vorteil dar, da alle anderen unbeteiligten Zeugen auch über ihre Anwälte keine Akteneinsicht erhalten. Die zusätzliche Information hat allerdings den Nachteil, daß sie Geld kostet. Mit der Beauftragung des Anwalts schuldet der Verletzte diesem ein Honorar. Die Gebührenforderung des Anwalts übernimmt der Staat grundsätzlich nicht.

Hiervon gibt es jedoch unter Umständen eine **Ausnahme**. Diese gilt für sogenannte **Nebenklagedelikte**. Das sind diejenigen Delikte, bei denen es dem Verletzten später in der gerichtlichen Hauptverhandlung gestattet ist, neben dem Staatsanwalt sitzend der Hauptverhandlung beizuwohnen (siehe Kapitel XI). Zu diesen Delikten gehören zahlreiche Sexualdelikte, Körperverletzungs- und Tötungsdelikte, Beleidigungen und gravierende Freiheitsberaubungen.

Ist der Verletzte Opfer eines derartigen Delikts, kann er beantragen, daß ihm Prozeßkostenhilfe gewährt und ein Anwalt als Beistand beigeordnet wird. Hierüber entscheidet das Gericht. Sind die Einkommensverhältnisse des Verletzten beschränkt (er verdient beispielsweise nicht mehr als 1.000,– DM netto im Monat), so übernimmt der Staat die Anwaltskosten des Verletzten.

4. Der Verletzte bringt die Anklage selbst zu Gericht

Der Verletzte muß zunächst abwarten, zu welchem Ergebnis die Ermittlungen der Staatsanwaltschaft führen. Im Ermittlungsverfahren selbst kann er nur beobachten, sich informieren und helfen. Er hat Informationsrechte, aber keine Gestaltungsrechte.

In seine berechtigten Interessen wird erst dann eingegriffen, wenn die Staatsanwaltschaft nach Abschluß der Ermittlungen zu dem Ergebnis kommt, daß sie gegen den Verdächtigen kein Strafverfahren vor Gericht einleiten wird. Nur für diesen Fall gibt das Gesetz dem Verletzten unter Umständen die Möglichkeit, sein Interesse an einem Strafverfahren gegen den Tatverdächtigen auch gerichtlich durchzusetzen. Er hat das **Recht der Klageerzwingung** oder das **Recht der Privatklage**.

Wie man die Staatsanwaltschaft zur Anklageschrift zwingt

Nicht jeder erfährt von der Einstellung eines Strafverfahrens. Die Staatsanwaltschaft ist nur ausnahmsweise verpflichtet, anderen Personen als den Beschuldigten selbst hierüber Mitteilung zu machen.

Hat ein Passant zufällig einen Autodiebstahl beobachtet und dies der Polizei mitgeteilt, so hat er durch seine Anzeige das Ermittlungsverfahren zwar in Gang gebracht. Er wird aber normalerweise nicht erfahren, ob es eingestellt worden ist.

Der Anzeigenerstatter erfährt von der Einstellung nur dann, wenn er gleichzeitig eindeutig sein Interesse daran bekundet hat, daß der Angezeigte auch strafrechtlich verfolgt werden soll. Diese strafrechtliche Verfolgung des Täters dürfte dem Passanten gleichgültig sein. Anders sieht es aus, wenn das gestohlene Auto dem Anzeigenerstatter selbst gehört. Dieser Anzeigenerstatter muß in jedem Fall von der Staatsanwaltschaft Nachricht erhalten, wenn das zunächst eingeleitete Verfahren gegen den Angezeigten später mangels Tatnachweises eingestellt wird.

Zumeist wird die Staatsanwaltschaft diesen **Einstellungsbescheid** mit einigen wenigen Sätzen begründen. Sie wird insbesondere auf die Gesichtspunkte hinweisen, die letztendlich dazu geführt haben, daß ein Tatnachweis gegen den Angezeigten nicht zu führen ist.

Die Beschwerde gegen den Einstellungsbescheid

Hiermit muß sich der Anzeigenerstatter nicht zufriedengeben. Hält er die Argumente der Staatsanwaltschaft für wenig überzeugend und geht er nach wie vor davon aus, man könne gegen den Verdächtigen einen Tatnachweis führen, kann er gegen die Einstellung **Beschwerde** einlegen.

Voraussetzungen

Das kann allerdings nicht jeder **Anzeigenerstatter**, sondern nur derjenige, der auch **der Verletzte der ermittelten Straftat** ist. **Verletzter ist derjenige**, der durch die Straftat unmittelbar in seinen Rechten oder rechtlich anerkannten Interessen beeinträchtigt ist. Verletzter eines Diebstahls ist der Eigentümer der gestohlenen Sache. Verletzter eines Betruges ist derjenige, dessen Vermögen geschädigt worden ist. Verletzter einer Urkundenfälschung ist derjenige, zu dessen Nachteil die gefälschte Urkunde vom Täter gebraucht worden ist. Verletzter der Tötungsdelikte sind auch die nahen Angehörigen des Getöteten.

Demgegenüber ist ein Bürger nicht Verletzter, wenn durch die Straftat lediglich die Allgemeinheit betroffen ist. Liegt Betrug, Untreue oder Diebstahl zum Nachteil einer Stadtverwaltung vor, ist die Allgemeinheit, nicht aber jeder Bewohner der Stadt Verletzter. Allein die Allgemeinheit ist auch geschützt bei Spionagedelikten, der Verbreitung pornographischer Schriften oder der Verstöße gegen das Betäubungsmittelgesetz.

Ist der Anzeigenerstatter auch gleichzeitig Verletzter, muß er innerhalb einer **Frist von zwei Wochen** Beschwerde bei der Staatsanwaltschaft einlegen. Die vorgesetzte Behörde der Staatsanwaltschaft, die Generalstaatsanwaltschaft, hat dann über diese Beschwerde zu entscheiden.

Möglicherweise überzeugt der Verletzte in seiner Beschwerde die Generalstaatsanwaltschaft. Diese wird dann den Staatsanwalt anweisen, die Ermittlungen fortzuführen. Hierüber erhält der Verletzte eine Nachricht. Sollte dann nach weiteren Wochen und Monaten der Ermittlung abermals eine Einstellung erfolgen, hat der Verletzte nochmals das Recht, Beschwerde einzulegen.

Die letzte Möglichkeit: das Klageerzwingungsverfahren

Unter Umständen erhält der Verletzte aber auch Post von der Generalstaatsanwaltschaft, in der seine Beschwerde zurückgewiesen wird. Er hat dann die Möglichkeit, durch ein Gericht überprüfen zu lassen, ob die Einstellungsentscheidung rechtens ist. Hierbei handelt es sich um das eigentliche **Klageerzwingungsverfahren**.

Dieses Verfahren führt in der Praxis ein Schattendasein. Nur in ganz seltenen Fällen gelingt es einem Verletzten, über das Gericht die Erzwingung einer Anklage zu erreichen. Dies liegt insbesondere an den zahlreichen zu beachtenden Formalien dieses Verfahrens.

So muß beispielsweise der **Antrag fristgemäß innerhalb eines Monats** beim **zuständigen Oberlandesgericht** gestellt werden. Der schriftliche Antrag ist ausführlich zu begründen, der komplette Sachverhalt, der nach Ansicht des Verletzten zwingend zu einer Anklage führen muß, ist in dieser

Antragsschrift nochmals niederzulegen. Dies kann der Verletzte nicht allein machen. Diese Schrift muß in jedem Fall durch einen Rechtsanwalt formuliert werden. Ist der Verletzte selbst vermögenslos, können im Wege der Prozeßkostenhilfe möglicherweise die Kosten für den Anwalt vom Staat übernommen werden.

Lehnt das Oberlandesgericht die Klageerhebung ab, ist der Verletzte endgültig gescheitert. Der Tatverdächtige wird nicht vor ein Strafgericht gestellt. Kann ausnahmsweise der Verletzte das Gericht davon überzeugen, daß die Staatsanwaltschaft nach Aktenlage hätte Anklage erheben müssen, so wird diese Anklageerhebung durch das Gericht beschlossen. Gegen ihre Überzeugung muß dann die Staatsanwaltschaft eine Anklage gegen den Beschuldigten erheben.

Das Privatklageverfahren – Wie sich Täter und Opfer unmittelbar vor einem Strafgericht streiten

Privatklage bei Privatklagedelikten

Es gibt Straftaten, um die sich die Staatsanwaltschaft nicht unbedingt kümmert. Dabei handelt es sich um Taten leichterer Art, die sich fernab der Öffentlichkeit im intimen Bereich des Opfers abspielen. Verweist der Hausherr seinen Gast aus der Wohnung und geht dieser nicht, so gibt es häufig ein großes Gezeter im Haus – in jedem Fall ist der Straftatbestand des Hausfriedensbruchs erfüllt. Unflätige Bemerkungen führen sehr schnell zur Straftat der Beleidigung. In diesen Fällen ist ein dringendes öffentliches Interesse an der Verfolgung der Straftat bei der überlasteten Staatsanwaltschaft nur selten erkennbar. Wenn nicht besondere Gründe vorliegen, kann die Staatsanwaltschaft die beiden Streithähne auf den Weg der Privatklage verweisen.

Zu den sogenannten **Privatklagedelikten** gehören darüber hinaus noch die leichte Körperverletzung, die Bedrohung, die Sachbeschädigung und beispielsweise die Verletzung des Briefgeheimnisses. Hat in diesen Fällen der Verletzte Anzeige erstattet, erhält er häufig bei Abschluß der Ermittlungen Nachricht von der Staatsanwaltschaft, daß man das Verfahren dort nicht weiter betreibe. Ausdrücklich wird der Verletzte in einer Rechtsmittelbelehrung auf die Möglichkeit verwiesen, selbst eine Privatklage beim Strafrichter zu erheben.

Das Privatklageverfahren

In einem Privatklageverfahren kann der Verletzte praktisch selbst die Rolle der Staatsanwaltschaft übernehmen. Er kann **eine Klageschrift beim Strafrichter des Amtsgerichts einreichen**, in der er so ausführlich wie möglich die Straftat des von ihm Beschuldigten beschreibt. Läuft alles nach Plan des Verletzten, wird der Strafrichter eine Hauptverhandlung gegen den Beschuldigten anberaumen, es wird eine Beweisaufnahme stattfinden, und möglicherweise wird es an deren Ende zu einer Verurteilung wegen Hausfriedensbruchs, Körperverletzung oder ähnlichem kommen.

Der Weg hierhin ist allerdings sehr steinig. Zunächst kostet das Verfahren den Verletzten Geld. Er muß einen **Gebührenvorschuß bezahlen** und zusätzlich eine **Sicherheitsleistung erbringen**, falls dem Beschuldigten durch das Privatklageverfahren zu Unrecht Kosten entstehen.

Darüber hinaus muß der Verletzte in jedem Fall versuchen, vor Einreichen der Privatklage sich mit dem Beschuldigten gütlich zu einigen. Es muß ein sogenannter **Sühneversuch** stattfinden. Hierfür zuständig sind in den meisten Bundesländern die Schiedsmänner, in Süddeutschland häufig die Gemeindeverwaltungen. Einigt man sich vor der Sühnestelle nicht oder erscheint der Beschuldigte erst gar nicht, wird die Sühnestelle eine entsprechende Bescheinigung ausstellen. Diese muß der Privatklage beigefügt werden.

Keine Anwaltspflicht!

Der Verletzte kann als Privatkläger das Strafverfahren selbst in Gang bringen. Er braucht hierzu keinen Anwalt. Die **Vertretung durch einen Anwalt** erscheint allerdings sinnvoll, da nur ein Anwalt Akteneinsichtsrecht hat und nur dieser sich regelmäßig in der Kunst der Beweisantragsstellung auskennt. Diesen Anwalt muß der Verletzte selbst bezahlen; lediglich bei geringem Verdienst kann der Staat die Kosten im Wege der Prozeßkostenhilfe übernehmen.

Privatklage und Praxis

Die **Praxis** zeigt, daß der Privatkläger eine **Bestrafung des Beschuldigten** in einem Urteil **nur selten erreichen** wird. Es gibt Richter, die sich rühmen, ihr ganzes Leben lang noch kein einziges Privatklageverfahren durch Urteil beendet zu haben. Da meistens höchstpersönliche Streitigkeiten den Hintergrund für die Straftat bilden, wird der Richter alles daransetzen, um die zerstrittenen Parteien vor Gericht zu versöhnen. Zumeist werden die Verfahren daher dadurch abgeschlossen, daß der Beschuldigte eine Entschuldigung zu Protokoll gibt oder man sich auf eine Schmerzensgeldzahlung einigt.

Im Hinblick darauf sollte sich der Verletzte sehr wohl überlegen, ob er den höchst undurchsichtigen Weg der Privatklage beschreitet. Seine persönlichen Rachegefühle werden meistens nicht vom Strafrichter geteilt. Dieser erlebt in seinen normalen Strafverfahren zumeist weit schlimmere Dinge. Der Verletzte sollte in diesen Fällen weit häufiger seine Befriedigung in Schadensersatzansprüchen vor dem Zivilgericht suchen. Die Privatklage **eignet sich nur** für den Verletzten mit guten Nerven, Ausdauer und einem sehr ausgeprägten Sühnebedürfnis.

VI. Die Einstellung des Ermittlungsverfahrens gegen den Beschuldigten

1. Die Einstellung mangels Tatverdachts

Der Spuk eines strafrechtlichen Ermittlungsverfahrens ist für den Beschuldigten vorbei, sobald er von der Staatsanwaltschaft eine kurze **Mitteilung** mit den dürren Worten erhält, daß das Verfahren gegen ihn mangels Tatverdachts **eingestellt** sei.
Er kann davon ausgehen, daß die Staatsanwaltschaft aus ihrer Sicht alle Zeugen gehört und gegebenenfalls Sachverständigengutachten eingeholt hat. Sind weitere Ermittlungsmöglichkeiten nicht erkennbar und kommt der Staatsanwalt zu dem Ergebnis, daß mit einiger Sicherheit der Beschuldigte in einem Strafverfahren vor dem Gericht freigesprochen werden müßte, stellt er das Verfahren ein. Eine nähere Begründung enthält das Einstellungsschreiben nicht. Eine solche **Begründung** findet sich **in der Akte**, die der Beschuldigte durch seinen Verteidiger einsehen lassen kann.

Erlangt man von der Einstellung Kenntnis?

Allerdings wird der Beschuldigte nicht immer von der Einstellung informiert. Waren die Ermittlungen gegen ihn geheim geführt worden, hatte der Beschuldigte bislang nicht einmal vom Verfahren Kenntnis. Ohne Wissen des Beschuldigten hat die Staatsanwaltschaft ermittelt, Zeugen vernommen oder den Beschuldigten observiert. Stellt sie alsbald fest, daß der ursprüngliche Anfangstatverdacht nicht erhärtet werden kann, kann sie das Verfahren einstellen, ohne daß der Beschuldigte jemals hiervon erfahren hat. Einen Einstellungsbescheid erhält er nur dann, wenn er bereits als Beschuldigter von der Polizei vernommen worden war oder wenn ein besonderes Interesse des Beschuldigten auch für die Ermittlungsbehörden erkennbar ist.

Mit der **Einstellung** des Verfahrens ist allerdings **nicht die Unschuld** des Beschuldigten für alle Zeiten **verbrieft**. Das Verfahren kann unter Umständen noch vom Geschädigten weiter getrieben werden, der im Gegensatz zur Staatsanwaltschaft durchaus einen Tatverdacht sieht und daher eine Anklage erzwingen will (siehe Kapitel V, 4). Aber auch die Staatsanwaltschaft selbst kann zu einem späteren Zeitpunkt zu der Erkenntnis kommen, daß sie unvollständig ermittelt hat; möglicherweise drängen sich nachträglich neue Belastungszeugen auf. In einem solchen Fall kann ohne Einhaltung weiterer Formalitäten das bereits eingestellte Ermittlungsverfahren wieder aufgenommen werden.

2. Die Einstellung des Verfahrens wegen Geringfügigkeit

Auch wenn der Staatsanwalt eine spätere Verurteilung vor Gericht für möglich hält, ist er nicht immer gezwungen, Anklage zu erheben. Handelt es sich lediglich um eine **geringfügige Tat**, kann er das Verfahren bereits im Ermittlungsstadium endgültig beenden. Eine Hauptverhandlung vor einem Strafgericht wird damit vermieden.

Geringfügigkeit liegt vor, wenn...

Eine solche Einstellung wegen Geringfügigkeit kann z.B. erfolgen, wenn der Staatsanwalt nach der Aktenlage fest mit einer möglichen Verurteilung rechnet. Er kann allerdings eine solche Einstellung auch dann betreiben, wenn er nach dem aktuellen Stand der Ermittlungen noch nicht davon ausgehen kann, daß die Sache verurteilungsreif ist. Er muß allerdings zumindest der Überzeugung sein, daß weitere Ermittlungen zu einer Anklageerhebung führen könnten.

Geringfügig ist beispielsweise ein einfacher Ladendiebstahl, bei dem geringer Schaden angerichtet wurde. Stellt der Staatsanwalt fest, daß der Beschuldigte bislang nicht vorbestraft ist und auch keine Wiederholungsgefahr besteht, sieht er unter Umständen kein öffentliches Interesse an einer Anklageerhebung. Allein die Peinlichkeit der Ermittlungstätigkeit ist für den Beschuldigten schon ausreichende Strafe. Der Gesetzgeber ist der Ansicht, daß derart geringfügige Straftaten nicht das Anwerfen der Justizmaschinerie lohnen. Der Staatsanwalt kann die Einstellung verfügen und die Akte ein für allemal zuklappen. Der glückliche Beschuldigte erhält hierüber nur eine kurze Nachricht ohne nähere Begründung.

Einstellung bei gravierenderen Vergehen gegen Auflage

Der Bereich der Einstellungsmöglichkeiten geht aber noch sehr viel weiter. Nicht nur die Fälle allergeringster Schuld sind vom Gesetz erfaßt, auch gravierendere Vergehen können von der Staatsanwaltschaft auf diese Weise erledigt werden. Der Spielraum reicht von einem einfachen Hausfriedensbruch über leichtere Betrugstaten, den Besitz von einigen Dutzend Gramm Haschisch bis hin zu Steuerhinterziehung von mehreren Tausend Mark. Der Weg, in diesen Fällen zu einer Einstellung zu kommen, ist allerdings etwas komplizierter. Der Staatsanwalt kann nicht einfach die Akten zuklappen, es bedarf vielmehr der **Zustimmung** eines Gerichts und des Beschuldigten.

Denn eine der wichtigsten Voraussetzungen für

die Einstellung des Verfahrens ist hier die **Erfüllung von** gewissen **Auflagen**. Hat sich beispielsweise ein bislang unbescholtener Bürger eines Versicherungsbetruges schuldig gemacht und beträgt der Schaden 1.000,– DM, so kann die Staatsanwaltschaft die Einstellung des Verfahrens an die Bedingung knüpfen, daß dieser Schaden wiedergutgemacht wird.

Auch andere Bedingungen sind denkbar. Die häufigste **Auflage** zu Lasten des Beschuldigten ist die Zahlung eines Geldbetrages. Entweder wird die Staatskasse bedacht oder eine gemeinnützige Einrichtung. Die Einstellung eines Ermittlungsverfahrens wegen Steuerhinterziehung kann die Staatsanwaltschaft beispielsweise davon abhängig machen, daß der Beschuldigte die Schuld der Steuer nachträglich entrichtet und darüber hinaus einen bestimmten Betrag an das Deutsche Rote Kreuz spendet.

Die **Art der Auflage** bleibt allerdings nicht nur der Phantasie des Staatsanwalts überlassen. Er hat in jedem Fall auch die Zustimmung des Gerichts einzuholen. Wenn bei einer strafwürdigen Tat schon keine Anklage zu Gericht erhoben wird, soll der Richter zumindest eine Kontrolle über die Art der Erledigung haben.

Beschuldigter muß Einstellung zustimmen

Die Einstellung setzt allerdings auch die **Zustimmung des Beschuldigten** voraus. Er soll schließlich bezahlen, die Staatsanwaltschaft kann ihn nicht zur Zahlung zwingen. Dem Beschuldigten flattert daher häufig das Angebot der Staatsanwaltschaft ins Haus, das Verfahren gegen Zahlung einer bestimmten Summe einzustellen. Für den Beschuldigten stellt sich dann die **taktische Frage**, ob er eine solche Zustimmung erteilen soll.

Zustimmung – ja oder nein. Gesichtspunkte für die Entscheidung

Bei dieser Entscheidung muß der Betroffene stets berücksichtigen, wie das Verfahren ohne seine Zustimmung weitergehen würde. Die Wahrscheinlichkeit wird sehr hoch sein, daß die Staatsanwaltschaft, falls es nicht zur Einstellung kommt, eine Anklage erhebt. Dies führt zu einer Hauptverhandlung vor Gericht. Hier ist das Risiko hoch, daß das Verfahren mit einer strafrechtlichen Verurteilung abgeschlossen wird. Ein äußerst mißliches Ergebnis.

Für den **Beschuldigten**, der mit Sicherheit einer solchen Verurteilung entgegensieht, stellt das Angebot der Staatsanwaltschaft ein **glimpfliches Ende** des Ermittlungsverfahrens dar. Hat er bereits ein Geständnis abgelegt und besteht am Vorliegen einer Straftat kein Zweifel, ist auch die Zahlung eines schmerzhaften Geldbetrages an eine gemeinnützige Einrichtung immer noch vorteilhafter als die drohende Verurteilung.

Der Beschuldigte, der sich schon während des Ermittlungsverfahrens zu Unrecht verfolgt sieht, wird sich dagegen nur ungern mit der Idee anfreunden, das Angebot der Staatsanwaltschaft anzunehmen. Fühlt er sich unschuldig, hat er auch einen **Anspruch auf Rehabilitierung** in einer strafgerichtlichen Hauptverhandlung. Er kann daher die Zustimmung verweigern und darauf hoffen, daß die Staatsanwaltschaft doch noch zu der Einsicht gelangt, daß er unschuldig ist, und daher keine Anklageschrift verfaßt. Gibt es doch eine Anklage vor Gericht, kann er auf einen richterlichen Freispruch hoffen.

Er kann in dieser Taktik bestärkt werden durch die Möglichkeit, daß das Verfahren vor Gericht später ebenfalls noch wegen Geringfügigkeit eingestellt werden kann. Auch wenn sich die Beweislage in der Hauptverhandlung für ihn etwas ungünstiger darstellt, kann bei Zustimmung von Gericht und Staatsanwalt noch eine Einstellung gegen Auflagen erfolgen. Ob allerdings in der Hauptverhandlung der mit seinem Angebot bisher verschmähte Staatsanwalt Bereitschaft zeigen wird, einer Erledigung wegen Geringfügigkeit nochmals zuzustimmen, kann fraglich sein.

Das **Risiko** eines unglücklichen Ausgangs in der Hauptverhandlung ist stets sehr groß. Nicht nur Richter und Staatsanwälte sind unberechenbar, auch Zeugen können plötzlich völlig unerwartet eine Darstellung wählen, die weit über das hinausgeht, was im polizeilichen Vernehmungsprotokoll niedergelegt worden war. Der Angeklagte wird belastet und in einer Form verurteilt, mit der er niemals gerechnet hat. Auch wenn dieses Risiko dem Beschuldigten am Ende des Ermittlungsverfahrens noch gering erscheint, so hat er doch die katastrophalen Folgen einer möglichen Verurteilung stets in seine Überlegungen mit einzubeziehen. Alle unwägbaren Risiken kann er vermeiden, wenn er der Einstellung gegen Auflagenerfüllung zustimmt.

Diese **Zustimmung ist kein Schuldeingeständnis.** Auch nachdem der Beschuldigte die Auflage erfüllt hat, kann er sich stets noch als unschuldig bezeichnen. Niemand darf hieraus nachteilige Schlußfolgerungen ziehen. Das Bundesverfassungsgericht hat anerkannt, daß es das gute Recht auch des unschuldigen Beschuldigten ist, sich von dem lästigen Strafverfahren freizukaufen.

VII. Die Anklageschrift

Findet der Beschuldigte eine Anklageschrift in seinem Briefkasten vor, hat er die erste Runde im Kampf gegen die Strafjustiz verloren. Die Staatsanwaltschaft hat ihre Ermittlungen abgeschlossen und ist dabei zu dem Ergebnis gekommen, der Beschuldigte habe eine Straftat begangen. Zumindest besteht aus Sicht der Staatsanwaltschaft ein hinreichender Tatverdacht hierfür.

Der Staatsanwalt hat die gesamten Akten mit der Anklageschrift an das zuständige Strafgericht übersandt. Er hat beantragt, daß nunmehr eine Hauptverhandlung stattfinden soll. Die erste Maßnahme des Strafgerichts besteht darin, dem Beschuldigten die Anklageschrift zu übersenden.

1. Muß der Beschuldigte sofort handeln?

Der Empfänger der Anklageschrift gerät zumeist in Panik. Er ist nicht nur häufig entsetzt darüber, in welch schwarzen Farben die Staatsanwaltschaft das gesamte Geschehen gemalt hat. Er liest darüber hinaus auch das Schreiben des Gerichts, in dem ihm nur wenige Tage **Frist** eingeräumt werden, hierzu eine **Stellungnahme** abzugeben und neue Beweismittel zu benennen. Alles scheint verloren, nervöser Aktionismus macht sich breit.

Vermeiden Sie übereilte Stellungnahmen!

Dabei sind übereilte Stellungnahmen wie häufig im Strafverfahren gerade das Schädliche für den Beschuldigten. Hintergrund der Aufforderung, Stellung zu nehmen und Beweismittel zu benennen, ist folgender: Das Gericht hat in einer ersten Phase zunächst lediglich anhand der Akten zu überprüfen, ob – wie die Staatsanwaltschaft meint – das Verfahren tatsächlich für eine Hauptverhandlung reif ist. Dieses Verfahren zwischen Ermittlungen der Staatsanwaltschaft einerseits und der späteren Hauptverhandlung andererseits heißt schlicht **Zwischenverfahren**.

In diesem Zwischenverfahren kann das Strafgericht selbst noch Beweise erheben lassen, um eine Hauptverhandlung vorzubereiten. Hierfür bittet es den Beschuldigten um Angaben möglicher Zeugen oder Beweismittel. Das Strafgericht muß allerdings nicht unbedingt den Beweisanträgen folgen. Der Beschuldigte sollte die **Praxis** kennen. In weit mehr als 90 Prozent aller Fälle werden solche Beweise in Zwischenverfahren nicht erhoben. Bis auf extreme Ausnahmefälle folgen die meisten Richter dem Antrag der Staatsanwaltschaft und beenden das Zwischenverfahren alsbald damit, daß sie durch Beschluß das Hauptverfahren eröffnen und einen Termin zur Hauptverhandlung anberaumen.

Der Beschuldigte, der meint, durch neue Argumente und Nennung von Beweismitteln die Hauptverhandlung noch abwenden zu können, sollte zumindest wissen, daß er die Statistik gegen sich hat. Vielleicht hat der Beschuldigte tatsächlich ein Papier in Händen, das den Belastungszeugen der Lüge überführt. Vielleicht kann er auch einen Zeugen präsentieren, der bestätigt, daß er – der Beschuldigte – zum Zeitpunkt der angeblichen Unfallflucht bei ihm zu Hause eine Flasche Wein geleert hat. Nur selten wird er in diesen Fällen den Gang des Verfahrens bremsen können. Erfährt das Gericht hiervon in einer Stellungnahme des Beschuldigten, wird es oft dahin tendieren, die

Zweifelsfragen unmittelbar durch Befragen sämtlicher Zeugen **in der Hauptverhandlung zu klären.**

Das führt zu einem doppelten negativen Ergebnis: zum einen wird die Hauptverhandlung nicht verhindert, zum anderen hat der Beschuldigte ein **Überraschungsmoment** aus der Hand gegeben. Denn es ist unter Umständen sehr viel wirkungsvoller, einen Belastungszeugen unerwartet in der Hauptverhandlung mit einem Schriftstück zu konfrontieren. Geschieht dies statt dessen sehr sanft und vorsichtig durch den Richter oder Staatsanwalt, verbleiben einem Belastungszeugen rechtfertigende Fluchtmöglichkeiten.

Tip Der Beschuldigte sollte daher überlegen, ob es nicht in der nunmehr erreichten Phase des Strafverfahrens besser ist, alle Argumente und Beweismittel erst in der Hauptverhandlung zu präsentieren. Trotz der Fristsetzung im Zwischenverfahren braucht er keine Angst zu haben, daß er mit seinen Beweismitteln zu spät kommt. Das Gericht muß vielmehr jedes von ihm benannte Beweismittel berücksichtigen, selbst wenn es erst in der Hauptverhandlung benannt wird. Für ein gerechtes Urteil ist es nie zu spät.

2. Was steht alles in der Anklageschrift?

Der Beschuldigte wird zum Angeschuldigten

Der Tatverdächtige wird bei Lektüre der Anklageschrift feststellen, daß sich seine Bezeichnung geändert hat. Im Ermittlungsverfahren der Staatsanwaltschaft hieß er stets der Beschuldigte. Hat die

Staatsanwaltschaft das **Ermittlungsverfahren abgeschlossen** und Anklage erhoben, sieht die Strafprozeßordnung die Bezeichnung des **Angeschuldigten** vor.

Mit diesem Titel ist er allerdings nur eine kurze Zeit versehen. Er gilt nur für das Zwischenverfahren. Hat das Gericht durch Beschluß das Strafverfahren eröffnet, ist der ehemals Beschuldigte wirklich bei Gericht angeklagt, er heißt dann Angeklagter. Diese Bezeichnung trägt er bis zu einer möglichen Verurteilung, insbesondere auch in der Hauptverhandlung.

Welches Gericht ist zuständig?

Wenn der Angeschuldigte die Anklageschrift erhält, befinden sich die Original-Ermittlungsakten nicht mehr bei der Staatsanwaltschaft, sondern bei einem Strafgericht. Hat die Anklageschrift noch das alte Aktenzeichen der Staatsanwaltschaft für das Ermittlungsverfahren (dieses enthält immer ein »Js«, z.B. 50 Js 47/95), so hat das Verfahren nunmehr bereits das Aktenzeichen des Gerichts erhalten.

Dieses Verfahren wird nunmehr geführt von demjenigen Strafgericht, das die Staatsanwaltschaft für zuständig erachtet. Dieses **zuständige Strafgericht** wird ganz oben in der Anklageschrift bezeichnet. Ob es sich selbst für zuständig erachtet – zumeist tut es dies –, entscheidet das Gericht am Ende des Zwischenverfahrens.

Örtliche Zuständigkeit

Bei der Zuständigkeit wird unterschieden zwischen der örtlichen und sachlichen Zuständigkeit.

Örtlich zuständig ist ein Gericht, in dessen Bezirk die angeklagte Tat begangen worden ist oder der Angeklagte wohnt oder der Angeklagte verhaftet worden ist. Dies sind unter Umständen drei unterschiedliche Gerichtsorte. Die Staatsanwaltschaft kann sich irgendeinen Ort aussuchen. Darüber hinaus können sogar noch weitere Orte als Gerichtsstand in Betracht kommen, wenn dort ein sachlicher Zusammenhang der angeklagten Tat mit einem anderen Strafverfahren besteht.

Beispiel

Klagt die Staatsanwaltschaft einen Tatverdächtigen wegen Mordes am Tatort Köln an, so kann sie auch den tatverdächtigen Lieferanten der Tatwaffe vor einem Kölner Gericht anklagen, auch wenn der Lieferant niemals in seinem Leben in Köln war und die Tatwaffe in Hamburg verkauft hatte.

Sachliche Zuständigkeit

Sachlich zuständig sind Strafgerichte, je nachdem wie schwerwiegend die Tat zu beurteilen ist. Beim Amtsgericht werden die geringfügigeren Delikte angeklagt. Bei diesem Gericht gibt es noch eine weitere Unterteilung: Entweder kann die Staatsanwaltschaft bei dem allein verhandelnden Strafrichter anklagen oder beim Schöffengericht (vgl. auch Kapitel XIV, Übersicht 1).

Zuständigkeit des Strafrichters

Der **Strafrichter** verhandelt über einen kleinen Ladendiebstahl ebenso wie über einen geringfügigen Einbruchsdiebstahl, einen Hausfriedensbruch oder eine Betrugstat, bei der sich der angerichtete Schaden in Grenzen hält. Allgemein klagt die Staatsanwaltschaft dann nicht mehr beim Strafrichter an, wenn sie eine **Freiheitsstrafe von mehr als zwei Jahren erwartet**. Das hindert allerdings im übrigen den Strafrichter nicht daran, in der Hauptverhandlung doch eine höhere Strafe zu verhängen.

Stellt sich die angeklagte Tat in der Hauptverhandlung als gravierend dar, kann der Strafrichter Freiheitsstrafen bis zu vier Jahren verhängen.

Zuständigkeit des Schöffengerichts

Die gleiche Strafe kann auch das **Schöffengericht** verhängen. Hier sollen über Taten Urteile verhängt werden, die nicht im Verantwortungsbereich eines einzigen Richters verbleiben. Liegt ein komplizierterer Sachverhalt vor, müssen Sachverständige und zahlreiche Zeugen vernommen werden, kann eine einzige Richterperson leicht den Überblick verlieren. Beim Schöffengericht sitzen daher neben dem Berufsrichter noch zwei Laienrichter, die sogenannten Schöffen. Die Schöffen sind keine Juristen, sie werden vielmehr aufgrund von Vorschlagslisten der Gemeinden für eine Wahlperiode gewählt und den verschiedenen Verhandlungstagen zugelost. Auch wenn die Schöffen fachlich nicht ausgebildet sind, so haben sie doch in Fragen der Schuld und Strafe bei internen Abstimmungen dieselben Stimmrechte wie der Berufsrichter (zur Besetzung der Gerichte siehe auch Kapitel XIV, Übersicht 1).

Das **Schöffengericht** verhandelt – grob gesagt – in Fällen **mittlerer Kriminalität**. Das sind schwere Betrugstaten ebenso wie leichtere Vergewaltigungen, Serien von Autoaufbrüchen oder gravierende Körperverletzungen. Manchmal ist der Umfang des Verfahrens auch für ein Schöffengericht ungewöhnlich. Werden z.B. einem halben Dutzend Angeklagten insgesamt mehr als einhundert Autoeinbrüche in wechselnder Beteiligung vorgeworfen, tagt häufig **das erweiterte Schöffengericht**, das heißt ein zusätzlicher Berufsrichter sitzt hinter dem Richtertisch während der Hauptverhandlung.

Zuständigkeit des Landgerichts

Gravierende Kriminalität wird vor dem **Landgericht** angeklagt. Wird Mord und Totschlag oder ein anderes Delikt vorgeworfen, in dem ein Opfer zu Tode kam, ist das **Schwurgericht** zuständig, eine besondere Abteilung beim Landgericht. In Fällen bedeutsamer Wirtschaftskriminalität ist die sogenannte **Wirtschaftsstrafkammer** zuständig. Besondere Zuständigkeiten gibt es darüber hinaus für schwerere Delikte aus dem Bereich des **Jugendschutzes** und des **Staatsschutzes**. Liegen keine dieser speziellen Delikte vor, erfolgt die Anklage schwerwiegender Straftaten vor der **großen Strafkammer**. Alle diese Gerichte sind mit zwei Laienrichtern, also Schöffen, und darüber hinaus mit zwei oder drei Berufsrichtern besetzt.

In extremen Ausnahmefällen wie Spionage- und Terroristenprozessen erfolgt eine Verhandlung vor dem **Strafsenat des Oberlandesgerichts**. Hier sind keine Schöffen mehr in der Hauptverhandlung beteiligt, sondern ausschließlich fünf Berufsrichter.

Das angeklagte Delikt

Schwerer oder einfacher Diebstahl, Vergewaltigung oder lediglich sexuelle Belästigung? Im Ermittlungsverfahren war der Beschuldigte noch mit der gesamten Palette der kriminellen Bewertung des Strafgesetzbuchs konfrontiert. Die **Anklageschrift informiert ihn** jetzt **darüber, von welchem Delikt** die Staatsanwaltschaft ausgeht.

In barocken und zum Teil wenig verständlichen Formulierungen ist in der Anklageschrift zu lesen, welches Delikt der Angeschuldigte begangen haben soll. Es handelt sich zumeist lediglich um ein **Zitat** des **Original-Gesetzestextes**. Wen die Formulierungen irritieren, der kann dies im Strafgesetzbuch nochmals nachlesen: Die Anklageschrift enthält eine Liste der Paragraphen, die die Staatsanwaltschaft für verwirklicht hält.

So erschreckt der Angeschuldigte darüber ist, daß überhaupt Anklage gegen ihn erhoben worden ist, so kann auf der anderen Seite bereits die Bewertung der vorgeworfenen Tat eine **erste Schadensbegrenzung** darstellen. Wird z.B. nicht – wie noch im Ermittlungsverfahren angedroht – ein Diebstahl in einem schweren Fall angeklagt, sondern lediglich ein einfacher Diebstahl, so weiß der Angeschuldigte, daß er mit einer Geldstrafe davonkommen kann. Beim schweren Diebstahl wäre auch das Minimum eine Freiheitsstrafe gewesen.

Die angeklagte Tat

Mit der Bezeichnung des Delikts weiß der Angeschuldigte lediglich, daß ihm beispielsweise ein Diebstahl vorgeworfen wird. Zusätzlich muß die Anklageschrift darüber informieren, wie der Sachverhalt aussieht, den die Staatsanwaltschaft als Diebstahl bewertet. In zumeist recht kurzen Worten umschreibt die Anklageschrift die eigentliche Tat. Der Leser erfährt, wann, wo und unter welchen Umständen welchem Geschädigten welche Sachen weggenommen worden sind.

Die Tatbeschreibung – Sinn und Zweck

Diese **Tatbeschreibung in der Anklageschrift** ist enorm **wichtig für das gesamte Strafverfahren**. Das Gericht darf nur über den Sachverhalt urteilen, den die Staatsanwaltschaft angeklagt hat. Entdeckt das Gericht darüber hinaus in der Hauptverhandlung durch Zeugenaussagen weitere Taten des

Angeklagten, darf es grundsätzlich deswegen nicht verurteilen. Das Strafgericht ist an das Thema gebunden, das ihr die Staatsanwaltschaft in der Anklageschrift vorgegeben hat. Wirft zum Beispiel die Anklage dem Tatverdächtigen vor, er habe in der Nacht vom 2. auf den 3. April einen Audi-PKW mit einem bestimmten Kennzeichen in der Bahnhofstraße vor dem Haus Nummer 8 in Hamburg aufgebrochen und ein Radio entwendet, so ist die angeklagte Tat fixiert. Stellt das Gericht später in der Hauptverhandlung fest, daß der Angeklagte mit dem beschriebenen Aufbruch nichts zu tun hat, aber in derselben Nacht fünf andere Autos aufgebrochen hat, kann es ihn deswegen nicht verurteilen. Der Angeklagte ist daher freizusprechen. Wegen der neuen Taten kann der Staatsanwalt später eine weitere Anklageschrift verfassen.

Die Tatbeschreibung in der Anklageschrift gibt dem Angeschuldigten damit eine Sicherheit darüber, was ihn in der Hauptverhandlung erwartet.

Was bedeutet »Tat« im juristischen Sinn?

Der in der Umgangssprache allgemein verständliche Begriff der Tat ist damit für das Strafverfahren von grundlegender Bedeutung. Die Juristen haben an diesem Begriff daher – für Laien bis zur Unkenntlichkeit verstellt – heruminterpretiert. Im Prinzip soll eine **Tat ein einmaliger historischer und überschaubarer Vorgang** sein, der klar umrissen ist und von jedem anderen historischen Vorgang **unverwechselbar** abgetrennt werden kann. Die Umschreibung der Tat in der Anklageschrift muß daher so genau sein, daß die beschriebene Tat mit theoretisch anderen Taten nicht mehr verwechselt werden kann. Wirft die Anklageschrift dem Tatverdächtigen beispielsweise vor, er habe irgendwann im Laufe des Vormittags in der Innenstadt von Frankfurt ein nicht näher beschriebenes Fahrrad gestohlen, reicht diese Tatbeschreibung nicht aus. Im selben Zeitraum sind am selben Orte mit Sicherheit zahlreiche andere Fahrräder gestohlen worden, die angeklagte Tat könnte mit diesen Taten verwechselt werden. **Unverwechselbar** sollten daher **Tatort, Tatzeit und Tatobjekt** geschildert werden. Der Diebstahl des roten Herrenfahrrads von Dr. Müller gegen 11 Uhr morgens an der Hauswand der Mainstraße in Frankfurt ist die Beschreibung einer solchen unverwechselbaren Tat.

VIII. Der Strafbefehl

Der **Strafbefehl** ist eine **Bestrafung ohne Gerichtsverhandlung**. Wer einen solchen Strafbefehl im Briefkasten vorfindet, sollte daher Alarmstufe eins einschalten. Paßt er jetzt nicht auf oder handelt er zu spät, ist er plötzlich **vorbestraft**, ohne daß er jemals einen Richter gesehen hat.

1. Wie kommt es zu einem Strafbefehl?

Der Strafbefehl ist die Idee des Staatsanwalts. Wenn dieser bei Abschluß der Ermittlungen der Meinung ist, daß gegen den Beschuldigten ein hinreichender Tatverdacht vorliegt, hat er mehrere Möglichkeiten, die Sache zu einem Strafgericht zu bringen. Der übliche Weg ist die Formulierung einer Anklageschrift. Über diese Anklageschrift wird später das Gericht in einer Hauptverhandlung verhandeln und den Angeklagten dann unter Umständen verurteilen.

Der **Strafbefehl** stellt einen **kürzeren Weg** dar, um zu einer solchen Verurteilung zu kommen. Eine Verhandlung erscheint dem Staatsanwalt überflüssig, wenn die Sache recht einfach ist, wenn zum Beispiel bei einem geringen Delikt bereits vor der Polizei vom Beschuldigten ein Geständnis abgelegt worden ist oder wenn aus seiner Sicht die Beweislage eindeutig ist. Er kann dann die Ermittlungen abschließen und den Strafrichter um den Erlaß eines Strafbefehls bitten. Dieser Strafbefehl sieht so ähnlich aus wie eine Anklageschrift. Es gibt jedoch einen **entscheidenden Unterschied**: Am Ende des Strafbefehls erfolgt der Hinweis, daß der Beschuldigte durch den Richter praktisch schon bestraft ist.

Wie in einem Urteil kann der Beschuldigte durch den Strafbefehl zu einer Geldstrafe oder einer Freiheitsstrafe verurteilt werden. Staatsanwalt und Richter müssen sich allerdings exakt darüber einig sein, welche Tat nach Aktenlage vorgeworfen werden kann und welche Strafe sie für angemessen halten.

2. Zu welcher Strafe kann der Strafbefehl verurteilen?

Geldstrafe

Durch den Strafbefehl kann der Beschuldigte zu einer **Geldstrafe** verurteilt werden. Die Höhe einer solchen Geldstrafe ist dem Laien häufig nicht ganz deutlich. Der Strafbefehl gibt nicht nur den zu zahlenden Gesamtbetrag an, vielmehr wird eine Geldstrafe aufgeteilt nach **Tagessätzen** und **Tagessatzhöhe** (siehe Kapitel XII, 5).

Fahrverbot

Auch der Führerschein kann durch einen Strafbefehl entzogen werden. Bei kleineren Verkehrsstraftaten kann ein **Fahrverbot** von bis zu drei Monaten verhängt werden. Nach Ablauf der Frist erhält der Beschuldigte seinen alten Führerschein wieder. Noch schlimmer kommt es, wenn der Strafbefehl – beispielsweise bei einer Trunkenheitsfahrt von 1,5 Promille – die **Entziehung der Fahrerlaubnis** bestimmt.

Freiheitsstrafe

Sogar eine Verurteilung zu einer **Freiheitsstrafe** kann der Strafbefehl anordnen. Hier sind allerdings zusätzliche Voraussetzungen zu erfüllen.

Da die Gefahr von falschen Urteilen im Strafbefehl sehr viel höher ist als nach einer Hauptverhandlung, ist die denkbare Höchststrafe begrenzt: Der Strafbefehl darf zu **maximal einem Jahr Freiheitsstrafe** verurteilen. Darüber hinaus darf der Strafbefehl nicht dazu führen, daß der Empfänger des Strafbefehls sofort ins Gefängnis wandert. Der Richter, der den Strafbefehl unterzeichnet hat, muß vielmehr die Freiheitsstrafe **zur Bewährung** aussetzen. Das heißt, daß die Freiheitsstrafe vom Verurteilten nicht tatsächlich zu verbüßen ist, wenn er sich an die Auflagen des Gerichts hält.

Wie diese Auflagen aussehen, ergibt sich aus einem zusätzlichen **Bewährungsbeschluß**, der dem Strafbefehl beigefügt ist (siehe Kapitel XII, 5).

Keine Freiheitsstrafe ohne Verteidiger

Für die Verhängung der Freiheitsstrafe mittels Strafbefehl gibt es allerdings noch ein wesentliches Hindernis: Der Beschuldigte darf nicht von der Justiz schutzlos überrollt werden. Der Beschuldigte muß sich des Rats eines **Verteidigers** versichern können. Wer keinen Verteidiger hat, dem wird zuvor durch das Gericht ein Pflichtverteidiger beigeordnet. Diesen kann und sollte der Beschuldigte unbedingt aufsuchen, um mit diesem die Möglichkeit zu erörtern, **gegen den Strafbefehl vorzugehen** und unter Umständen noch eine Freiheitsstrafe zu verhindern.

Zur Klarstellung: Dies **gilt nur** bei der **Verhängung der Freiheitsstrafe.** Wird jemand mittels Strafbefehls lediglich zu einer Geldstrafe verurteilt und/oder wird ihm die Fahrerlaubnis entzogen, muß er sich **ganz allein** um seinen **Rechtsschutz kümmern**. Er sollte nicht auf ein weiteres Eingreifen der Justiz hoffen, sondern sich sofort selbst um den Rat eines Verteidigers bemühen.

3. Einspruch einlegen?

Der Beschuldigte muß den Strafbefehl nicht als gottgegeben hinnehmen. Mit guten Gründen kann er der Meinung sein, daß ihm der vorgeworfene Diebstahl oder Betrug nicht nachgewiesen werden kann. Möglicherweise ist er trotz Geständnisses der Tat der Meinung, daß die Strafe niedriger als im Strafbefehl ausfallen sollte. Möglicherweise ist er völlig unschuldig. In jedem Fall kann er gegen den Strafbefehl vorgehen und **Einspruch einlegen**.

Nach einem rechtzeitig erfolgten Einspruch nimmt das Strafverfahren vor Gericht seinen normalen Gang. Wochen oder Monate später wird eine Hauptverhandlung vor dem Strafgericht stattfinden, in der der Angeklagte sich äußern kann, in der Zeugen gehört werden und in der abschließend durch den Richter ein Urteil verkündet wird.

Ohne Einspruch ist der Angeklagte durch den Strafbefehl verurteilt

Nur wenn der Beschuldigte **nicht** oder **nicht rechtzeitig Einspruch einlegt**, ist das Strafverfahren durch den Strafbefehl insgesamt beendet. Der **Strafbefehl** ist dann **rechtskräftig**. Das heißt, daß die Verurteilung im Strafbefehl – Geldstrafe oder Freiheitsstrafe – in jedem Fall vom Beschuldigten zu tragen ist. Er kann hieran nichts mehr ändern.

Einspruch – ja oder nein. Das ist zu bedenken!

Ob überhaupt ein **Einspruch** eingelegt wird, kann für den Beschuldigten eine schwierige **taktische Frage** sein. Fühlt er sich unschuldig, dürfte die Entscheidung klar sein: Er wird Einspruch einlegen. Ansonsten hat er allerdings zu überlegen, daß die **Beendigung des Strafverfahrens** durch den Strafbefehl auch **Vorteile** haben kann:

Für viele Beschuldigte ist es eine enorme **Erleichterung**, daß sie nicht persönlich zu Gericht müssen. Ihnen wird eine öffentliche Hauptverhandlung erspart, die von der Presse, Freunden und Nachbarn auf der Zuschauerbank verfolgt werden könnte. Darüber hinaus kann die Bestrafung des Strafbefehls als durchaus gerecht empfunden werden.

Bei einem Einspruch müßte der Beschuldigte immer befürchten, daß die Bestrafung im Urteil der Hauptverhandlung noch schwerer ausfallen könnte. Ist er beispielsweise im Strafbefehl zu einer Geldstrafe verurteilt worden und hat er hiergegen Einspruch eingelegt, so sieht sich der Angeklagte häufig in der Hauptverhandlung mit Zeugenaussagen konfrontiert, die seine Tat in einem noch schwerwiegenderen Licht erscheinen lassen. Der Richter ist durch seine ursprüngliche Strafmaßvorstellung im Strafbefehl nach dem Einspruch nicht mehr gebunden. Er kann ohne weiteres auch gegen den Angeklagten nunmehr in der Hauptverhandlung eine Freiheitsstrafe verhängen. Um hier ganz sicherzugehen, kann der Betroffene auf einen Einspruch verzichten und den Strafbefehl rechtskräftig werden lassen.

»Sauberes« Führungszeugnis trotz Geldstrafe?

Der durch den Strafbefehl Verurteilte wird auch überlegen, ob er mit dem Ergebnis des Strafbefehls leben kann. Er ist zwar mit dem Strafbefehl vorbestraft, muß aber selbst einschätzen, ob er durch die Art der Strafe weitergehende Nachteile, zum Beispiel am Arbeitsplatz, erleidet. Eine wichtige Überlegung hat er bei einer möglichen Geldstrafe anzustellen. Zwar wird auch die Geldstrafe in das Bundeszentralregister eingetragen, das bedeutet allerdings nicht, daß jedermann hiervon Kenntnis erhält. Das Führungszeugnis, das er später bei Behörden oder Arbeitgebern vorlegen muß, enthält unter Umständen nicht sämtliche Vorstrafen.

Gibt es im Strafregister lediglich eine einzige Eintragung und handelt es sich bei dieser Eintragung nur um eine **Geldstrafe von nicht mehr als 90 Tagessätzen**, wird sie **nicht** ins **Führungszeugnis** aufgenommen. Trotz der Bestrafung ist das Führungszeugnis sauber, der Verurteilte darf sich als nicht vorbestraft bezeichnen.

Wird im Strafbefehl eine Geldstrafe von nicht mehr als neunzig Tagessätzen aufgeführt und ist der Beschuldigte bislang nicht bestraft, so kann er auf diesem Hintergrund unter Umständen das Ergebnis akzeptieren. Sind im Strafbefehl z.B. 120 Tagessätze festgelegt, sollte der Beschuldigte eher über einen Einspruch nachdenken. In einem Urteil nach einer Hauptverhandlung hat er unter Umständen die Chance, zu einer Geldstrafe von weniger als 90 Tagessätzen zu gelangen.

4. Einspruchsfrist von zwei Wochen

Will der Beschuldigte Einspruch einlegen, muß er sich beeilen. Er hat hierfür **zwei Wochen** Zeit. Die **Frist beginnt** an dem Tag, an dem der Strafbefehl per Post zugestellt wird. **Zustellung** heißt, daß der Strafbefehl dem Beschuldigten oder seiner Ehefrau persönlich überreicht wird.

Wann ist der Einspruch rechtzeitig eingegangen?

Spätestens zwei Wochen danach muß der Einspruch bei Gericht eingegangen sein. Das Einspruchsschreiben hat exakt das Gericht zu bezeichnen, das den Strafbefehl versandt hat. Darüber hinaus sollte das genaue Aktenzeichen angegeben sein. Datum des Poststempels ist nicht ausreichend, vielmehr muß noch vor Ablauf der Frist das Einspruchsschreiben bei Gericht sein, notfalls im Nachtbriefkasten am Gerichtsgebäude.

Beispiel

Am Dienstag, dem 1. April, wird der Strafbefehl dem Beschuldigten vom Postbeamten durch Überreichen zugestellt.

Spätestens zwei Wochen danach, am Dienstag, dem 15. April, muß das Einspruchsschreiben bei Gericht liegen. Wird die Zeit ganz eng, müßte spätestens bis Mitternacht am Dienstag das Einspruchsschreiben in den Nachtbriefkasten des Amtsgerichts geworfen werden.

Das **persönliche Überreichen** des Schriftstücks durch den Postboten ist mittlerweile eher **selten** geworden. Der Postbote trifft häufig niemanden an. Er wirft dann den Strafbefehl nicht einfach in den Briefkasten, sondern hinterläßt lediglich im Briefkasten einen Zettel. Auf diesem ist zu lesen, daß er ein zuzustellendes Schriftstück des Amtsgerichts hat und daß dieses nunmehr beim zuständigen Postamt niedergelegt werde. Von dem Tag an, an dem der Postbedienstete den Strafbefehl am Postamt aufbewahrt, also niedergelegt hat, beginnt ebenfalls die Frist für den Einspruch zu laufen.

Hat also – wie oben im Beispielsfall – der Postbeamte am 1. April niemanden angetroffen, statt dessen einen Benachrichtigungsschein hinterlassen, so beginnt die Frist am 1.4. mit der **Niederlegung beim Postamt** zu laufen. Auch in diesem Fall müßte spätestens bis zum 15.4. ein Einspruchsschreiben bei Gericht eingehen.

Gerade dies führt zu Problemen, weil der Betroffene selbst von dem Strafbefehl noch keine Kenntnis hat. Er hat lediglich einen Benachrichtigungszettel mit einem ihm unbekannten Aktenzeichen. Reagiert er hierauf nicht sofort und holt den Strafbefehl erst eine Woche später vom Postamt ab, verbleibt ihm nur noch eine weitere Woche Zeit, um den Einspruch einzulegen.

Es kann allerdings noch schlimmer kommen: Der Beschuldigte ist womöglich Ende März zu einer dreiwöchigen Urlaubsreise aufgebrochen. Trifft der Postbeamte am 1.4. niemanden an und legt er am selben Tag den Strafbefehl beim Postamt nieder, läuft die Frist zur Einlegung des Einspruchs am 15.4. ab. Kommt der Beschuldigte erst am 20.4. aus dem Urlaub zurück, findet er einen Benachrichtigungsschein im Briefkasten und möglicherweise am darauffolgenden Tag beim Postamt den Strafbefehl vor. Die **Einspruchsfrist** ist **versäumt.** Er ist bereits in Urlaubsabwesenheit verurteilt.

Was kann man bei Versäumen der Einspruchsfrist tun?

In diesem Fall hat er nur noch eine Möglichkeit. Er muß das Rad des Fristablaufs nochmals versuchen zurückzudrehen. Er muß eine sogenannte **Wiedereinsetzung in den vorigen Stand** beantragen. Nach Versäumung der Frist hat er hierzu nur noch eine Woche Zeit. Kennt er den Strafbefehl beispielsweise seit dem 21. April, muß sowohl der Einspruch als auch der Antrag auf Wiedereinsetzung spätestens am 28. April bei Gericht sein. In dem Wiedereinsetzungsantrag hat der Beschuldigte genau darzulegen, **aus welchen Gründen** er die abgelaufene Frist nicht einhalten konnte. Er muß z.B. seinen Urlaub und die Länge seiner Abwesenheit beschreiben. Darüber hinaus muß er dies auch noch beweisen, sei es durch Reiseunterlagen oder durch eine eidesstattliche Versicherung von Mitreisenden (seine eigene eidesstattliche Versicherung reicht nicht aus).

Trifft den Beschuldigten nach Ansicht des Gerichts **kein Verschulden an der Fristversäumung,** wird ihm eine Wiedereinsetzung gewährt, der Einspruch gilt dann als rechtzeitig. Ohne Verschulden hat der Beschuldigte immer dann gehandelt, wenn er lediglich zwei bis maximal drei Wochen in Urlaub fährt und nicht damit rechnen konnte, daß ausgerechnet in dieser Zeit ihn ein Strafbefehl erreicht. Dagegen handelt schuldhaft, wer eine Weltreise von vielen Wochen plant, ohne jemanden mit der Leerung des Briefkastens zu beauftragen.

Lehnt das Amtsgericht den Antrag auf Wiedereinsetzung ab, hat der Beschuldigte nur noch die Möglichkeit, hiergegen **Beschwerde** beim Landgericht einzulegen. Wird auch diese verworfen, ist der Strafbefehl endgültig rechtskräftig.

IX. Der Angeklagte in der Hauptverhandlung

Das Gericht teilt dem Angeklagten mit, daß er zur Hauptverhandlung am 4. Mai um 9 Uhr geladen wird. Jetzt wird es Ernst, jetzt geht es um Freispruch oder Verurteilung, um Geldstrafe oder Freiheitsstrafe. Das gesamte Ermittlungsverfahren war nur ein Vorspiel, die Karten werden jetzt neu gemischt. In **öffentlicher Hauptverhandlung** soll ein Gericht über Schuld und Unschuld entscheiden.

Gesetzliche Formalien als Rahmen des Strafprozesses

Das Gesetz stellt für den **Ablauf** der **Hauptverhandlung** zahlreiche strenge **Formvorschriften** auf. Denn der Angeklagte bedarf des besonderen Schutzes, damit er nicht am Ende der Verhandlung von einem ihm nicht wohl gesonnenen Gericht überrumpelt wird. Das Vertrauen in die gerechte und unvoreingenommene Haltung des Richters ist gut, die formelle Kontrolle erscheint dem Gesetz besser.

Die Einhaltung der Formen wird von jedem Richter verlangt. Je nach persönlichem Temperament kann jedoch die Atmosphäre im Gerichtssaal völlig unterschiedlich sein. Manche Richter zelebrieren das strenge Ritual des formellen Strafprozesses. Zwar sind die Richter nicht in Perücken gehüllt, die schwarze Robe und manch ehrwürdiges Gerichtsgebäude entrückt jedoch den Richter in unangreifbare Höhen staatlicher Allmacht. Ist der Ton dazu noch übermäßig ernst, werden Hindernisse aufgebaut, die ein normales Gespräch mit dem Angeklagten nicht möglich machen.

Auf der anderen Seite kann ein Richter die formellen Dinge beinahe beiläufig erledigen und mit dem Angeklagten nahezu kumpelhaft den Tathergang erörtern. Die Verhandlung läuft in lockerer Atmosphäre. Dennoch kann sich der Angeklagte völlig unverstanden fühlen, wenn ihn der zuvor noch freundlich lächelnde Richter zu einer harten Freiheitsstrafe verurteilt.

Die **gesetzlichen Formalien** schaffen den **Rahmen für den Strafprozeß**. Ausgefüllt wird dieser Rahmen im wesentlichen durch die Persönlichkeit des Richters. Der Angeklagte muß wissen, daß trotz der gesteckten Grenzen der Entscheidungsspielraum des Gerichts noch sehr groß ist. Das gilt für die Verhandlungsführung und erst recht für die Urteilsfindung. Der Angeklagte soll und muß seine Rechte in der Hauptverhandlung geltend machen. Er sollte aber auch ein Gefühl für die Persönlichkeit des Richters bekommen.

Tip

Der Angeklagte, der sich psychologisches Einfühlungsvermögen zutraut, kann sich »seinen« Richter vorher ansehen und anhören. Als normaler Zuschauer eines anderen Prozesses kann er sich Tage oder Wochen vorher auf den Richter und die Verhandlungsatmosphäre einstimmen. Er wird eine Ahnung davon bekommen, wie seine Hauptverhandlung ablaufen kann.

1. Ohne den Angeklagten läuft nichts

Ablauf der Hauptverhandlung

»Alle Beteiligten und Zeugen in Sachen gegen Müller auf Saal 13«, tönt es entweder aus dem Lautsprecher oder dem Mund des Wachtmeisters. Mit dem **Aufruf zur Sache** beginnt die Hauptverhandlung.

Ist der Angeklagte nicht anwesend, »platzt« der Prozeß. Ohne den Angeklagten darf keine Hauptverhandlung stattfinden. Der Richter wird möglicherweise noch eine Weile warten, vielleicht auch beim Angeklagten zu Hause anrufen. Häufig wird ihm nichts anderes übrigbleiben, als nach einer halben Stunde die Sache zu vertagen.

Die Folgen können für den Angeklagten fatal sein. Der Richter kann ihn zwangsweise vorführen oder ihn sogar verhaften lassen. Voraussetzung hierfür ist allerdings, daß der Angeklagte zum Hauptverhandlungstermin richtig geladen worden ist.

Zwischen der Zustellung der Ladung und dem Tag der Hauptverhandlung soll eine Frist von mindestens einer Woche liegen. Wird diese **Ladungsfrist** nicht eingehalten, kann der Angeklagte hieraus allerdings nicht das Recht ableiten, er brauche zur Hauptverhandlung nicht zu erscheinen. Auch wenn er nur wenige Tage zur Vorbereitung der Hauptverhandlung zur Verfügung hatte, muß er erscheinen. Er kann allenfalls in der Hauptverhandlung den Antrag stellen, er habe sich in der kurzen Zeit nicht auf die Hauptverhandlung vorbereiten können, der Richter möge die Verhandlung vertagen.

Unentschuldigtes Ausbleiben trotz ordnungsgemäßer Ladung kann zu Zwangsmaßnahmen führen. Entschuldigt ist sein Ausbleiben lediglich, wenn der Angeklagte dem Gericht **rechtzeitig** die **Gründe** seines **Ausbleibens** mitgeteilt hat und das Gericht diese Gründe akzeptiert. Dabei sollte der Angeklagte wissen, daß Gerichte nicht sehr viele Gründe akzeptieren. Der Angeklagte hat übermäßige Anstrengungen auf sich zu nehmen, damit er seinen Termin zur Hauptverhandlung einhalten kann. Er muß gegebenenfalls rechtzeitig anreisen. Ein kleiner Grippeanfall stellt noch keine ausreichende Entschuldigung dar.

Die meisten Angeklagten sind der Ansicht, daß die bloße Übersendung eines Attestes ihres Hausarztes reicht, in dem ihnen Arbeitsunfähigkeit bescheinigt wird. Wer **arbeitsunfähig** ist, ist noch lange nicht verhandlungsunfähig. Genügend entschuldigt nur eine Krankheit, die den Angeklagten transportunfähig macht oder verhindert, daß der Angeklagte konzentriert eine Hauptverhandlung verfolgen kann. Auch hier muß es sich der Angeklagte gefallen lassen, daß ein skeptischer Richter ein vorgelegtes Attest durch die Nachuntersuchung eines Amtsarztes überprüfen läßt. Hält dieser den Angeklagten nur für eingeschränkt verhandlungsunfähig, kann es durchaus zu Hauptverhandlungen kommen, die jeweils eine bestimmte geringe Stundenanzahl nicht überschreiten dürfen.

Welche Folgen hat das unentschuldigte Ausbleiben?

Liegt keine ausreichende Entschuldigung vor, kann der Richter die **Vorführung** zum nächsten Hauptverhandlungstermin anordnen. In morgendlicher Stunde werden dann am nächsten Hauptverhandlungstermin Polizeibeamte am Wohnsitz des Angeklagten erscheinen, um diesen zwangsweise zum Gericht zu transportieren. Sucht die Polizei ihn in seiner Wohnung vergeblich, kann das Gericht als nächste Stufe der Zwangsmaßnahmen einen **Haftbefehl** ausstellen. Dann wird nach dem nicht erschienenen Angeklagten in der gesamten Bundesrepublik gefahndet.

Ist eine Hauptverhandlung ohne Angeklagten möglich?

Hauptverhandlungen ohne den Angeklagten dürfen nur in ganz seltenen Ausnahmefällen stattfinden. Droht dem Angeklagten beispielsweise lediglich eine Verurteilung von höchstens 180 Tagessätzen Geldstrafe, so kann der Richter auch ohne ihn verhandeln, falls er ihn in der Ladung ausdrücklich darauf hingewiesen hat. Droht dem Angeklagten höchstens eine Freiheitsstrafe von sechs Monaten, kann er selbst vorher beantragen, daß er von der Verpflichtung zum Erscheinen in der Hauptverhandlung entbunden wird. Möglicherweise ist es dem Angeklagten wichtiger, der Meute von Reportern im Zuhörersaal zu entgehen, als seine eigene Verteidigung sicherzustellen. Richter sind allerdings nur sehr ungern bereit, einem solchen Antrag nachzugehen. Insbesondere für Fragen des Strafmaßes und der Glaubwürdigkeit ist es für den Richter häufig sehr wichtig, sich einen persönlichen Eindruck vom Angeklagten zu verschaffen.

Besonderes gilt auch in der **Hauptverhandlung nach Einspruch gegen einen Strafbefehl.** Hier muß der Angeklagte nicht unbedingt persönlich in der Hauptverhandlung erscheinen. Er kann sich durch einen Verteidiger vertreten lassen. Will der Richter aber ausnahmsweise den Angeklagten unbedingt in der Hauptverhandlung sehen, kann er trotzdem jederzeit das persönliche Erscheinen anordnen. Erscheint weder der Angeklagte noch sein Verteidiger in der Hauptverhandlung, wird kurzer Prozeß gemacht. Der bereits eingelegte Einspruch gegen den Strafbefehl wird verworfen. Es bleibt bei der Verurteilung durch den Strafbefehl. Der Angeklagte kann dann nur innerhalb einer Woche einen Antrag auf Wiedereinsetzung in den vorigen Stand stellen, in dem er die Entschuldigungsgründe für sein Fernbleiben darlegt.

Anwesenheitsrecht des Angeklagten

Der Angeklagte hat nicht nur die Pflicht, in der Hauptverhandlung zu erscheinen. Er hat darüber hinaus auch **das Recht**, während der gesamten Hauptverhandlung **anwesend zu sein**. Wer nicht erfährt, was ihm in der Hauptverhandlung alles vorgeworfen wird, kann sich auch nicht richtig verteidigen. Das Anwesenheitsrecht ist daher eine rechtsstaatliche Selbstverständlichkeit.

Es gibt hiervon allerdings eine Ausnahme: Manchmal erscheint ein Zeuge im Gerichtssaal und lamentiert, er werde vom Angeklagten bedroht und habe Angst vor ihm. Dann kann das Gericht zu der Überzeugung kommen, der Zeuge werde in Gegenwart des Angeklagten nicht die Wahrheit sagen. Nur in diesem extremen Ausnahmefall kann das Gericht den Angeklagten des Saales verweisen, notfalls sogar zwangsweise. Die Vernehmung des verängstigten Zeugen erfolgt dann in Abwesenheit des Angeklagten. Danach ist der Angeklagte sofort wieder in den Gerichtssaal zu lassen. Er ist auch vom Richter ausführlich darüber zu informieren, was der Zeuge soeben berichtet hat.

2. Wer bekommt einen Pflichtverteidiger?

Spätestens wenn dem Angeklagten in der Hauptverhandlung der Staatsanwalt gegenübersitzt und der Richter vor ihm thront, ist der Angeklagte für Hilfe dankbar. Ein juristisch vorgebildeter und gerichtsatmosphärisch erfahrener Verteidiger erhöht die Chancen des Angeklagten in der Hauptverhandlung. Sitzt ein aufmerksamer Verteidiger neben dem Angeklagten, wird es sich der Richter weniger erlauben können, Formvorschriften großzügig zu Lasten des Angeklagten auszulegen oder bei Zeugen nur Fragen mit eindeutig belastender Tendenz zu stellen.

Braucht man einen Verteidiger und was kostet er?

Ein **Verteidiger** ist für den Angeklagten wichtig, **nahezu unverzichtbar**. Er hat daher ohne Einschränkungen das Recht, sich in der Hauptverhandlung eines Verteidigers zu bedienen. Er muß ihn allerdings auch selbst bezahlen. Wie hoch das Honorar ist, hängt im wesentlichen von der schriftlichen **Honorarvereinbarung** ab, die der Angeklagte zuvor mit seinem Verteidiger geschlossen hat. Hier herrschen die Gesetze der freien Marktwirtschaft, jeder Preis ist aushandelbar. Wird keine schriftliche Honorarvereinbarung getroffen, gelten Rahmengebühren der Bundesrechtsanwaltsgebührenordnung. Diese sehen im Schnitt pro Verhandlungstag eine Gebühr von nicht mehr als 1.000,– DM vor.

Wem dies zu teuer ist, der muß auf einen Verteidiger verzichten. Arme Angeklagte haben grundsätzlich keinen Anspruch darauf, daß der Staat einen Verteidiger bezahlt. Ein »Armenrecht« oder eine »Prozeßkostenhilfe« wie in anderen Rechtsgebieten gibt es im Strafprozeßrecht nicht.

Wann muß ein Verteidiger anwesend sein?

Wenn sich das Gericht dennoch um die Anwesenheit eines Verteidigers kümmert, so ist Grund hierfür niemals die Vermögenslosigkeit des Angeklagten. Das Gesetz schreibt vielmehr vor, daß **in bestimmten Fällen unbedingt ein Verteidiger in der Hauptverhandlung anwesend sein muß**:

Immer dann, wenn dem Angeklagten besonders gravierende Nachteile im Strafprozeß drohen, soll er sich des Beistandes eines Verteidigers versichern dürfen. Wird z.B. die Hauptverhandlung **in erster**

Instanz vor dem Landgericht durchgeführt – und das sind meist gravierende Anklagen –, so muß während der gesamten Hauptverhandlung ein Verteidiger ununterbrochen anwesend sein. Gleiches gilt auch für Verhandlungen vor dem Amtsgericht, wenn die Anklage die **Begehung eines Verbrechens** vorwirft; ein Verbrechen (im Gegensatz zu einem Vergehen) ist eine besonders gravierende Straftat, die im Gesetz mit einer Mindeststrafe von einem Jahr belegt wird.

Droht dem Angeklagten auch bei Vorwurf eines Vergehens eine **gravierende Strafe**, muß ebenfalls ein Verteidiger anwesend sein. Die Einschätzung der Gerichte ist hier recht unterschiedlich, wann eine Strafe als gravierend anzusehen ist; manche Gerichte sehen sie bei einer möglichen Strafdrohung von einem Jahr Freiheitsstrafe für gegeben an, manche erst bei ca. einem Jahr und sechs Monaten.

Ein Verteidiger muß auch her, wenn die Folgen zwar nicht derart gravierend sind, das **Verfahren** selbst aber **besonders kompliziert** ist, etwa weil besonders viele Zeugen zu vernehmen sind oder ein Sachverständigengutachten zu erörtern ist. War der Angeklagte **in den letzten drei Monaten** vor der Hauptverhandlung ununterbrochen **in Haft,** ist er ebenfalls in besonderem Maße schutzbedürftig. Er hat sich um Entlastungsbeweise in Freiheit nicht kümmern können. Auch bei einer derartigen Hauptverhandlung ist daher ein Verteidiger unbedingt hinzuzuziehen.

In allen diesen Fällen ist eine **Verteidung notwendig.** Ohne einen Verteidiger läuft nichts. Hat der Angeklagte selbst einen Verteidiger beauftragt und ist dieser in der Hauptverhandlung auch anwesend, registriert dies der Richter mit Zufriedenheit. Denn die Notwendigkeit der Anwesenheit eines Verteidigers ist vom Angeklagten selbst sichergestellt worden.

Beiordnung eines Pflichtverteidigers und was Sie dazu wissen sollten

Problematisch wird es, wenn im Fall einer notwendigen Verteidigung der Angeklagte keinen Verteidiger hat. Dann ist der Richter verpflichtet, dafür zu sorgen, daß in der Hauptverhandlung ein Verteidiger für den Angeklagten anwesend ist. Er wird meist bei der Lektüre der Akte zur Vorbereitung der Hauptverhandlung feststellen, daß sich bislang kein Verteidiger für den Angeklagten durch Überreichung einer Vollmacht bestellt hat. **Der Richter** muß dann alles in die Wege leiten, um **dem Angeklagten einen Pflichtverteidiger beizuordnen**.

Pflichtverteidiger sind keine besonders minderwertige Spezies der Anwaltschaft. Vielmehr kann der Richter **jeden Anwalt** dazu verpflichten, als **Pflichtverteidiger** tätig zu werden. Der bestellte Pflichtverteidiger kann sein Amt nicht ablehnen. Das ist allerdings nur Theorie. In der Praxis wird der Richter nur einen Anwalt als Pflichtverteidiger beiordnen, von dem er weiß, daß er keine terminlichen Probleme hat und bereit ist, die Pflichtverteidigung gern zu übernehmen. Eine solche Pflichtverteidigung ist für den Anwalt finanziell nicht sonderlich attraktiv. Pro Verhandlungstag erhält er aus der Staatskasse eine Gebühr in Höhe von ca. 300,– DM bis 400,– DM. Das deckt häufig gerade seine Bürokosten.

Darüber hinaus ist häufig eine Neigung des Richters zu beobachten, Verteidiger beizuordnen, von denen er keine übermäßigen Schwierigkeiten erwartet. Er wird aus seiner Sicht einen »vernünftigen« Anwalt beiordnen. Vernünftig ist häufig für ihn derjenige Anwalt, der ein unnützes Prozessieren vermeidet und beispielsweise seinem Mandanten zu einem alsbaldigen und umfassenden Geständnis rät. Sind darüber hinaus Richter und Pflichtverteidiger in derselben Partei, im selben Skatclub oder Tennisverein, sind die Weichen für ein unproblematisches Prozessieren gestellt.

Ob dieser richterliche Blick der Problematik dem Angeklagten nützt, bezweifelt auch das Gesetz. Es schreibt daher dem Richter vor, daß er vor einer Beiordnung unbedingt zunächst einen **Vorschlag des Angeklagten** selbst einholen soll. Der Angeklagte wird daher im Fall der notwendigen Verteidigung noch vor der Hauptverhandlung einen Brief des Richters erhalten, in dem dieser mitteilt, daß ein Pflichtverteidiger bestellt werden soll. Der Angeklagte hat dann zumeist eine Woche Zeit, den Namen des von ihm favorisierten Anwalts zu nennen. Spätestens jetzt sollte er die Möglichkeit nutzen, sich um einen Anwalt seines Vertrauens zu kümmern. Über **persönliche Empfehlungen** oder den **Anwaltsverein** wird er alsbald einen Verteidiger ausmachen können, der über jeden Verdacht erhaben ist, sich ohne Rücksicht auf die Interessen des Angeklagten mit dem Richter über einen kurzen Prozeß zu verständigen.

Der Name dieses Anwalts sollte dem Richter erst dann bekanntgegeben werden, wenn sich dieser Anwalt des Vertrauens intern bereit erklärt hat, die Pflichtverteidigung zu übernehmen. Angesichts der leidigen Gebührenfrage kann dies der Angeklagte selbst noch fördern, indem er mit diesem Anwalt eine Honorarvereinbarung trifft. Bis zur Höhe der Pflichtverteidigergebühren, also ca. 300,– bis 400,– DM pro Verhandlungstag, kann auch der Pflichtverteidiger Zuzahlungen noch unmittelbar von seinem Mandanten erhalten.

Ist sich der Angeklagte mit dem Anwalt seines Vertrauens einig, wird sich dieser Anwalt mit dem Richter unmittelbar in Verbindung setzen, um seine Beiordnung als Pflichtverteidiger zu beantragen. Kümmert sich der Angeklagte trotz Aufforderung des Gerichts nicht um die Benennung eines Verteidigers, wird er alsbald die Nachricht des Richters erhalten, daß ihm das Gericht einen Pflichtverteidiger ausgesucht hat. Gefällt der Pflichtverteidiger dem Angeklagten nicht, wird er ihn so schnell nicht los. Er kann sich weigern, mit dem Pflichtverteidiger zu sprechen, er kann ihn sogar verprügeln. Auch wenn ein **Vertrauensverhältnis** zwischen Pflichtverteidiger und Angeklagtem niemals bestanden hat oder völlig zerstört ist, bleibt der Pflichtverteidiger im Amt. Ein Grund mehr für den Angeklagten, die **Regelung der Verteidigung frühzeitig in eigene Hände zu nehmen.**

3. Die Öffentlichkeit ist immer dabei

Die Verhandlungen der Strafgerichte sind öffentlich. Jeder Bürger soll die Möglichkeit haben, als Zuschauer eines Strafverfahrens sich über den Prozeßverlauf zu informieren. Solange es die Sitzkapazitäten eines Gerichtssaales erlauben, hat jeder das Recht auf Zugang zur Hauptverhandlung. Solange er sich nicht ordnungswidrig benimmt, kann jeder den Verlauf der Verhandlung, die Verhandlungsleitung des Gerichts und die Urteilsfällung kontrollieren.

Was vor zweihundert Jahren wohlmeinend als **Kontrolle der Bürger** über eine früher geheime Justiz gedacht war, hat sich in den Zeiten des

Datenschutzes als **zusätzliche Belastung des Angeklagten** entpuppt. Die Vorwürfe des Strafverfahrens selbst sind für den Angeklagten schon belastend. Erst recht beschämend oder gar erniedrigend kann das Verfahren jedoch empfunden werden, wenn sich neugierige Bekannte, Nachbarn oder die Presse an der Erörterung der Vorwürfe in öffentlicher Hauptverhandlung laben. Selbst bei einem glimpflichen Ausgang des Verfahrens wird es der Angeklagte unter Umständen nicht verwinden, daß er sich in der Hauptverhandlung rechtfertigen und hierzu viele persönliche Dinge offen ausbreiten mußte. Das Gesetz nimmt auf diese Nöte des Angeklagten nur wenig Rücksicht.

Kann die Öffentlichkeit ausgeschlossen werden?

Lediglich beim **jugendlichen Angeklagten** ist anerkannt, daß die neugierige Öffentlichkeit dem Erziehungsgedanken in einem Jugendstrafverfahren zuwiderlaufen könnte. Bis auf die Erziehungsberechtigten ist daher die Öffentlichkeit grundsätzlich ausgeschlossen. Bei Angeklagten im Heranwachsendenalter (18 bis 20 Jahre) entscheidet der Richter im Einzelfall, ob die Öffentlichkeit zugelassen wird.

Erwachsene Angeklagte haben die Öffentlichkeit zu ertragen. Belange der Staatssicherheit können allenfalls dazu führen, daß die Öffentlichkeit ausnahmsweise für einen bestimmten Teil der Beweisaufnahme ausgeschlossen wird. Ähnliches gilt für den Fall, daß bei öffentlicher Zeugenaussage Leib und Leben des Zeugen gefährdet wären.

Das Gesetz gestattet darüber hinaus, die **Öffentlichkeit** auch dann **auszuschließen**, wenn Umstände aus dem persönlichen Lebensbereich des Angeklagten oder eines Zeugen zur Sprache kommen und die Verheimlichung dieser Dinge vor der Öffentlichkeit wichtiger erscheint als die Kontrolle der Öffentlichkeit über das Prozeßgeschehen. Nur selten gibt ein Gericht allerdings dem Schutz der Privatsphäre des Angeklagten den Vorrang. Angelegenheiten aus dem Erwerbsleben des Angeklagten, seinem Beruf, seiner politischen und sonstigen öffentlichen Tätigkeit sollen niemals zum persönlichen Lebensbereich gehören; erst recht nicht die Erörterung von Vorstrafen. Denkbar sind allenfalls intimste Erörterungen wie beispielsweise aus dem Sexualleben. Aber auch hier hat sich bei den Gerichten eingebürgert, den Belangen der Öffentlichkeit Vorrang einzuräumen. Den Angeklagten sollte es nicht hindern, immer wieder trotzdem den Ausschluß der Öffentlichkeit zu verlangen.

Sind Ton- und Bildaufnahmen gestattet?

Der Angeklagte ist zumindest vor **Ton- und Bildaufnahmen während der Hauptverhandlung** sicher. Das Gesetz verbietet dies ausdrücklich. Will er sich vor der Belästigung von Pressefotografen im Gerichtssaal auch vor und nach Beginn der Hauptverhandlung schützen, muß er einen entsprechenden Antrag rechtzeitig vor Beginn der Hauptverhandlung bei Gericht stellen. Das Gericht wird möglicherweise dem Persönlichkeitsschutz den Vorrang einräumen und über die gesetzliche Regelung hinaus generell Ton- und Bildaufnahmen im Gerichtssaal verbieten.

4. Der Angeklagte hat das Wort

Nach dem Aufruf der Sache hat das Gericht häufig noch andere Dinge zu erledigen, bevor es für den Angeklagten richtig losgeht. Da sind unter Umständen noch Schöffen oder Dolmetscher zu vereidigen, bereits anwesende Sachverständige und

Zeugen zu belehren. Die Zeugen werden wieder aus dem Gerichtssaal geschickt, bevor sich das Gericht dem Angeklagten zuwendet.

»Gericht« heißt genauer: der Vorsitzende des Gerichts. Sitzen auf der Richterbank mehrere Richter, wie zum Beispiel beim Schöffengericht oder bei der großen Strafkammer, hat grundsätzlich der Vorsitzende die gesamte Verhandlung zu leiten. Der Vorsitzende ist auch der erste Ansprechpartner des Angeklagten, falls dieser gleich zu Beginn an den **äußeren Bedingungen des Verfahrens** Kritik anmelden will. Versteht er wegen des Straßenlärms die Worte des Vorsitzenden kaum, sollte er sich nicht scheuen, auf die Schließung der Fenster zu drängen. Noch wichtiger ist seine **Sitzposition**. Sitzt er von seinem Verteidiger so weit entfernt, daß er nicht jederzeit mit ihm in Kontakt treten kann, darf er eine andere Sitzordnung verlangen. Er darf auch darauf dringen, daß er jederzeit die Zeugen während der Vernehmung beobachten kann; er muß sich nicht mit einem Blickwinkel von schräg hinten begnügen. Benötigt der Angeklagte zahlreiche Unterlagen für seine Verteidigung, hat er auch einen Anspruch auf einen Tisch. In allen Fällen ist das Anliegen des Angeklagten berechtigt, er sollte dies ebenso freundlich wie beharrlich vortragen.

Identitätsfeststellung

Sind die Sitzpositionen geklärt, wird der Vorsitzende den **Angeklagten zur Person** vernehmen. Die Fragen dienen ausschließlich dazu festzustellen, ob der Angeklagte mit der in der Anklageschrift genannten Person identisch ist. Mehr als den Namen braucht der Angeklagte daher nicht zu nennen. Die an dieser Stelle häufig beliebten Fragen nach seinem Einkommen kann er **verweigern**.

Es folgt der erste große **Auftritt des Staatsanwalts**. Er erhebt sich und **verliest die Anklageschrift**, die dem Angeklagten bereits bekannt ist. Nunmehr ist auch in öffentlicher Hauptverhandlung klar, welchen Vorwurf die Staatsanwaltschaft dem Angeklagten macht.

Belehrung des Angeklagten

Erst nach der Verlesung der Anklageschrift (es wird nur der erste Teil der Anklageschrift, der sogenannte Anklagesatz, verlesen) wird der **Angeklagte** über seine Rechte **belehrt**. Er kann zum Anklagevorwurf Stellung nehmen, er kann allerdings auch Angaben verweigern.

Eine Frage der Taktik: Reden oder Schweigen?

Es ist die Aufgabe des Gerichts, dem Angeklagten die Tat nachzuweisen. Der Angeklagte braucht sich daher nicht selbst zum Beweismittel zu machen. Er kann in aller Ruhe abwarten, welche Beweise in der Hauptverhandlung gegen ihn vorgebracht werden. Er kann allerdings auch in die Offensive gehen und sofort nach der Anklageverlesung seine Sachverhaltsschilderung entgegenhalten. Er kann – wie die Juristen sagen – eine **Einlassung** abgeben.

Beide Alternativen sind rechtlich möglich. Wie sich der Angeklagte entscheidet, ist eine Frage der Taktik. Die Überlegungen sind ähnlich wie bei der Entscheidung des Beschuldigten im Ermittlungsverfahren, ob er in der Vernehmung bei Polizei oder Staatsanwaltschaft Angaben macht (siehe Kapitel II, 2).

Was Sie beachten sollten!

Bei der Vernehmung vor Gericht gilt dasselbe wie bei der Vernehmung durch die Polizei: Macht der Angeklagte Angaben, um sich zu rechtfertigen, muß er immer »seine« Geschichte erzählen. Mit dieser Geschichte berichtet er häufig über Details, die nur er und kein Zeuge dem Richter erzählen könnte. Das Gericht kann – woran der Angeklagte niemals gedacht hat – diese Teile später im Urteil als Argumente verwenden, um beispielsweise die Glaubwürdigkeit eines belastenden Zeugen zu belegen. Entgegen seiner Absicht hätte dann der Angeklagte **Argumente gegen sich selbst geliefert**.

Die Gefahr, daß dem Angeklagten das Wort im Mund herumgedreht wird, ist bei Gericht in öffentlicher Hauptverhandlung geringer als im Dienstzimmer der Polizei. Die **Gefahr von Mißverständnissen** ist allerdings auch im Gerichtssaal sehr viel größer, als der Laie sich dies vorstellt. Häufig finden im Gerichtssaal endlose Debatten darüber statt, was der Angeklagte wörtlich vor zehn Minuten berichtet hat und wie dies gegebenenfalls auszulegen ist. Niemand stenographiert die Angaben des Angeklagten (oder auch eines Zeugen) mit, es läuft auch kein Tonband mit. Der Protokollführer am Gerichtstisch hat andere Aufgaben als die wörtliche Protokollierung von Aussagen.

Diese Konstellation kann im ungünstigsten Fall dazu führen, daß der Angeklagte aufgrund eines Geständnisses verurteilt wird, das er nie abgegeben hat. Der Richter meinte lediglich, bestimmte Angaben als Geständnis auffassen zu können. Das Gegenteil wird der Angeklagte später niemals beweisen können.

Will der Angeklagte alle Möglichkeiten der Selbstbelastung ausschließen, muß er schweigen. Das **Schweigen als taktische Variante** bietet sich unter Umständen in der Hauptverhandlung noch sehr viel eher an als im Ermittlungsverfahren. Denn jetzt kann der Angeklagte sehr viel besser einschätzen, was ihm droht. Er kennt den Sachverhalt, der ihm vorgeworfen wird. Er kennt nunmehr auch sämtliche Beweismittel, die die Staatsanwaltschaft benannt hat. Er kann ein mögliches Ergebnis der Beweisaufnahme daher unter Umständen sehr gut einschätzen.

Weiß er z.B., daß die einzige Belastungszeugin der Anklageschrift ein Zeugnisverweigerungsrecht hat und weiß er auch aus Gesprächen mit dieser Zeugin, daß diese von diesem Recht Gebrauch machen wird, ist das für die Staatsanwaltschaft negative Ergebnis der Hauptverhandlung vorhersehbar. Die Zeugin wird schweigen. Der Staatsanwalt hat keine Beweise mehr. Der Angeklagte – auch der unschuldige Angeklagte! – würde sicherlich einen großen Fehler begehen, wenn er nunmehr in einer Einlassung der Staatsanwaltschaft neues Material an die Hand gibt.

Ist demgegenüber vorhersehbar, daß mit großer Sicherheit die Beweisaufnahme zu Lasten des Angeklagten ausgehen wird, ist er zum **Handeln gezwungen**. Dieses Handeln kann darin bestehen, daß er weiterhin schweigt und statt dessen – soweit vorhanden – Entlastungsbeweise beantragt. Es kann aber auch angezeigt sein, daß der Angeklagte in die Offensive geht und »seine« Entlastungsgeschichte gleich zu Beginn gegen die Belastungsgeschichte der Staatsanwaltschaft setzt. Das hat zumindest den atmosphärischen Vorteil, daß sich in den Köpfen der Richter bei der nachfolgenden Beweisaufnahme nicht nur eine einzige denkbare Variante des Tatgeschehens festsetzt.

Das Geständnis

Wann sollte man gestehen?

Sind die Vorwürfe der Anklageschrift – jedenfalls zum größten Teil – zutreffend und darf der Angeklagte auch erwarten, daß ihm die Tat in der Hauptverhandlung bewiesen wird, bleibt ihm häufig nur die Flucht nach vorn. Mit einem **Geständnis** erleichtert er möglicherweise nicht nur sein Gewissen, er darf sich auch sicher sein, daß das Gericht diese Verhaltensweise im Urteil strafmildernd berücksichtigen wird. Zum einen wegen der gezeigten **Reue**, zum anderen weil ein glaubwürdiges Geständnis weite Teile einer **Beweisaufnahme** in der Hauptverhandlung **überflüssig** werden läßt.

In dieser Konstellation ist es für den Angeklagten auch von Vorteil, wenn Gericht und Staatsanwaltschaft nach dem Geständnis auf die Vernehmung der noch auf dem Flur wartenden Zeugen verzichten. Durch das Geständnis ist die Tat zwar bewiesen. In seiner eigenen Darstellung wird der Angeklagte jedoch stets die Formulierungen vermeiden, die die Tat in einem besonders ungünstigen Licht erscheinen lassen. Er wird über seine Motive, seine Beeinflussung durch Dritte oder möglicherweise eine unglückliche Verkettung von Umständen berichten. In jedem Fall ist es die Tatschilderung aus Sicht des Angeklagten, die das Gericht mit in seine Urteilsberatung nimmt.

Demgegenüber erntet der Angeklagte häufig nur zusätzliche Negativpunkte, wenn verbitterte Zeugen in ihrer Aussage ihrem Unmut oder gar Haß gegen den Angeklagten freien Lauf lassen. Die Schilderung der unerträglichen Schmerzen des Verletzten können die Schöffen zu Tränen rühren. Die Zeugenaussage der betrogenen alten Frau hinterläßt vom Angeklagten nur noch das Bild eines widerwärtigen Ekels. Auch wenn solche Zeugenaussagen emotional gefärbt und sachlich übertrieben sind, wirken sie sich zu Lasten des Angeklagten bei der Strafzumessung aus. Das Geständnis zu Beginn der Hauptverhandlung kann dies vermeiden.

Erst schweigen, dann reden

Nur das **frühe Geständnis** bringt umfassenden **Strafrabatt**. Viele Richter beeilen sich daher, den Angeklagten darauf hinzuweisen, daß ein Geständnis am Ende der Hauptverhandlung nicht mehr viel nützt. Das ist nur zum Teil richtig. Auch ein Geständnis am Ende der Beweisaufnahme kann als reumütiges Eingestehen der Tat bewertet werden. Die Strafreduzierung ist vielleicht geringer, unter Umständen hat der Angeklagte aber durchaus Veranlassung, dieses Risiko einzugehen und zu Beginn der Hauptverhandlung zu schweigen. Sieht er Chancen auf ein günstiges Ergebnis der Beweisaufnahme, hat er das Recht, diese Chance zu nutzen.

Schweigen und abwarten kann sich für den Angeklagten auch deswegen als günstig herausstellen, da er sich auch im Laufe der Hauptverhandlung jederzeit zu Wort melden kann. Er hat das Recht, nach jeder Zeugenaussage eine Erklärung abzugeben. Er hat das Recht auf das letzte Wort nach Abschluß der Beweisaufnahme. Damit hat er noch **zahlreiche Möglichkeiten**, die **Taktik des Schweigens aufzugeben** und eine Einlassung abzugeben. Diese Einlassung ist sehr viel besser zu kalkulieren als ein frühes Vorpreschen. Themen, die alle Zeugen bislang nicht angesprochen haben und die sich als belastend darstellen können, wird der Angeklagte auch in seiner Einlassung vermeiden. Belastende Angaben von Zeugen können gezielt entkräftet werden. Offensichtlich unsichere Angaben der Zeugen können durch die Einlassung als noch unsicherer dargestellt werden.

Reden bei der Polizei, schweigen bei Gericht?

Bei der Entscheidung über das richtige taktische Verhalten in der Hauptverhandlung trägt der Angeklagte häufig eine schwere Bürde: Er hat bereits im Ermittlungsverfahren in einer Vernehmung Angaben zur Sache gemacht, möglicherweise sogar teilweise Vorwürfe eingestanden. Er hat das Recht, **trotz** dieser **früheren Angaben** nunmehr in der Hauptverhandlung zu **schweigen**. Ob jetzt ein Schweigen noch sehr sinnvoll ist, ist allerdings zweifelhaft.

Beispiele

Hat der Angeklagte im Ermittlungsverfahren bereits vor einem Richter ein Geständnis abgelegt, so kann in der Hauptverhandlung dieses **Geständnisprotokoll verlesen** werden. Hat er Angaben bei Staatsanwaltschaft oder Polizei gemacht, so kann der vernehmende Staatsanwalt oder Polizeibeamte nunmehr in der Hauptverhandlung als Zeuge gehört werden. Dieser Zeuge wird dem Gericht häufig ausführlich über das frühere Geständnis des Angeklagten berichten. Ohne daß der Angeklagte jemals in der Hauptverhandlung Angaben gemacht hat, kann das Gericht zu der Überzeugung kommen, daß das frühere Geständnis glaubwürdig ist. Ohne daß das Gericht weitere Beweismittel zur Verfügung hat, kann es allein aufgrund dieses früheren Geständnisses den Angeklagten verurteilen. Schweigt der Angeklagte in dieser Situation, ist er lediglich Zuschauer seiner eigenen Beerdigung erster Klasse.

Erstrebt der Angeklagte eine **Distanzierung von früheren Vernehmungsprotokollen**, muß er aktiv werden. Er wird dabei allerdings die Erfahrung machen, daß er eine nahezu unlösbare Aufgabe zu bewältigen hat. Der Angeklagte wird dem Richter verzweifelt erklären, daß er die Formulierungen im polizeilichen Vernehmungsprotokoll selbst niemals so gewählt hätte, daß er tatsächlich etwas anderes gemeint hat. Er wird ihm die für ihn beängstigende Situation auf der Polizeiwache schildern, sein Bedürfnis, nur möglichst schnell dort wegzukommen. Er wird ihm seine totale Blockade im Hirn darstellen, die sowohl ein geordnetes Denken als auch ein vernünftiges Lesen des Protokolls unmöglich machte.

Der Angeklagte wird oft erleben, daß er lediglich mit der lächelnden Frage des Richters konfrontiert wird, ob das nicht **seine Unterschrift** unter dem polizeilichen Protokoll sei und ob dort nicht noch die Worte stehen **»gelesen und genehmigt«**. Er wird die Erfahrung machen, daß die Solidarität der Richter mit dem polizeilichen Vernehmungsbeamten sehr groß ist, das Einfühlungsvermögen in die existenzielle Angstsituation des Beschuldigten in der Vernehmung aber relativ gering. Grund hierfür ist nicht zuletzt auch die menschliche Schwäche der Richter, sich die Arbeit zu erleichtern: Nach Lektüre der Akten und des polizeilichen Protokolls hat er bereits ein bestimmtes Bild vom Tatgeschehen gewonnen. Das Bild in der Hauptverhandlung wieder aufleben zu lassen, ist einfach. Es ist für ihn sehr viel mühsamer, sich von diesem Bild zu lösen.

Widerlegung polizeilicher Vernehmungsprotokolle

Wer als Angeklagter den Richter davon überzeugen will, daß das polizeiliche Vernehmungsprotokoll nicht genau das wiedergibt, was er seinerzeit gesagt hatte, muß daher schon mehr vortragen. Er muß Details über die Umstände der Vernehmung schildern, die sich nicht aus der Akte ergeben. Möglicherweise hat das nicht protokollierte Vorgespräch viele Stunden gedauert, in denen der Angeklagte mürbe gemacht wurde. Er muß die Art seiner besonderen Ängste darlegen, möglicherweise untermauert durch psychotherapeutische Erfahrung. Er muß Hinweise darauf geben, daß frühere Angaben des Protokolls schon objektiv nicht zutreffen können. Erst bei einer Vielzahl dieser Argumente hat der Angeklagte die vage Chance, daß der Richter seinem späteren Urteil nicht sämtliche früheren Angaben zugrunde legt.

Erkennt der Angeklagte die Hoffnungslosigkeit seines Vorhabens, ist es für ihn unter Umständen taktisch von Vorteil, eine nähere Erörterung der fragwürdigen polizeilichen Vernehmung zu unterlassen. Entgegen seiner Überzeugung läßt er sich einfach das frühere Protokoll zurechnen und verstärkt seine Verteidigungsbemühungen zu Fragen der Strafzumessung.

Fragen und Antworten. Hinweise für die Hauptverhandlung

Will der Angeklagte Angaben zur Sache machen, stellt sich für ihn die weitere Frage, in welcher Form er diese Angaben machen will. In jedem Fall hat er das Recht, zunächst umfassend und ohne Unterbrechungen durch den Richter seine Geschichte zu erzählen. Erst später sind Einzelfragen zur Vertiefung zulässig.

Schriftliche Vorbereitung

Will der Angeklagte nicht das Risiko eines Mißverständnisses eingehen, empfiehlt es sich häufig, eine Einlassung schriftlich vorzubereiten. Diese **schriftliche Einlassung** kann der Angeklagte **verlesen** und anschließend dem Gericht übergeben. Über Formulierungen kann dann kein Streit herrschen, da sie jederzeit nachgelesen werden können.

Taktische Überlegungen

Es kann ein taktisches Mittel des Angeklagten sein, nach diesen Angaben **keine weiteren Fragen zu beantworten**. Hierüber werden die wißbegierigen Richter nicht glücklich sein, sie haben dieses Verhalten aber zu akzeptieren. Der Angeklagte kann aus guten Gründen wollen, daß bestimmte Themen jedenfalls zunächst noch nicht in der Hauptverhandlung angesprochen werden. Erfolgt außer der Verlesung der schriftlichen Erklärung keine weitere Einlassung des Angeklagten, hat dies darüber hinaus für ihn den Vorteil, daß er das, was er wirklich gesagt hat, in vollem Umfang auch später wird beweisen können.

Stellt der Angeklagte sich den **Nachfragen des Gerichts**, wird er zunächst vom Vorsitzenden und anschließend von den weiteren Richtern vernommen. Danach haben **alle anderen Beteiligten ein Fragerecht**. Das kann der Staatsanwalt, der Anwalt des Nebenklägers, ein Sachverständiger oder der Verteidiger des Mitangeklagten sein. Lediglich der Mitangeklagte selbst darf nicht fragen. Erscheint die Fragehaltung eines anderen Prozeßbeteiligten dem Angeklagten aggressiv oder gar beleidigend, kann er selbstverständlich dazu übergehen, diesem Fragesteller keine einzige Frage mehr zu beantworten. Es ist allein seine Entscheidung, ob und in welchem Umfang er Angaben zur Sache macht.

5. Die Beweise werden präsentiert

Nachdem der Angeklagte sich zur Sache geäußert hat – oder auch nicht –, beginnt die eigentliche **Beweisaufnahme** der Hauptverhandlung. Alle Dinge, die zur Verurteilung des Angeklagten führen sollen, müssen in öffentlicher Hauptverhandlung präsentiert und erörtert werden. Was in den Akten schlummert, ist unerheblich. Nur was jedermann in der Hauptverhandlung gehört und gesehen hat, kann Grundlage des Urteils werden.

Die Beweismittel

Im Strafprozeß sind **nur vier Beweismittel zugelassen:**

Zeuge

Das wichtigste Beweismittel ist **der Zeuge**. Alles das, was ein Zeuge in der Hauptverhandlung sagt, kann vom Richter zu einer Verurteilung herangezogen werden. Jeder Mensch, sofern er dem Babyalter entwachsen ist, kann in der Hauptverhandlung als Zeuge auftreten.

Sachverständiger

Ein **Sachverständiger** vermittelt im Gerichtssaal Informationen, die auf seiner besonderen Sachkunde beruhen. Um die mögliche Schuld des Angeklagten zu untersuchen, kann es zum Beispiel bei einem Mordversuch notwendig sein, die genaue Lage des Schußkanals im Körper des Verletzten festzustellen. Hierüber hat keiner der Beteiligten ausreichende Sachkunde, es muß daher ein Sachverständiger hinzugezogen werden. Gleiches gilt für die Bestimmung des Blutalkoholgehalts oder zahlreicher anderer Fragen, die die Kenntnisse der am Strafverfahren beteiligten Juristen überfordern.

Urkunde

Der **Urkundenbeweis** kann mit einfachen Schriftstücken geführt werden. Er setzt also nicht – wie das Wort Urkunde nahelegt – ein besonderes Papier mit Brief und Siegel voraus. Alle Schriftstücke, deren Inhalt verlesen werden kann, sind Urkunden. In dem Augenblick, in dem sie in der Hauptverhandlung verlesen worden sind, können sie zur Urteilsfindung herangezogen werden. Urkunden sind private Briefe ebenso wie Aktenvermerke und Berichte. Zeugen und Sachverständige sind eigentlich immer persönlich in der Hauptverhandlung zu hören; wenn ausnahmsweise das Gesetz es erlaubt, statt dessen Protokolle früherer Zeugenvernehmungen oder frühere Gutachten zu verlesen, ist dies auch ein Urkundenbeweis.

Augenschein

Das letzte Beweismittel ist der sogenannte **Augenschein.** Alles, was – außer den genannten Beweismitteln – mit den Sinnen wahrnehmbar ist, kann im Urteil verwandt werden. Die Narbe des Verletzten kann zum Beispiel gut sichtbar von jedem Prozeßbeteiligten in der Hauptverhandlung in Augenschein genommen werden. Die Tatsache, daß ein bestimmtes Briefpapier von hellblauer Farbe ist, wird dadurch festgestellt, daß in der Hauptverhandlung der Vorsitzende jedermann Gelegenheit gibt, sich das Briefpapier anzusehen.

Entgegen dem Wortlaut bezieht sich die sinnliche Wahrnehmung nicht nur auf das Auge. Auch was die Ohren eines jeden Prozeßbeteiligten im Gerichtssaal festgestellt haben, beispielsweise bei Abspielen eines Tonbandgerätes, kann Grundlage der Urteilsfindung sein.

Mehr Beweismittel gibt es nicht. Sowohl das Gericht als auch Staatsanwaltschaft und Angeklagter selbst sind darauf angewiesen, Tatsachen mit einem dieser vier Beweismittel zu beweisen.

Bewertung der Beweismittel

Daß durch die Beweismittel bestimmte Dinge in der Hauptverhandlung zur Sprache oder zur Ansicht kommen, heißt nur, daß sie nunmehr vom Gericht bei der Urteilsfindung bewertet werden können. Die Beweismittel ermöglichen erst das **Sammeln von Beweisen** in der Hauptverhandlung. Eine ganz andere Frage stellt das **Bewerten** dieser gesammelten Beweise dar. Ob ein Gericht den Aussagen eines Zeugen glaubt, ob es eine in Augenschein genommene Skizze für richtig hält oder ob es den Wertungen eines Sachverständigen folgen will, entscheidet sich erst bei der Urteilsberatung nach der Beweisaufnahme.

Fragen an den Zeugen

Auf den **Verlauf der Beweisaufnahme** hat der Angeklagte recht wenig Einfluß. Der Vorsitzende entscheidet, ob eine bestimmte Urkunde verlesen wird oder ein Gegenstand in Augenschein genommen wird. Erstattet ein Sachverständiger ein Gutachten, wird sich der Angeklagte häufig außerstande sehen, kompetente Nachfragen zu starten.

Wichtiges Fragerecht des Angeklagten

Die einzig sinnvolle Beeinflussung des Angeklagten kann bei der Zeugenvernehmung erfolgen. Hier hat auch der Angeklagte ein **Fragerecht** und kann so das Ergebnis der Zeugenaussage noch beeinflussen. Die hohe Kunst der Zeugenbefragung wird der Angeklagte bei seinem spärlichen Auftritt vor Gericht nicht lernen. Er sollte sich bei möglichen Fragen über einige wichtige Dinge bewußt sein.

Der Angeklagte fragt immer zuletzt. Der Zeuge wird zunächst vom Vorsitzenden, dann von den anderen Richtern vernommen. Anschließend haben der Staatsanwalt, der Nebenklägervertreter oder anwesende Sachverständige ein Fragerecht. Erst wenn das, was der Zeuge gesehen oder gehört hat, von den verschiedenen Fragestellern aus den unterschiedlichsten Blickwinkeln erfragt worden ist, erst dann erhält der Angeklagte das Wort zur Frage.

Häufig weiß der Angeklagte, daß der Zeuge lügt. Zumindest muß er starke Zweifel an der Richtigkeit der Aussage haben. In seiner Verzweiflung kann er nunmehr einen Fehler machen und – wenn auch mit anderem Unterton – dieselben Fragen nochmals stellen, die bereits gestellt worden sind. Dies ist unzulässig. **Wiederholungsfragen sind verboten**. Der Richter wird den Zeugen darauf hinweisen, daß er diese Frage nicht zu beantworten braucht.

Dem Angeklagten wird nichts anderes übrigbleiben, als sich der eigentlichen Beweisfrage von einer ganz anderen Seite zu nähern. Hat der Zeuge beispielsweise einen Verkehrsunfall präzise beschrieben, hat er dargestellt, für welches Fahrzeug die Ampel Grün und für welches Rot zeigte, hat er die Geschwindigkeit und den exakten Zusammenstoß geschildert, wäre es allenfalls ein Akt der Verzweiflung, wenn der Angeklagte nunmehr fragt: »Haben Sie das wirklich so gesehen?« Lügt der Zeuge, wird er sich durch diese Frage nicht irritieren lassen. Meint er, das Geschilderte wirklich so gesehen und gehört zu haben, wird ihn die Frage ebenfalls nicht von der bereits gegebenen Antwort abbringen.

Das **Hauptthema** ist zumeist erörtert. Der Angeklagte wird **Nebenthemen zur Glaubwürdigkeit** erfragen müssen. Beispielsweise zu Wahrnehmungsmöglichkeiten: »Wo haben Sie exakt gestanden?« oder »Waren Sie zum Zeitpunkt des Unfalls gerade in ein Gespräch vertieft?« oder »Welche anderen Autos haben Sie sonst noch in der Nähe der Kreuzung gesehen?« Fragen nach dem Wetter, den Sichtverhältnissen oder der Häufigkeit von ähnlichen Unfällen an derselben Stelle können Ansätze dafür bieten, eine Lüge oder einen Irrtum des Zeugen aufzudecken.

Der Zeuge soll reden, nicht der Angeklagte. Der Angeklagte sollte daher nicht weitschweifig seine Sicht der Dinge dem Zeugen präsentieren, sondern durch Fragen lediglich kleine Anstöße geben, um möglichst viel vom Zeugen zu erfahren. Beeinflussungen durch **suggestive Fragestellungen** sind ebenfalls unzulässig. »Sie haben mich doch sicherlich bei dem schlechten Wetter nicht deutlich erkennen können?« legt dem Zeugen die Antwort fast in den Mund. Sosehr der Angeklagte auch emotional beteiligt ist: Sinnvolle Ergebnisse erzielt er nur bei kühler Cleverneß und der Fähigkeit, sich in die Sichtweise des Zeugen hineinzudenken. Das gelingt nur den wenigsten Angeklagten, weshalb sie lieber eine Befragung ihrem Verteidiger überlassen sollten.

Schädliche Fragen

Fragen sollten nur gestellt werden, wenn das Ergebnis mit einiger Voraussicht nicht schädlich ist. In einem **berühmten Beispiel** lautete die Frage des Verteidigers an den Zeugen:

»Haben Sie gesehen, daß der Angeklagte dem Opfer ein Ohr abgebissen hat?«

»Nein«, hieß die Antwort des Zeugen, bei der es besser verblieben wäre.

Statt dessen fragte der Verteidiger:
»Was haben Sie denn gesehen?«
»Wie der Angeklagte das Ohr ausspuckte.«

Ist die Befragung des Zeugen auch durch den Angeklagten beendet, hat das Gericht über eine mögliche **Vereidigung des Zeugen** zu entscheiden. Mittäter oder Zeugen unter sechzehn dürfen **nicht** vereidigt werden. Andere, wie z.B. Verletzte, sollten nicht vereidigt werden. Im übrigen geht das Gesetz davon aus, daß alle Zeugen grundsätzlich vereidigt werden. Es hat sich in den letzten Jahren in deutschen Gerichtssälen eingebürgert, daß alle Verfahrensbeteiligten auf eine Vereidigung verzichten. Der Richter fordert sogar ausdrücklich zum **Verzicht** auf. Der Angeklagte sollte sich wohl überlegen, ob er tatsächlich auf eine Zeugenvereidigung verzichtet. Die vereidigte Aussage eines Entlastungszeugen erhält sicherlich mehr Gewicht. Soll ein Belastungszeuge vereidigt werden, verbessert dieser möglicherweise noch unter dem Druck der Eidesleistung seine bisherigen Aussagen zugunsten des Angeklagten. Meistens hat daher der Angeklagte keine Veranlassung, auf die Vereidigung eines Zeugen zu verzichten.

Die Beweise des Angeklagten

Es ist die Aufgabe des Richters, die Wahrheit zu erforschen. Er muß daher sämtliche Beweismittel – egal ob belastend oder entlastend – heranziehen. Seine Rolle ist also eine andere als die nach amerikanischem Recht: Aus dem Fernsehen ist bekannt, daß dort der Richter lediglich als eine Art Schiedsrichter fungiert, wenn der Staatsanwalt auf der einen Seite und die Verteidigung auf der anderen Seite ihre Beweismittel präsentieren. Nach deutschem Recht gilt die **richterliche Aufklärungspflicht.**

Wenn der Angeklagte z.B. in seiner Einlassung behauptet, daß er während der Tatzeit nicht am Tatort gewesen sei, sondern bei seiner Freundin Elvira Müller, so ist grundsätzlich der Richter verpflichtet, Frau Müller als Zeugin vor Gericht zu laden und anzuhören. Er hat also auch alle entlastenden Beweise vor Gericht zu erheben, unabhängig davon, ob sich diese Beweismittel bereits aus Angaben der Ermittlungsakte ergeben oder bestimmte Zeugen erstmalig in der Hauptverhandlung erwähnt werden.

Hierauf kann sich der Angeklagte aber nicht verlassen. Möglicherweise hält der Richter die Anhörung bestimmter Zeugen für überflüssig, sei es, daß er die Akten nachlässig gelesen hat, sei es, daß er schon eine unverrückbare Überzeugung vom Tatgeschehen gewonnen hat. Einen Grund braucht der Richter in öffentlicher Hauptverhandlung nicht mitzuteilen. Er lädt die in Betracht kommenden Zeugen einfach nicht.

Ein anderer Grund für die Untätigkeit des Richters: Er kennt die entlastenden Beweismittel überhaupt nicht. Schweigt der Angeklagte beharrlich, erfährt der Richter niemals, daß dieser während der Tatzeit bei seiner Freundin war. Oder er weiß beispielsweise nicht, daß der Angeklagte während des Tatzeitraumes ins Ausland verreist war und dies durch Vorlage des Reisepasses oder anderer Reiseunterlagen bewiesen werden könnte.

Aktive Verteidigung durch Beweisanträge

In allen diesen Fällen muß der Angeklagte und seine Verteidigung aktiv werden und **Beweisanträge stellen**. Das Recht, einen Beweisantrag zu stellen, ist für einen erfahrenen Verteidiger unter Umständen das wichtigste Verteidigungsmittel. Denn ein Beweisantrag ist mehr als ein unverbindlicher Vorschlag, diesen oder jenen Zeugen zu hören. Liegt ein formgerechter Beweisantrag vor, muß das Gericht den Beweis tatsächlich erheben. Es gibt **nur wenige** im Gesetz ausdrücklich genannte **Gründe**, die es dem Gericht erlauben, **einen Beweisantrag abzulehnen.**

Das kann etwa geschehen, wenn bestimmte Zeugen unerreichbar sind, die benannten Beweismittel von vornherein aus objektiven Gründen als untauglich gelten müssen oder die zu beweisenden Tatsachen unter keinem Gesichtspunkt für die Beurteilung des Gerichts von Bedeutung sein können. Es gibt auch Ablehnungsgründe, über die sich der Verteidiger und der Angeklagte freuen: Statt die benannten Zeugen zu laden, kann das Gericht die vom Angeklagten behaupteten Tatsachen bereits als erwiesen ansehen oder diese als wahr unterstellen.

Der formgerechte Beweisantrag

Der kluge taktische Einsatz von Beweisanträgen ist eine hohe Kunst, die nur erfahrene Verteidiger beherrschen. Der sich selbst verteidigende Angeklagte sollte zumindest einige wenige Grundsätze beachten, um einen **formgerechten Antrag** stellen zu können.

Der Beweisantrag kann – wie jeder andere Antrag in der Hauptverhandlung – **mündlich** gestellt werden. Der Antrag braucht also nicht vorher niedergeschrieben und danach verlesen zu werden. Aus Gründen der Klarheit sollte der Antrag dennoch schriftlich verfaßt werden. Zu diesem Zweck kann der Angeklagte eine kurze Unterbrechung der Hauptverhandlung verlangen.

Der Beweisantrag muß eine **Beweisbehauptung** enthalten. Der Angeklagte hat in seinem Antrag bereits den Sachverhalt vorweg anzuführen, den er erst beweisen will. Auch der schweigende Angeklagte kann z.B. in einem Beweisantrag behaupten:

> *»Der Angeklagte Meier hat sich am 15. Oktober 1994 in der Zeit von 14 Uhr nachmittags bis 21 Uhr ununterbrochen in der Wohnung der nachbenannten Zeugin aufgehalten. Auch die Zeugin war während der gesamten Zeit in der Wohnung. Sie hat bemerkt, daß der Angeklagte die Wohnung zu keinem Zeitpunkt verlassen hat.«*

Der Beweisantrag muß eine **bestimmte Sachverhaltsdarstellung** enthalten. Bloße Vermutungen reichen nicht aus, ein solcher Beweisantrag könnte sofort zurückgewiesen werden. Auch wenn der Angeklagte letztlich noch gewisse Zweifel hat, ob der von ihm benannte Zeuge tatsächlich diesen Sachverhalt so wird bestätigen können, darf seine Beweisbehauptung diese Zweifel nicht unbedingt erkennen lassen.

Darüber hinaus muß der Angeklagte ein **Beweismittel** benennen. In Betracht kommen nur die bereits angeführten vier Beweismittel – Zeugen, Sachverständige, Augenschein oder Urkunden. Er muß z.B. angeben, mit welchen Reiseunterlagen er seine Tatabwesenheit beweisen will und wo sich diese Reiseunterlagen befinden (er sollte sie möglichst sofort in der Hauptverhandlung präsentieren). Gleiches gilt für das Augenscheinobjekt. Der beliebte Antrag auf **Tatortbesichtigung** ist nichts anderes als ein Antrag auf Inaugenscheinnahme; er ist zulässig, auch wenn das gesamte Gericht den Saal verlassen und sich an den Tatort begeben müßte.

Auch den Zeugen hat der Angeklagte zu benennen, der seine Beweisbehauptung bestätigen kann. Dabei ist er nicht genötigt, die exakte **ladungsfähige Anschrift** und den **genauen Namen des Zeugen** zu benennen. Es reicht aus, wenn er genügend Angaben macht, damit ihn Gericht und Staatsanwaltschaft finden können. Ohne Namen, ohne Anschrift ist beispielsweise ein Zeuge dennoch mit folgender Beschreibung ausreichend benannt: Diejenige ca. 60jährige schwarzhaarige Person von ca. 1,70 Meter Größe, deren linker Arm amputiert ist und die sich regelmäßig jeden Mittwochnachmittag um 17 Uhr in der Gaststätte »Zum fidelen Husaren« in Münster zum Kartenspielen einfindet. Diese Angaben reichen, damit der Richter einen Polizeibeamten losschickt, der den Zeugen herausfindet und diesen zu einem der nächsten Verhandlungstage laden kann.

Will der Angeklagte vor Gericht einen **Sachverständigen** hören, beispielsweise zur Frage einer Ampelschaltung oder zur Interpretation einer Bremsspur, zur Blut- oder Spermienuntersuchung, muß er nicht noch ausdrücklich den Namen eines Sachverständigen präsentieren. Hier reicht lediglich der Hinweis auf den Sachverständigenbeweis. Um einen geeigneten Sachverständigen muß sich das Gericht kümmern.

Schlüsse aus einem formgerecht gestellten Beweisantrag

Ist ein Beweisantrag formgerecht gestellt, kann er ein hervorragender Test für die Einstellung des Gerichts sein. Auch wenn das Gericht bislang mit versteinerter Miene die Verhandlung geführt und nicht zu erkennen gegeben hat, ob es dem Angeklagten oder dem Belastungszeugen glaubt, muß es in irgendeiner Form auf den Beweisantrag reagieren. Wird das Beweismittel erhoben, also z.B. der Zeuge oder Sachverständige geladen, weiß der Angeklagte zumindest, daß das Gericht seine Beweisbehauptung bislang nicht als erwiesen ansieht. Wird der Beweisantrag abgelehnt, muß dies durch einen Gerichtsbeschluß geschehen. Aus der Begründung des Beschlusses kann häufig der Angeklagte ebenfalls Rückschlüsse auf den aktuellen Meinungsstand ziehen.

6. Was tun, wenn der Richter voreingenommen ist?

Der Angeklagte hat einen Anspruch auf ein faires Verfahren. Ihm drohen am Ende des Prozesses in einem Urteil die schlimmsten Sanktionen, die der Staat gegenüber einem Bürger verhängen kann. Bevor es zu einem solch gravierenden Schritt kommt, hat der Angeklagte nicht nur ein Recht darauf, daß vordergründig Formalien eingehalten werden.

»Gebt ihm einen fairen Prozeß und dann hängt ihn«, heißt es häufig in der amerikanischen Presse. Formalien gelten hier nicht unbedingt als Ausdruck des Rechtsstaats, sondern offenbaren verkappte Lynch-Mentalität. Im Grunde steht das Urteil schon vor Beginn des Verfahrens fest.

Wann ist ein Richter voreingenommen?

Ein faires Verfahren setzt voraus, daß der Richter frei ist von jeder Voreingenommenheit, daß er bis zum Schluß der Hauptverhandlung offen ist für neue Argumente und sich ein abschließendes Urteil erst nach der Beweisaufnahme bildet. Der Angeklagte hat die **Unschuldsvermutung** für sich, vor der Urteilsverkündung hat ihn der Richter daher als unschuldig zu behandeln und in seiner Persönlichkeit zu achten. Der Richter, der nur im geringsten den Eindruck erweckt, er habe bereits ein Urteil im Kopf, taugt nicht für den rechtsstaatlichen Prozeß. Allein der berechtigte subjektive Eindruck des Angeklagten von der Voreingenommenheit des Richters reicht aus, daß dieser den Prozeß nicht mehr weiterführen darf.

Immer wenn der **Richter** Bemerkungen zum besten gibt, daß er sich schon ein bestimmtes abschließendes Bild gemacht hat, ist er **voreingenommen**. Der Anschein reicht aus. »Angeklagter, immer wenn Sie den Mund aufmachen, lügen Sie doch«, ist eine Bemerkung des Richters, die verrät, daß er dem Angeklagten kein Wort glaubt, egal, was er in Zukunft von sich gibt. Erlaubt ist dem Richter allenfalls eine vorläufige Bewertung dessen, was schon in der Hauptverhandlung geschehen ist. Der Unterschied ist dem Laien nicht auf Anhieb erkennbar. Wenn der Richter dem Angeklagten lediglich entgegenhält, daß er ihm das bisher Gesagte aus objektiv nachvollziehbaren Gründen nur schwer glauben könne, bleibt er für zukünftige Argumente noch offen und ist nicht voreingenommen..

Befangenheitsantrag – wann und wie?

In allen Fällen hat der Angeklagte das Recht, einen **Befangenheitsantrag** zu stellen. Liegt der Grund der Befangenheit in dem Verhalten des Richters vor der Hauptverhandlung, muß das Befangenheitsgesuch am Beginn der Hauptverhandlung gestellt werden. Ergibt sich der Grund erst in der Hauptverhandlung, hat der Angeklagte sofort im Anschluß an die besorgniserregende Formulierung des Richters zu reagieren und einen Befangenheitsantrag zu stellen.

Wie jeder **Antrag** kann **auch** dieser **mündlich** gestellt werden. Sicherheitshalber sollte auch hier der Angeklagte um eine kurze Pause bitten, damit er diesen Antrag niederschreiben und anschließend verlesen kann.

Der Richter muß den Antrag einem anderen hierfür zuständigen Richter vorlegen. Hält dieser den Antrag für begründet, ist der Prozeß geplatzt, mit dem befangenen Richter kann er nicht fortgesetzt werden. Er wird Wochen oder Monate später mit einem anderen Richter fortgeführt werden. Hält der entscheidende Richter den Befangenheitsantrag für unbegründet, wird das Verfahren mit dem alten Richter fortgesetzt.

Kein Antrag ist erforderlich, wenn sich die Befangenheit auf die **Beziehung des Richters zum Angeklagten oder Geschädigten** stützt. Ein Richter kann nicht über den Mord an seiner eigenen Frau urteilen. Er ist auch ungeeignet, wenn ein naher Angehöriger als Angeklagter vor ihm steht. Das Gesetz schließt ihn automatisch in solchen Konstellationen aus. Der Richter hat sich selbst abzulehnen. Tut er das nicht, kann der Angeklagte immer noch ein Befangenheitsgesuch stellen.

7. Wann wird vertagt?

Das Gericht hat so lange zu verhandeln, bis es zu einem Urteil kommt. Klappt dies nicht an einem Tage, muß die Sache vertagt werden. Sind viele Zeugen zu hören, ist dies schon von Anfang an vorhersehbar. Das Gericht wird daher mehrere Verhandlungstage anberaumen.

Wird der Prozeß fortgesetzt, heißt die Vertagung **Unterbrechung.** Das bedeutet, daß am nächsten Verhandlungstage da weitergemacht wird, wo am letzten aufgehört wurde. Eine Unterbrechung kann allerdings längstens für **zehn Tage** erfolgen. Spätestens danach muß der nächste Verhandlungstag stattfinden.

Findet statt dessen der nächste Verhandlungstag erst später statt, hat dies fatale Folgen. Das Gericht kann nicht mehr da anknüpfen, wo es aufgehört hat. Vielmehr muß es den Prozeß ganz von vorne beginnen. Alles, was zuvor in einer Hauptverhandlung geschehen ist, darf nicht zur Urteilsfindung herangezogen werden. Ausnahmen gelten nur bei besonders langen Prozessen, die schon an zehn Verhandlungstagen stattgefunden haben.

8. Die Hauptverhandlung geht zu Ende

Sind alle Zeugen gehört und alle Urkunden verlesen, werden keine Beweisanträge mehr gestellt, so kann sich das Gericht nunmehr alsbald zur Urteilsberatung zurückziehen.

Hinweise auf eine veränderte rechtliche Bewertung

Möglicherweise hat bereits in einer früheren Verhandlungspause eine Zwischenberatung stattgefunden. Ist hier das Gericht zu dem Ergebnis gekommen, daß die Straftat des Angeklagten nach einer anderen Strafvorschrift zu bewerten ist, als dies die Staatsanwaltschaft gemacht hat, muß noch vor dem Ende der Hauptverhandlung ein Hinweis erfolgen. War beispielsweise die Straftat der Vergewaltigung angeklagt, so kann sich nach der Vernehmung der geschädigten Zeugin herausstellen, daß es entgegen der Annahme der Staatsanwaltschaft gar nicht zu einem Geschlechtsverkehr gekommen ist. Die dennoch erfolgten strafbaren sexuellen Aktivitäten des Angeklagten können jedoch nach der weniger gravierenden Vorschrift einer sexuellen Nötigung bewertet werden. Genau hierauf muß der Angeklagte aber hingewiesen werden.

Erst recht muß ein solcher Hinweis erfolgen, wenn die angeklagte Tat vom Gericht möglicherweise schwerwiegender bewertet wird, als dies die Staatsanwaltschaft in der Anklageschrift getan hat. Erfolgt kein **rechtlicher Hinweis** in der Hauptverhandlung, kann sich der Angeklagte darauf verlassen, daß er nur nach den Strafvorschriften bestraft werden kann, die auch in der Anklage bereits erwähnt sind.

Schlußvorträge

Danach folgen die **Schlußvorträge** – oder auch **Plädoyers** genannt. Zunächst erhebt sich der Staatsanwalt, faßt das Ergebnis der Hauptverhandlung aus seiner Sicht zusammen und beendet seine Ausführungen mit einem Antrag. Der kann auf Freispruch lauten. In der Regel wird er jedoch eine konkrete Strafe für den Angeklagten fordern.

Nebenkläger

Gibt es in dem Verfahren einen Nebenkläger, hat dieser – bzw. sein Anwalt – nunmehr im Anschluß daran die Möglichkeit, seine abschließende Bewertung vorzunehmen. Auch er kann einen bestimmten Antrag stellen.

Verteidiger

Erst als letzter kann der Verteidiger des Angeklagten plädieren. Er kann eine bestimmte Strafe fordern, die er noch als angemessen ansieht. Er kann sich aber auch darauf beschränken, lediglich alle die Punkte aufzuführen, die das Gericht zu einer milden Bewertung einer Straftat führen müssen. Hat die Hauptverhandlung einen Nachweis der Tat nicht erbracht, wird er selbstverständlich vehement die Argumente für einen Freispruch auflisten.

Angeklagter – das letzte Wort

Danach kommt der Auftritt des Angeklagten: **Das letzte Wort.** Bevor sich das Gericht zur Beratung zurückzieht, ist es dem Angeklagten vorbehalten, als letzter dem Gericht seine Sicht der Dinge zu unterbreiten. Diese besondere Position ist Ausdruck der gesetzlichen Idee von der Rolle des Angeklagten: Er ist nicht irgendein Objekt, über das von Juristen verhandelt wird; vielmehr ist er ein mit einer Persönlichkeit ausgestatteter Bürger, den die Staatsgewalt zu achten hat, auch wenn sie anläßlich einer möglichen Straftat über eine Vergeltung mittels Strafen nachdenkt.

Der Angeklagte kann das letzte Wort nutzen, um ausführlich persönliche Erklärungen abzugeben oder das Beweisergebnis aus seiner laienhaften Sicht zu bewerten. Das Gericht darf ihn nicht unterbrechen und muß ihm zuhören. Es darf ihm auch nicht verwehren, vorbereitete Erklärungen zu verlesen.

Der Angeklagte hat das Recht zum letzten Wort, er muß dieses Recht allerdings nicht ausüben. Er kann auch hier schweigen. Sieht er die Gefahr, daß er bei spontanen Äußerungen von einem mißtrauischen Gericht mißverstanden werden könnte, sollte er lieber schweigen. Hat ein Verteidiger für ihn gesprochen, genügt es häufig, wenn sich der Angeklagte den Ausführungen seines Verteidigers anschließt.

Ist das letzte Wort des Angeklagten gesprochen, zieht sich das Gericht zur Urteilsberatung zurück. Dem Angeklagten bleibt nur noch das bange Warten auf den Urteilsspruch.

X. Der Zeuge in der Hauptverhandlung

In der Hauptverhandlung hat der Zeuge dieselben Rechte und Pflichten wie im Ermittlungsverfahren. Was im Kapitel III gesagt wurde, gilt auch in der Hauptverhandlung. Der als Zeuge Geladene hat insbesondere die Verpflichtung, eine umfassende und wahrheitsgemäße Aussage zu machen. Nur ausnahmsweise hat er das Recht, Angaben zu verweigern. Im Gegensatz zur polizeilichen Vernehmung hat er die Pflicht, in jedem Fall nach einer gerichtlichen Ladung auch zum Gerichtstermin zu erscheinen. Im Gegensatz zur polizeilichen Vernehmung hat er darüber hinaus die Verpflichtung, zum Abschluß seiner Zeugenaussage diese zu beeiden.

1. Was tun bei einer Zeugenladung?

Erhält der Zeuge eine Ladung, wonach er am nächsten Montag um 11.30 Uhr im Saal Nr. 35 des Amtsgerichts zu erscheinen hat, bleibt ihm nichts anderes übrig, als alles in Bewegung zu setzen, damit er diesen Termin einhalten kann. Er muß private Dinge zurückstellen, seinen Arbeitgeber informieren, Vorsorge für die rechtzeitige Anreise treffen. **Erscheint er nicht** bei Gericht, muß er mit **Zwangsmaßnahmen** rechnen.

Insoweit gilt dasselbe wie beim Ermittlungsverfahren. Die Gerichte sind allerdings noch ein wenig rigider. Denn das Fehlen eines einzigen Zeugen kann dazu führen, daß ein großer Prozeß platzt. Sind Angeklagte, Verteidiger, Staatsanwaltschaft,

Sachverständige und zahlreiche Zeugen erschienen und fehlt lediglich ein einziger Zeuge, so müssen unter Umständen alle Beteiligten wieder nach Hause geschickt werden. Es muß ein neuer Termin anberaumt werden. Das kann teuer werden. Die Kosten können dem unentschuldigt fehlenden Zeugen auferlegt werden. Die Justiz hat daher ein enormes Interesse daran, daß jeder Zeuge zu dem einmal anberaumten Hauptverhandlungstermin auch erscheint.

Gibt es bei dem Zeugen **Hinderungsgründe**, sollte er diese daher so schnell wie möglich dem Gericht mitteilen. Am besten ist ein Telefongespräch mit dem Vorsitzenden Richter. Dieser wird dem Zeugen mitteilen, ob der Verhinderungsgrund für ihn ausreichend ist. Handelt es sich um ein Strafverfahren, in dem mehrere Hauptverhandlungstermine anberaumt worden sind, können sich unter Umständen Richter und Zeuge auf einen bestimmten Vernehmungstermin einigen.

2. Warten auf dem Gerichtsflur

Die Hauptbeschäftigung des Zeugen bei Gericht ist zunächst das Spazierengehen auf dem Gerichtsflur. Nur selten wird ein Zeuge, der um 9 Uhr geladen ist, auch die Möglichkeit haben, pünktlich um 9 Uhr seine Aussage zu machen.

Insbesondere bei weniger umfangreichen Verfahren gehen Richter dazu über, mehrere Zeugen zum selben Zeitpunkt zu laden. Möglicherweise werden alle fünf oder sechs Zeugen zu einem Zeitpunkt geladen, an dem die Hauptverhandlung beginnt. Nachdem alle diese Zeugen in den Gerichtssaal hereingerufen worden sind und ihre **Anwesenheit festgestellt** wurde, werden sie wieder hinausgeschickt. Denn kein Zeuge soll sich bei seiner späteren Aussage von dem beeinflussen lassen, was er möglicherweise zuvor im Gerichtsaal gehört hat. Es kann hiervon auch Ausnahmen geben, wenn beispielsweise während der laufenden Hauptverhandlung sich plötzlich ergibt, daß eine im Zuschauerraum anwesende Person als Zeuge in Betracht kommt. Dieser Zeuge hat zwangsläufig einen Großteil der bisherigen Hauptverhandlung miterlebt, seine Aussage ist daher vom Gericht vorsichtig zu bewerten. Verboten ist seine Vernehmung als Zeuge aber nicht.

Normalerweise soll sich das Gericht allerdings um die Unbefangenheit der Zeugen bemühen. Der Zwang hierzu führt zu nervtötendem Warten vor dem Gerichtssaal. In manchen Gerichten gibt es sogar ein besonderes **Zeugenzimmer**. Hier wacht ein Justizangestellter darüber, daß die Zeugen sich nicht zuvor untereinander unterhalten oder Gespräche mit bereits vernommenen Zeugen führen. Das ist zwar nicht verboten, aber auch nicht erwünscht.

Was drinnen im Gerichtssaal passiert, entzieht sich normalerweise der Kenntnis des Zeugen. Nichts ist planbar, keiner weiß, wie lange der Angeklagte Angaben zur Sache macht, wie ausführlich andere Zeugenaussagen sind und ob zwischenzeitlich umfangreiche Erklärungen von Staatsanwaltschaft und Verteidigung abgegeben werden. Der **Zeuge muß ausharren**, bis der Vorsitzende meint, er sei nunmehr an der Reihe.

3. Der Zeuge wird belehrt

Tritt der Zeuge in den Gerichtssaal, steht er im Mittelpunkt des Prozeßgeschehens. Nach alter Väter Sitte muß er in manchen Gerichtsgebäuden im **Zeugenstand** stehen. Bei den meisten Gerichten hat er allerdings mittlerweile dasselbe Recht wie alle anderen Prozeßbeteiligten, er darf sich während seiner Aussage setzen.

Personalien

Der Zeuge hat zunächst seine **Personalien**, sein **Alter** (nicht das Geburtsdatum!), seinen **Beruf** und seinen **Wohnort** anzugeben. »Josef Müller, 67 Jahre alt, Rentner, wohnhaft in München.«

Belehrung über die Rechte und Pflichten

Er wird sodann über seine Rechte und Pflichten vom Vorsitzenden **belehrt**. Um sich nicht zu wiederholen, nehmen manche Richter die Belehrung gleich zu Beginn der Hauptverhandlung vor, wenn alle erschienenen Zeugen vor ihm stehen. Auch dies ist erlaubt.

Die Belehrung wirkt häufig als recht unfreundliche Begrüßung. Der Richter malt in düsteren Farben dem Zeugen die Folgen einer unwahren Aussage aus. Die Warnung des Richters ist allerdings dringend notwendig. Denn vor Gericht läuft der Zeuge sehr schnell Gefahr, sich selbst durch unwahre oder ungenaue Angaben strafbar zu machen:

Was droht dem Zeugen bei Irrtum und Falschaussage?

Mit einer Mindeststrafe von einem Jahr Freiheitsstrafe kann der Zeuge bei einem **Meineid** verurteilt werden. Hat er am Ende seiner Aussage – und das ist nach dem Gesetz die Regel – einen Eid darauf abgelegt, daß er nur die Wahrheit gesagt hat, kann ihn schon die kleinste Ungenauigkeit in Konflikt mit dem Strafgesetz bringen. Auch wenn er bewußt etwas verschweigt, lügt er. Auch wenn er sagt, er wisse etwas nicht oder könne sich nicht daran erinnern, lügt er, wenn er sich tatsächlich erinnert, ja erinnern muß.

Wenn der Zeuge nicht lügt, sondern sich lediglich irrt, kann er sich ebenfalls strafbar machen. Es liegt ein **fahrlässiger Meineid** vor, wenn der Zeuge etwas Unwahres sagt und bei einigem Nachdenken darauf hätte kommen müssen, daß seine Aussage nicht richtig ist. Höchste Aufmerksamkeit wird vom Zeugen gefordert, sonst findet er sich einige Monate später selbst auf der Anklagebank wieder.

Selbst wenn der Zeuge nicht vereidigt wird – was er bei seiner Aussage allerdings noch nicht weiß –, macht er sich unter Umständen strafbar. Bei einer unwahren Aussage liegt dann zwar kein Meineid, aber eine **uneidliche Falschaussage** vor. Diese wird geringer bestraft als der Meineid, Geldstrafe und Freiheitsstrafe ist allerdings möglich. Wird der Zeuge nicht vereidigt und sagt er lediglich aus Unaufmerksamkeit unwahr aus, kann er nicht bestraft werden. Eine Bestrafung wegen fahrlässiger uneidlicher Falschaussage gibt es nicht.

Aussageverweigerungsrecht

Nachdem der Richter den Zeugen mit diesen düsteren Aussichten konfrontiert hat und nochmals auf seine Wahrheitspflicht hingewiesen hat, klärt er ihn auch über seine Rechte auf. Der Zeuge hat **das Recht, die Aussage zu verweigern**, wenn er ein **naher Angehöriger des Angeklagten** ist. Ist der Zeuge mit dem Angeklagten **verlobt**, **verheiratet** oder **nah verwandt** oder **verschwägert**, kann er nach dieser Belehrung unmißverständlich mitteilen, daß er als Zeuge überhaupt nicht aussagen will. Das ist völlig unabhängig davon, ob er bereits im

Ermittlungsverfahren bei der Polizei, bei der Staatsanwaltschaft oder bei einem Richter eine Aussage gemacht hat. Er kann sich jetzt anders entscheiden, als er sich noch im Ermittlungsverfahren entschieden hat. Dies gilt erst recht, wenn ein Grund, das Zeugnis zu verweigern, im Ermittlungsverfahren noch nicht bestand, jetzt vor Gericht aber **nachträglich** entstanden ist: Der Zeuge hat zum Beispiel erst wenige Wochen vor der Hauptverhandlung die Angeklagte geheiratet oder sich mit ihr verlobt.

Der Zeuge braucht **sich oder einen nahen Angehörigen** auch **nicht zu belasten**. Auch hierauf wird er vom Richter hingewiesen. Der Zeuge könnte also – wie bereits im Ermittlungsverfahren – die Antwort auf solche Fragen verweigern, mit denen er sich dem Anfangsverdacht einer strafbaren Handlung aussetzen würde. Diese Verdachtssituation kann sich seit der Aussage des Zeugen im Ermittlungsverfahren geändert haben. Konnte der Zeuge zum Beispiel noch in seiner Aussage vor der Polizei die Aussage verweigern, weil wegen der Tat gegen ihn selbst ein Strafverfahren lief, kann sich die Situation in der Hauptverhandlung ganz anders darstellen. Zwischenzeitlich ist möglicherweise das Strafverfahren gegen den Zeugen rechtskräftig abgeschlossen. Er müßte sich daher durch eine Aussage nicht mehr selbst zusätzlich belasten. Er muß daher in vollem Umfang aussagen. Umgekehrt können zwischenzeitlich erstmalig neue Verdachtsmomente gegen den Zeugen selbst aufgetaucht sein, so daß er in der Hauptverhandlung erstmalig ein Schweigerecht hat.

Die **Berufsgeheimnisträger** wie Anwälte, Geistliche, Ärzte oder Journalisten haben nach wie vor ihr Zeugnisverweigerungsrecht. Hierauf werden sie in der Belehrung des Gerichts allerdings nicht ausdrücklich hingewiesen.

4. Der Vorhalt – »Aber Sie haben das doch früher ganz anders gesagt!«

Der **Zeuge** soll das, was er zur Tat sagen kann, zunächst **von sich aus erzählen**. Das Gericht soll lediglich das Thema vorgeben: »Erzählen Sie bitte, was Sie von dem Autounfall am 5.3. mitbekommen haben.«

Verlauf der Zeugenvernehmung

Er darf und soll seine Geschichte vollständig so erzählen, wie er sie erlebt hat. Wenn er schon bald vom Gericht mit einer Frage unterbrochen wird, ist er unter Umständen hierfür ganz dankbar. Findet er das allerdings störend, sollte er das Gericht nachdrücklich darum bitten, seine Geschichte zuerst zu Ende erzählen zu können. Erst danach erfolgen die **Nachfragen** zu bestimmten Punkten. Zunächst wird das Gericht, das heißt also auch unter Umständen die Schöffen, fragen. Danach wird der Zeuge vom Staatsanwalt und von der Verteidigung und dem Angeklagten befragt.

Der Zeuge wird dabei häufig eine merkwürdige Feststellung machen. Nahezu verbissen wird sich jeder Fragesteller auf Teile seiner früheren bei der Polizei protokollierten Aussage stürzen und diese zum Gesprächsthema mit dem Zeugen machen. Es interessiert oft weniger das, woran sich der Zeuge in der Hauptverhandlung noch erinnert, als vielmehr das, was als seine Erinnerung früher einmal von der Polizei zu Papier gebracht worden ist.

Dabei hat sich der Gesetzgeber das alles ganz anders vorgestellt. Allein in der Hauptverhandlung soll über Recht und Unrecht entschieden werden. Allein das, was in der Hauptverhandlung an Beweismitteln zur Verfügung steht, ist Grundlage für ein Strafurteil. Alles das, was Staatsanwaltschaft und Polizei als Beweismittel im Ermittlungsverfahren zusammengetragen haben, sind lediglich unverbindliche Vorbereitungen. Auch die von der Polizei protokollierte Zeugenaussage soll lediglich die Anklage vorbereiten. **Allein entscheidend ist, was der Zeuge in der Hauptverhandlung sagt.**

Vorhalt früherer Vernehmungsprotokolle – Das sollten Sie wissen!

Was der Zeuge in der Hauptverhandlung sagt, ist nicht immer dasselbe, was die Prozeßbeteiligten im polizeilichen Zeugenprotokoll gelesen haben. Dem einen oder anderen Beteiligten, Staatsanwalt, Gericht oder Verteidigung, paßt aber unter Umständen das früher Gesagte sehr viel eher ins Konzept als das, was sie vom Zeugen in der Hauptverhandlung gehört haben. Der Fragesteller macht gegenüber dem Zeugen daher einen **Vorhalt des früheren Vernehmungsprotokolls**. »Aber Sie haben doch damals der Polizei gesagt, daß Sie die Geschwindigkeit des entgegenkommenden Autos als sehr hoch eingeschätzt haben!«

Der unerfahrene Zeuge sieht sich hier häufig in Bedrängnis. Ihm wird vom Fragesteller nahegelegt, entgegen der bisher in der Hauptverhandlung gemachten Aussage nochmals das zu bestätigen, was er vor Monaten bei der Polizei gesagt hat. Schließlich hat er damals seine Aussage unterschrieben. Er will nicht in den Verdacht geraten, damals etwas Falsches unterschrieben zu haben. Dieser Druck wird größer, wenn er genüßlich gefragt wird: »Ist das hier auf dem polizeilichen Protokoll Ihre Unterschrift?« Nur der selbstbewußte Zeuge wird sich hier aus der Bedrängnis befreien können. Er muß allein sich, seiner Wahrnehmungsfähigkeit und seiner Erinnerung vertrauen, will er sich nicht einfach zum Werkzeug eines anderen machen lassen.

Natürliche Erklärungen für Widersprüche

Denn **Widersprüche** zwischen verschiedenen Aussagen sind denkbar. Sie finden eine **natürliche Erklärung**, ohne daß der Zeuge gleich in einer der sich widersprechenden Aussagen gelogen haben muß.

Eine Erklärung ist, daß normalerweise das **Gedächtnis** mit der Zeit **nachläßt**. Der Zeuge hat sich möglicherweise bei der polizeilichen Vernehmung noch an Dinge erinnert, die zwischenzeitlich seinem Gedächtnis entschwunden sind. Auch wenn diesem Gedächtnis durch den Vorhalt auf die Sprünge geholfen werden soll, bleibt in der Hauptverhandlung beim Zeugen unter Umständen nur ein schwarzes Loch. Er darf nur das sagen, woran er sich noch erinnert, und das ist unter Umständen nichts.

Eine **Abweichung der Zeugenaussage** in der Hauptverhandlung zum polizeilichen Protokoll kann auch eine andere Ursache haben. In der Hauptverhandlung hat jeder die Worte gehört, die der Zeuge selbst gewählt hat. Dagegen beruht das polizeiliche Protokoll auf den **Formulierungen des Polizeibeamten**. Hierin können Widersprüche enthalten sein, die der Zeuge aus seiner Sicht nie so gesehen hat. Solche Widersprüche entdeckt erst ein nachbohrender Richter oder Verteidiger. In diesem Fall sollte sich der Zeuge von niemandem auf eine polizeiliche Formulierung festlegen lassen. Er sollte lieber in die Offensive gehen und zugeben, daß ihm seinerzeit bei der Polizei die jetzt aufgedeckte Ungenauigkeit der Aussage entgangen ist.

Schließlich kann es ausnahmsweise sein, daß sich der Zeuge in der Hauptverhandlung an sehr viel mehr als bei seiner Vernehmung vor der Polizei erinnert. Häufig wird er erst durch die polizeiliche Vernehmung auf die Problematik einiger Details aufmerksam gemacht. Daraufhin läßt er sich nach der Vernehmung noch Dinge durch den Kopf gehen, über die er zuvor nicht nachgedacht hat. Randdetails, die er bislang nicht für wichtig erachtete, stehen ihm auf einmal später wieder vor Augen. Die nachträgliche Beschäftigung mit dem Thema kann also dazu führen, daß der Zeuge in der Hauptverhandlung mehr Angaben macht, als dies im polizeilichen Protokoll nachzulesen ist.

Auch dies sollte der Zeuge vor Gericht offen so erklären. Er ist der Erwartung von niemandem verpflichtet. Er muß allein vor sich selbst verantworten, ob er sich zum Zeitpunkt der Aussage noch an bestimmte Dinge erinnert und diese wiedergeben kann. Fühlt sich das Gericht der Suche nach der Wahrheit verpflichtet, wird es das akzeptieren. Gerne neigen allerdings Gerichte dazu, nur das flugs abzufragen, was sie bei der Vorbereitung der Hauptverhandlung im polizeilichen Vernehmungsprotokoll bereits gelesen haben. Das erspart Arbeit und Umdenken. Auf diese Einstellung muß der Zeuge vorbereitet sein.

Umdenken muß auch der Zeuge, der ein gerichtliches Protokoll seiner Aussage erwartet. Auch wenn der Protokollführer oder der Richter den Eindruck erweckt, er würde fleißig mitschreiben, so täuscht dies. Ein **verbindliches Protokoll** über den Inhalt der Zeugenaussage wird **bei Gericht nicht gefertigt**. Die Frage des Zeugen: »Können Sie mir noch mal vorlesen, was ich vorhin gesagt habe?« ist also sinnlos. Allein entscheidend für das Urteil ist, was jedermann im Gerichtssaal gehört hat. Da das manchmal leider sehr unterschiedlich ist, muß der Zeuge damit rechnen, daß zwischen Verteidiger und Richter beispielsweise eine Diskussion darüber ausbricht, was er – der Zeuge – gerade gesagt hat.

5. Die Vereidigung – Wie muß der Zeuge schwören?

Der Zeuge muß schwören. Mit himmlischer Unterstützung – »so wahr mir Gott helfe« – oder ohne, die Vereidigung hat dieselbe Wirkung. Ihm wird lediglich aufgegeben, die rechte Hand zu heben, dem ihm vorgegebenen Text vom Gericht zu lauschen und anschließend zu sagen »ich schwöre es«. Der Zeuge braucht keinen langen Text auswendig zu lernen.

Bedeutung des Eides

Mit diesem **Eid** hat der Zeuge sich endgültig auf seine Aussage festgelegt. Eine falsche Aussage kann jetzt schwer bestraft werden, wie dies das Gericht bereits zu Beginn der Zeugenvernehmung angekündigt hat. Hat der Zeuge nachträglich im Laufe seiner Vernehmung Zweifel bekommen, ob er seine Aussage tatsächlich in vollem Umfang vertreten kann, hat er jetzt die letzte Gelegenheit zur **Berichtigung**.

Keine Vereidigung, wenn…

Die Gefahr einer Bestrafung ist geringer, wenn der Zeuge zum Abschluß seiner Vernehmung **nicht vereidigt** wird. Er darf beispielsweise nicht vereidigt werden, wenn er möglicher Mittäter des Angeklagten ist oder wenn er unter 16 Jahre alt ist. Darüber hinaus gibt es Fälle, in denen das Gericht im Einzelfall entscheiden kann, ob der Zeuge ausnahmsweise nicht vereidigt wird. Dies ist beispielsweise gegeben, wenn der Zeuge selbst Verletzter der Tat ist. Eine Vereidigung unterbleibt auch, wenn alle Prozeßbeteiligten (also das Gericht, die Staatsanwaltschaft, der Verteidiger und der Angeklagte) auf eine Vereidigung ausdrücklich verzichten. Dieser Verzicht sollte zwar nach der Idee des Gesetzes die Ausnahme sein. In deutschen Gerichtssälen ist der allseitige Verzicht allerdings schon fast zur Normalität geworden. Der Zeuge kann also damit rechnen, daß er ohne zu schwören aus dem Gerichtssaal entlassen wird.

XI. Der Geschädigte in der Hauptverhandlung

1. Der Nebenkläger – Wie schlüpft der Geschädigte in die Rolle des Staatsanwalts?

Neben dem Staatsanwalt ist in der Hauptverhandlung noch ein Platz frei. Er ist für den Geschädigten reserviert, der nicht nur zum bloßen Zuschauen im Strafprozeß verdammt ist, sondern selbst von diesem Platz aus aktiv in das Geschehen eingreifen kann.

Wer kann Nebenkläger sein?

Ein solches Privileg hat der Geschädigte allerdings nur, wenn er Nebenkläger ist. **Nicht jeder Geschädigte** kann auch **Nebenkläger** werden. Das Gesetz hat dies vielmehr nur für die Fälle vorgesehen, bei denen die Staatsanwaltschaft ein bestimmtes Delikt, ein sogenanntes **Nebenklagedelikt,** angeklagt hat:

Nebenkläger kann danach der Geschädigte werden, wenn er Opfer eines angeklagten **Sexualdelikts** ist, wie beispielsweise sexueller Mißbrauch von Schutzbefohlenen, Vergewaltigung oder sexueller Nötigung. Dazu gehören auch **Beleidigungs- und Körperverletzungsdelikte**, schwere **Freiheitsberaubungen** und **Entführungen**.

Mord und Totschlag gehören auch zu den Nebenklagedelikten. Nur bei einem mißlungenen Totschlagsversuch kann allerdings der Geschädigte selbst das Recht des Nebenklägers wahrnehmen. Aus diesen Gründen hat das Gesetz vorgesehen, daß im Fall der Tötung auch die Eltern, Kinder, Geschwister und der Ehegatte des Getöteten als Nebenkläger bei Gericht auftreten können.

Zum Nebenkläger wird der Verletzte nicht automatisch. Er muß sich hierum bemühen. Notwendig ist eine **Anschlußerklärung des Nebenklägers**. Der Verletzte muß irgendwann einmal frist- und formlos beantragen, daß er als Nebenkläger zugelassen wird. Der Zeitpunkt hierfür ist belanglos. Der Antrag kann bereits bei einer Strafanzeige gestellt werden oder bei einer späteren Zeugenvernehmung, bei der Polizei oder Staatsanwaltschaft. Nach Anklageerhebung ist der Antrag bei Gericht zu stellen. Zulässig ist er sogar noch während der laufenden Hauptverhandlung.

Allein das Gericht hat über diesen Antrag zu entscheiden. Auch wenn der Verletzte vorsichtshalber den Antrag bereits im Ermittlungsverfahren gestellt hat, bekommt er Nachricht über eine Entscheidung erst nach Anklageerhebung, also unter Umständen viele Monate nach Antragstellung. Liegt kein Nebenklagedelikt vor oder ist das Gericht der Meinung, daß der Antragsteller gar nicht der Verletzte ist, kann der **Antrag abgelehnt** werden. Gegen diese ablehnende Entscheidung des Gerichts kann der Verletzte **Beschwerde** einlegen.

Stellung des Nebenklägers in der Hauptverhandlung

Ist die Zulassung der **Nebenklage** erfolgreich, hat der verletzte Bürger in der Hauptverhandlung eine **vergleichbare Stellung wie der Staatsanwalt oder der Verteidiger**. Der Nebenkläger wird offiziell zum Hauptverhandlungstermin **geladen**. Er darf – er muß nicht – während der gesamten Zeit der Hauptverhandlung anwesend sein. Er ist nicht nur auf das Zuhören beschränkt, er kann vielmehr aktiv eingreifen. Er kann an den Angeklagten, die

Zeugen und die Sachverständigen **Fragen stellen**. Er kann **Beweisanträge stellen** und letztlich nach dem Staatsanwalt auch ein **Plädoyer** halten.

Der Einfluß auf den Gang des Strafverfahrens ist daher enorm. Häufig ist dies allerdings blanke Theorie, denn in der Praxis wird es dem Nebenkläger an Erfahrung und juristischer Kenntnis mangeln, um das Fragerecht oder das Beweisantragsrecht geschickt für seine Zwecke auszunutzen. Er ist daher gut beraten, wenn er seine Rechte durch einen **Anwalt** wahrnehmen läßt. Dieser erhält – im Gegensatz zum Geschädigten selbst – Akteneinsicht, wodurch der Geschädigte mittelbar seine Aussichten auf eine Verurteilung des Angeklagten wegen des Nebenklagedelikts einschätzen kann.

Die Beauftragung des Anwalts hat wie üblich den Nachteil, daß sie für den Nebenkläger Kosten mit sich bringt. Hier ist es sinnvoll, mit dem Anwalt bereits bei der Beauftragung ein vorhersehbares **Honorar** zu **vereinbaren**. Häufig richtet sich dieses nach der Anzahl der Verhandlungstage. Da diese Anzahl der Verhandlungstage für niemanden kalkulierbar ist, verbleiben beim Nebenkläger immer finanzielle Risiken.

Wird der Angeklagte auch wegen des Nebenklagedelikts verurteilt, so muß er meistens auch alle Kosten des Nebenklägers übernehmen. Häufig steht diese Verpflichtung allerdings nur auf dem Papier. Der Angeklagte ist oft mittellos. Trotz seines Anspruchs erhält der Verletzte das Geld, das er seinem Anwalt gezahlt hat, nicht erstattet.

Hat der Verletzte selbst sehr geringe Einkünfte, kann er einen **Antrag auf Prozeßkostenhilfe** stellen. Wird diesem Antrag vom Gericht stattgegeben, wird der Anwalt aus der Staatskasse bezahlt. Über die Erfolgsaussichten eines solchen Antrags sollte in jedem Fall vorher ein Anwaltsgespräch geführt werden. In diesem Gespräch muß der Anwalt dem Verletzten auch mitteilen, ob er bereit ist, zu den recht bescheidenen Gebühren der Prozeßkostenhilfe tätig zu werden.

2. Schadensersatz für den Geschädigten

Der Täter einer Straftat verursacht häufig mit seiner Tat einen Vermögensschaden. Wird ein Auto gestohlen, verliert der Eigentümer viel Geld. Eine Körperverletzung führt zu Arztkosten und Verdienstausfall. In jedem Fall hat der Geschädigte häufig einen Anspruch auf Ersatz des Schadens gegenüber dem Täter. Das kann sich auch auf nicht vermögensrechtliche Schäden beziehen, das ist der sogenannte Schmerzensgeldanspruch.

Schadensersatz ist Frage des Zivilrechts

Um derartige Ansprüche kümmert sich der Strafprozeß normalerweise nicht. Im Strafverfahren soll lediglich erreicht werden, daß der Täter mit einer Kriminalstrafe belegt wird. Die Ansprüche des Geschädigten gegenüber dem Täter sind **zivilrechtliche Ansprüche**. Sie müssen daher vom Geschädigten in einem Zivilprozeß geltend gemacht werden. In diesem Zivilprozeß ist der Geschädigte der Kläger, der Täter der Beklagte; die Staatsanwaltschaft hat mit diesem Verfahren nichts zu tun.

Der Geschädigte kann im übrigen auch völlig andere Wege beschreiten, um annähernd einen Ausgleich seiner Schäden zu erlangen. So hat er nach dem Gesetz über die **Entschädigung für Opfer von Gewalttaten** unter Umständen einen Anspruch auf Versorgung nach den Regeln des Bundesversorgungsgesetzes, das heißt medizinische und berufliche Rehabilitation, Beschädigtenrente oder Hinterbliebenenversorgung. Voraussetzung hierfür ist, daß der Geschädigte Opfer eines vorsätzlichen rechtswidrigen tätlichen Angriffs des Täters geworden ist. Über diese Versorgungsansprüche wird allerdings nicht im Strafprozeß entschieden.

XII. Das Urteil

Das Gericht verkündet am Ende der Hauptverhandlung das Urteil. Alle Beteiligten und Zuschauer haben sich zu erheben, und in feierlicher Atmosphäre erfolgt der Urteilsspruch, Freispruch oder Verurteilung. Anschließend teilt der Vorsitzende mit, wie das Gericht zu diesem Urteilsspruch gelangt ist. Diese Urteilsbegründung ist fast immer spontan und mündlich, also nicht schriftlich vorbereitet. Für die schriftliche Urteilsverfassung hat der Richter noch nach der Hauptverhandlung Zeit, mindestens fünf Wochen.

1. Wahrheit und Gerechtigkeit

Die Schwierigkeiten der Wahrheitsfindung

Wer im Strafurteil Wahrheit und Gerechtigkeit sucht, ist meistens fehl am Platze. Auch mit sehr großem Aufwand wird es einem Gericht nicht gelingen, eine Tat so zu rekonstruieren, daß sie dem wahren Geschehen entspricht. Nur ganz selten wird es das Maß einer Bestrafung finden, das vom Staatsanwalt und Geschädigten ebenso als gerecht angesehen wird wie vom Angeklagten selbst.

Das Strafurteil ist nur der Versuch, der Wahrheit der Tat und der Gerechtigkeit der verhängten Strafe so nah wie möglich zu kommen. Daß dieser Versuch häufig derbe mißlingt, ist allein darauf zurückzuführen, daß es eine menschliche Beurteilung ist. Menschliche Schwächen des Richters begründen Fehlurteile.

Die vom Gefühl beeinflußte Entscheidung steht auch in unserem modernen Rechtsstaat im Mittelpunkt der Urteilsfindung. Der Richter ist frei in seiner persönlichen Bewertung, er ist **an fixe Regeln kaum gebunden**. Dies gilt vielen geradezu als enormer Fortschritt des Rechtsstaats gegenüber mittelalterlichen Vorbildern. Früher konnte der Richter nicht allein entscheiden, ob er dem einen Zeugen oder einem anderen Zeugen glauben wollte. Er war oft an formale Regeln gebunden: Sagten beispielsweise zwei Zeugen dasselbe aus, so mußte der Richter diese Aussage seinem Urteil zugrunde legen. Er brauchte sich also keine Gedanken zur Glaubwürdigkeit zu machen. Dies ist heute anders. Selbst wenn zehn Zeugen dasselbe aussagen und lediglich ein einziger Zeuge eine dem widersprechende Aussage macht, kann der Richter dem einen Zeugen glauben. Er ist frei und insoweit nicht an formale Regeln gebunden.

Es wird sich damit nicht verhindern lassen, daß gerade zur Frage der Glaubwürdigkeit eines Zeugen der Richter »aus dem Bauch heraus« entscheiden wird. Richterliche Vorurteile werden sich in die Beweiswürdigung einschleichen. Der Richter, der beispielsweise Zigeuner und Araber für penetrante Lügner hält, wird dem jeweiligen Zeugen dieser Volkszugehörigkeit kaum ein Wort glauben. Schöne Worte im Urteil können diese Vorurteile vernebeln. Alle Prozeßbeteiligten müssen sich darauf einstellen, daß Gefühle und Vorprägungen der Richter im Verfahren einen enormen Stellenwert haben.

Der Rechtsstaat kann auf dieser Grundlage nur überleben, wenn sich die Richter bemühen, so weit wie möglich ihre eigenen Unzulänglichkeiten zu erkennen und sich von Vorurteilen zu lösen. Die

Gesellschaft vertraut auf die Persönlichkeit der Richter.

Auf eine **Kontrolle des richterlichen Urteils** verzichtet aber auch die Strafprozeßordnung nicht völlig. Trotz weitgehender Freiheiten der richterlichen Beurteilung werden **einige formale Grenzen** gesetzt.

Es gibt auch bei der Urteilsfindung für den Richter Regeln. Diese führen allerdings nicht dazu, daß der Strafprozeß zu einem Automaten wird, der mechanisch das wahre und gerechte Urteil am Ende des Prozesses auswirft. Auch bei Einhaltung dieser Regeln können verschiedene Richter durchaus noch zu verschiedenen Urteilen kommen. Diese Regeln geben nur einen Rahmen vor. Sie haben lediglich den einen Zweck, den Angeklagten vor einer extrem willkürlichen Entscheidung des Richters zu bewahren. Er ist nicht völlig dem Gutdünken des Richters ausgeliefert.

Grenzen der richterlichen Freiheit gibt es sowohl bei der Frage, welche Beweise der Richter heranziehen darf (siehe Kapitel XII, 2) und in welcher Form diese Beweise zu würdigen sind (siehe Kapitel XII, 3).

2. Welche Beweismittel darf der Richter für sein Urteil heranziehen?

Zur Frage, ob der Angeklagte schuldig ist und wie er gegebenenfalls zu bestrafen ist, darf das Gericht nur **Zeugen**, **Sachverständige**, **Inaugenscheinnahme** und **Urkunden** als Beweismittel heranziehen. Darüber hinaus kommen noch zur Urteilsfindung die Angaben des Angeklagten selbst in

Betracht. Andere Beweismittel schließt das Gesetz von vornherein aus.

Nur diejenigen **Beweise** darf das Gericht zur Urteilsfindung heranziehen, die auch **in der Hauptverhandlung erhoben** worden sind. Der Richter darf also nur das zur Urteilsgrundlage nehmen, was alle Prozeßbeteiligten und Zuschauer im Gerichtssaal gesehen und gehört haben. Was der Richter möglicherweise außerhalb des Gerichtssaals zur Tat gehört hat, muß er aus seinem Gedächtnis streichen. Auch wenn er in den Akten für das Verfahren wichtige Dinge gelesen hat, so darf er sie grundsätzlich zur Urteilsfindung nicht heranziehen. Erst wenn ein Schriftstück in der Hauptverhandlung verlesen worden ist, erst wenn ein Zeuge in der Hauptverhandlung vernommen worden ist, kann der Richter sich im Urteil hierauf berufen.

Beim Sammeln von Beweisen hat der Richter weitere Grenzen zu beachten:

Welche Beweise dürfen nicht berücksichtigt werden?

Obwohl Beweise vorliegen und diese Beweise auch in der Hauptverhandlung präsentiert worden sind, verbietet manchmal das Gesetz die Berücksichtigung dieser Beweise. So wichtig dem Gesetz die Wahrheitsfindung auch sein mag, im Einzelfall ist die Einhaltung anderer Rechte wichtiger. Es besteht dann ein **Beweisverwertungsverbot.**

Ein Beispiel hierfür sind die **verbotenen Vernehmungsmethoden**. Ist ein Zeuge oder Angeklagter durch die Polizei aufgrund von Täuschungen oder gar Schlägen zu Aussagen veranlaßt worden (siehe Kapitel II, 2), so darf die Vernehmung nicht verwertet werden. Schweigt der Angeklagte oder der Zeuge in der Hauptverhandlung, darf das Vernehmungsprotokoll in der Hauptverhandlung nicht verlesen werden. Auch der Vernehmungsbeamte darf nicht als Zeuge darüber vernommen werden, was er von dem Zeugen oder Angeklagten seinerzeit gehört hat. Ist versehentlich tatsächlich die Vernehmung verlesen worden oder der Polizeibeamte als Zeuge gehört worden, darf dieser Beweis nicht verwertet werden. Dem Gericht wird einige Denkakrobatik abverlangt. Es muß so tun, als ob es die Verlesung oder den Zeugen niemals gehört hätte.

Zu Beweisverwertungsverboten kann auch die **fehlende Belehrung** zu Beginn einer Vernehmung führen. Hat die Polizei einen Tatverdächtigen vernommen, ohne ihn zuvor auf sein Schweigerecht hinzuweisen, ist ein möglicherweise abgegebenes Geständnis für den Strafprozeß wertlos. Schweigt der Angeklagte nunmehr in der Hauptverhandlung, kann weder sein Geständnis verlesen werden noch der Polizeibeamte als Zeuge hierüber gehört werden.

Ähnliches – wenn auch sehr viel komplizierter – gilt auch, wenn **Zeugen** zu Beginn einer Zeugenvernehmung **nicht auf ihre Rechte** ausreichend **hingewiesen** worden sind.

Gibt es in den Akten ein Vernehmungsprotokoll, in dem ein naher Angehöriger des Angeklagten eine Zeugenaussage gemacht hat, so darf diese nicht verlesen werden, wenn derselbe Zeuge in der Hauptverhandlung von seinem Schweigerecht Gebrauch macht. Wurden beispielsweise unzulässigerweise Unterlagen des Arztes des Angeklagten beschlagnahmt, so dürfen diese in der Hauptverhandlung ebenfalls nicht verlesen werden. Wurde unzulässigerweise ein Telefongespräch zwischen dem Verteidiger und dem Angeklagten abgehört, darf dieses ebenfalls nicht verwertet werden. Wurde ein versteckt gehaltenes intimes Tagebuch einer Zeugin beschlagnahmt, so würde es gegen das Persönlichkeitsrecht verstoßen, wenn Auszüge aus dem Tagebuch zum Zwecke der Aufklärung eines Diebstahls verlesen würden (anders bei gravierenden Delikten wie Raub und Mord).

Dies sind nur einige wenige Beispiele der komplizierten Regelung von Beweisverwertungsverboten. Teilweise werden sie im Gesetz nicht geregelt, sondern ergeben sich erst aufgrund der Auslegungen der höchsten Gerichte.

Im Ergebnis hat das Gericht stets zu respektieren, daß bei der Suche nach der Wahrheit nicht jedes Mittel recht ist. Es dürfen nur diejenigen Beweise gewürdigt werden, deren Verwertung auch zugelassen ist.

3. Wie darf der Richter die Beweise würdigen?

Dem Gericht verbleiben oft zahlreiche zulässig erhobene Beweise, die es zur Grundlage seiner Urteilsfindung macht. Nach Abschluß der Hauptverhandlung liegen dem Gericht zahlreiche Puzzleteile vor, aus denen es sich das Bild des Tatgeschehens zusammensetzen soll.

Auswahl der Beweise

Der erste und wichtigste Schritt hierbei ist die Auswahl der Puzzlesteine. Nicht jede Zeugenaussage, nicht jede Urkunde führt zu demselben Bild. Hat ein Zeuge ausgesagt, daß er den Angeklagten in der Bank eindeutig als Täter des Überfalls wiedererkannt hat und hat die Freundin des Angeklagten ausgesagt, daß sie zur Tatzeit mit diesem einen vergnügten Nachmittag im Bett verbracht hat, kann nur eine Aussage stimmen. Der Richter hat zu entscheiden, wem er glaubt: dem Tatzeugen oder der Alibizeugin.

Beurteilung der Beweise

Viele Dinge spielen bei der Beurteilung der **Glaubwürdigkeit** eine Rolle. Die Freundin hat sicherlich ein Interesse, den Angeklagten zu schützen; das macht sie allerdings nicht von vornherein zur Lügnerin. Der Tatzeuge kann sich angesichts der Schnelligkeit des Tatablaufs sehr wohl geirrt haben; das macht ihn aber nicht von vornherein unglaubwürdig.

Der Richter wird überprüfen, was die Freundin sonst noch zu dem vergnüglichen Nachmittag zu berichten hat. Schmückt sie die Geschichte mit zahlreichen Details aus, die man kaum erfinden kann, erscheint sie glaubwürdig. Weiß die Zeugin praktisch ansonsten nichts mehr von dem Nachmittag, darf der Richter skeptisch sein. Weiß der Tatzeuge noch genau, wie die Frisur, die Größe oder gar die Augenfarbe des Täters war, ist er ein glaubwürdiger präziser Beobachter; beschränkt sich seine Aussage lediglich darauf, er könne den Täter erkennen, erscheint sein Wiedererkennen eher als Spekulation.

Es gibt unzählige Gesichtspunkte, unter denen der Richter Glaubwürdigkeit, Lüge und Irrtum untersuchen kann. Es wird vom Richter nur verlangt, daß er alle offensichtlichen Ungereimtheiten in seinem Urteil erkennt und erörtert. Hat er dies getan, ist oft jedes Ergebnis seiner Bewertung vertretbar.

So kann es passieren, daß ein Richter bei der Erörterung sämtlicher problematischer Gesichtspunkte dem Augenzeugen eher Glauben schenkt, ein anderer Richter in demselben Fall bei diesem eher einen Irrtum wittert und der Alibizeugin glaubt. Beide Urteile sind völlig entgegengesetzt, beide Urteile sind aber rechtsstaatlich vertretbar, wenn die Richter die Grenzen der **freien richterlichen Würdigung** nicht überschritten haben.

Zusammenstellung der Beweise

Hat der Richter sich im ersten Schritt entschieden, welche Beweismittel er für sein Puzzle heranziehen will, ergibt das **Zusammenlegen sämtlicher Beweise** häufig noch lange kein **festes Tatbild**. Häufig ist es so, daß kein Zeuge und keine Urkunde unmittelbar beweisen kann, daß der Angeklagte eine Tat begangen hat. Der Richter hat nur einige wenige Puzzlesteine aufgrund des Strafprozesses gewinnen können. Sein großes Problem besteht darin, ob er sich die restlichen zum Tatbild fehlenden Steine schlicht hinzudenken darf. Das ist eine Frage, die in den sogenannten **Indizienprozessen** immer wieder auftaucht. Fast jeder zweite Strafprozeß ist ein solcher Indizienprozeß.

Beispiel

Keiner der Zeugen hat den Angeklagten als Fahrer des Fluchtfahrzeuges erkannt. Einer hat sich jedoch das Autokennzeichen notiert. Das Kennzeichen paßt zum weißen BMW des Angeklagten. Alle Zeugen haben einen weißen BMW gesehen. Eine Stunde vor der Tat hat der Nachbar des Angeklagten gesehen, wie der Angeklagte seinen BMW bestiegen hat und weggefahren ist. Reichen diese Indizien, um den Angeklagten zu überführen, daß er einen Unfall verursacht und anschließend Unfallflucht begangen hat? Kann sich der Richter wirklich aus den wenigen Puzzlesteinen der Hauptverhandlung ein Tatbild für sein Urteil machen?

Grundsätzlich hat der Richter auch hier bei der Bewertung und Zusammensetzung der einzelnen Fakten einen großen Spielraum. Denn er hat das Recht, aus festgestellten Tatsachen Rückschlüsse auf andere Tatsachen zu ziehen. Aus der Tatsache, daß das Fahrzeug des Angeklagten am Tatort erkannt wurde, der Angeklagte selbst kurz vorher das Fahrzeug noch geführt hat und möglicherweise geringe Schäden am Fahrzeug bereits am Folgetage in der Vertragswerkstatt des Angeklagten wieder behoben wurden, kann der Richter auf den Angeklagten als Täter schließen. Er kann ihn in rechtsstaatlich nicht zu beanstandender Weise verurteilen.

Genauso gut ist allerdings die gegenteilige Bewertung aufgrund der Indizien möglich. Das Auto selbst macht den Angeklagten noch nicht zum Täter. Stellt der Richter fest, daß der Angeklagte dazu neigt, sein Auto häufig zu verleihen und wurde der Angeklagte ca. 10 Minuten nach dem Unfall 20 Kilometer entfernt entspannt mit einer Freundin in einem Café sitzend beobachtet, erscheint er der Tat nicht überführt. Mit einer korrekten Beweiswürdigung kann hier der Angeklagte auch freigesprochen werden.

Ermessensspielraum des Richters und seine Grenzen

Häufig lassen sich aufgrund der Indizien **verschiedene Varianten eines Tatgeschehens** zusammenbasteln. Keine dieser Varianten ist zwingend, alle erscheinen möglich. Der Richter hat den Ermessensspielraum, sich für eine dieser Varianten zu entscheiden. Ist er hiervon überzeugt und stellt er dies in den Urteilsgründen dar, ist seine Entscheidung – wie immer sie ausfällt – nicht zu beanstanden.

Bei dieser Entscheidung ist der Richter nur an

wenige Grenzen gebunden: So müssen seine Schlußfolgerungen nicht nur entfernt möglich sein, sondern bereits einen **hohen Grad der Wahrscheinlichkeit** haben. Wäre beispielsweise im geschilderten Fall ausschließlich von den Zeugen das Auto des Angeklagten erkannt worden und hätte das Gericht ansonsten keinerlei zusätzliche Beweismittel, könnte es den Angeklagten nicht verurteilen. Zwar ist die Annahme nicht ganz von der Hand zu weisen, daß der Halter des erkannten Fahrzeuges auch gleichzeitig dieses Fahrzeug gefahren hat. Eine hohe Wahrscheinlichkeit spricht jedoch nicht für diese Schlußfolgerung. Viel zu häufig werden von den Haltern der Kraftfahrzeuge deren Autos verliehen, dem Ehepartner zur ständigen Verfügung gestellt oder ihnen gar gestohlen. Der Bundesgerichtshof hat daher den Schluß von der Haltereigenschaft auf die Fahrereigenschaft als unzulässige Überschreitung der freien richterlichen Beweiswürdigung gewertet.

Die Grenzen überschreitet der Richter erst recht, wenn er den festgefügten allseits akzeptierten Boden verläßt, den uns die aktuellen **wissenschaftlichen Erkenntnisse** bereitet haben. Behauptet beispielsweise der Amtsrichter in seinem Urteil, der Angeklagte sei trotz 3,5 Promille Blutalkoholgehalt fahrtüchtig gewesen, so ist das seine eigene persönliche Meinung. Von der freien richterlichen Beweiswürdigung ist das nicht mehr gedeckt. Die Wissenschaft hat hier eindeutige Grenzen gesetzt, die auch der Richter bei seiner Bewertung nicht überschreiten darf.

Letztlich gilt das erst recht, wenn die Bewertungen des Richters im Urteil **unlogisch** sind: Glaubt der Richter dem Zeugen, der den Angeklagten bei der

Tatausführung aus 50 Metern Entfernung exakt wiedererkannt haben will, stellt aber an anderer Stelle fest, daß es zum Tatzeitpunkt stockdunkel gewesen ist, hilft ihm auch die Berufung auf sein richterliches Ermessen wenig. Seine Bewertung ist offensichtlich falsch und kann vom Angeklagten nicht akzeptiert werden.

Viele Angeklagte geben sich der Illusion hin, sie könnten niemals eindeutig überführt werden. Sie wiegen sich sicher, weil bei den Zeugen Aussage gegen Aussage steht. Sie meinen, sie könnten nicht verurteilt werden, weil aufgrund der Indizien mehrere Tatgeschehen denkbar sind. Alles das rettet sie nicht. Einzig und allein entscheidend ist, ob der Richter letztendlich von einem einzigen bestimmten Sachverhalt überzeugt ist. Hat er keinen vernünftigen Zweifel daran, daß sich diese eine Sachverhaltskonstellation so wie im Urteil geschildert zugetragen hat, kann er den Angeklagten verurteilen.

»In dubio pro reo« – im Zweifel für den Angeklagten. Auf diesen Satz vertrauen Angeklagte zu häufig. Denn diese Regel greift nur ein, wenn der Richter Zweifel hat. Häufig genug hat er keinen Zweifel und entscheidet sich in seiner Beweiswürdigung für eine bestimmte Fallgestaltung. Im Zweifel für den Angeklagten gilt als **Auslegungsregel** für den Richter erst dann, wenn er tatsächlich Zweifel hat, wenn er tatsächlich nicht von einer Möglichkeit des Tatgeschehens überzeugt ist, sondern mehrere für gleichermaßen möglich hält. Nur bei diesem zweifelnden Richter gilt: Er muß sich in seinem Urteil für die dem Angeklagten günstigste Möglichkeit entscheiden.

4. Der Angeklagte wird freigesprochen

Der Freispruch ist die Erlösung des Angeklagten vom strafrechtlichen Vorwurf. Das Gericht stellt in seinem Urteilausspruch fest, daß sich der Anklagevorwurf der Staatsanwaltschaft als nicht erweisbar herausgestellt hat.

Mehr kann der Angeklagte leider nicht verlangen. Das Gericht muß ihm nicht den Heiligenschein der Unschuld in der Urteilsbegründung putzen. Auch der Angeklagte, der sich zu Recht als völlig unschuldig fühlen darf, muß sich daher in der Urteilsbegründung vom Gericht manchmal anhören, daß Zweifel an seiner Schuld nach wie vor bestehen. Das Gericht habe sich lediglich nicht mit hinreichender Sicherheit davon überzeugen können, daß der Angeklagte wirklich der Täter ist.

Bedeutung des Freispruchs

Es gibt nur einen **Freispruch** und keine Unterscheidung zwischen einem Freispruch **»erster Klasse«**, in dem die Unschuld bewiesen ist, und einem Freispruch »zweiter Klasse«, der lediglich mangels ausreichender Beweise erfolgt. Im Urteilsausspruch wird der Angeklagte nur freigesprochen, sonst nichts. Die Urteilsbegründung kann aber nach wie vor manche Unannehmlichkeiten für den Angeklagten parat halten. Hiergegen wehren kann er sich nicht. Er kann einen Freispruch verlangen, aber keine Rehabilitation.

Entschädigung für unrechtmäßige Zwangsmaßnahmen

Eine **Wiedergutmachung** kann er jedoch insoweit erhalten, als er in der Vergangenheit mit Zwangsmaßnahmen überzogen worden war. Jetzt im freisprechenden Urteil stellt sich heraus, daß beispielsweise der Angeklagte zu Unrecht einige Monate in Untersuchungshaft verbracht hat, daß ihm zu Unrecht vorläufig der Führerschein entzogen worden ist, daß zu Unrecht sein PKW vorläufig beschlagnahmt worden war. Das Urteil stellt in diesen Fällen fest, daß der Angeklagte wegen der erlittenen Maßnahmen **Entschädigung** erhalten soll.

Höhe der Entschädigung

Wie hoch diese Entschädigung ist, ergibt sich aus dem Urteil nicht. Die näheren Voraussetzungen sind im **Strafrechtsentschädigungsgesetz** geregelt. Zumeist Monate nach der Urteilsverkündung erhält der Angeklagte ein Schreiben der Staatsanwaltschaft, in dem er aufgefordert wird, seine Vermögensschäden anzugeben. Der freigesprochene Angeklagte hat dann auszurechnen, welche zusätzlichen Fahrtkosten ihm beispielsweise dadurch entstanden sind, daß er nicht mehr über sein Fahrzeug oder seinen Führerschein verfügte. Die Haft führt meist zu erheblichen Schäden, unter Umständen zum Verlust des Arbeitsplatzes. Sämtliche hierdurch entstandenen Einkommensverluste kann der Angeklagte geltend machen. Selbst wenn ihm kein Pfennig Vermögensschaden durch die Haft entstanden sein sollte, erhält er als Nichtvermögensschaden einen Mindestbetrag von 20,– DM pro Tag.

Der Weg bis zur Entschädigungszahlung ist lang. Der Freigesprochene hat ein halbes Jahr Zeit, seine Ansprüche anzumelden. Danach erfolgt eine Festsetzung der Entschädigung durch die Generalstaatsanwaltschaft. Ist der Freigesprochene mit der Höhe nicht zufrieden, kann er hiergegen in einem zivilrechtlichen Verfahren vor dem zuständigen Landgericht Klage erheben.

Kosten des Strafverfahrens

Die **Kosten des Strafverfahrens** trägt selbstverständlich bei einem Freispruch die Staatskasse. Kosten sind all diejenigen Ausgaben, die der Staat zur Durchführung des Strafprozesses getätigt hat;

also von den Entschädigungen der Zeugen und Sachverständigen über die Kosten des Pflichtverteidigers bis hin zu Telefonabhöraktionen im Ermittlungsverfahren.

Darüber hinaus hat auch der Angeklagte für den Strafprozeß Geld aufwenden müssen. Er hat seinen eigenen Verteidiger unter Umständen bezahlt, er hat Verdienstausfall hinnehmen müssen, und er hat beispielsweise Reisekosten gehabt. Das Gesetz bezeichnet dies als **Auslagen**. Diese Auslagen erhält er beim Freispruch ebenfalls erstattet. Der Angeklagte sollte sich allerdings darauf einrichten, daß die sparsame Staatskasse nur diejenigen Beträge erstattet, die sie für angemessen hält. Trotz Freispruchs wird sie also nicht das Superhonorar des Starverteidigers erstatten, sondern lediglich die üblichen Sätze der Gebührenordnung.

5. Der Angeklagte wird bestraft

Statistisch gesehen ist der Freispruch im Urteil eher die Seltenheit. Zumeist heißt es im Urteilsausspruch:

> *»Der Angeklagte wird wegen Diebstahls zu einer Freiheitsstrafe von 6 Monaten verurteilt. Er trägt die Kosten des Verfahrens.«*

Seine eigenen Auslagen hat er selbst zu tragen. Saß der Geschädigte als Nebenkläger in der Hauptverhandlung neben dem Staatsanwalt, wird der Angeklagte häufig darüber hinaus noch dazu verurteilt, dessen Kosten zu tragen.

Das schlimmste, was dem Angeklagten passieren kann, ist die Verurteilung zu einer Freiheitsstrafe (siehe unten *Welche Strafe ist gerecht?*). Eventuell droht ihm lediglich eine Geldstrafe (siehe *Die Geldstrafe*, S. 253). Für Jugendliche und Heranwachsende gibt es besondere Strafen (siehe *Strafen für Jugendliche*, S. 257).

Welche Strafe ist gerecht?

Beispiel

Für einen Einbruchsdiebstahl verhängt der Strafrichter des Amtsgerichts Köln eine Freiheitsstrafe von 7 Monaten. Der Verurteilte wird unter Umständen von einem »Kollegen« erfahren, daß dieser in einem vergleichbaren Fall in Frankfurt lediglich eine Geldstrafe erhalten hat. Beide sind entsetzt, als sie hören, daß das Amtsgericht Passau in einem ähnlichen Fall sogar eine Freiheitsstrafe von 1 Jahr und 6 Monaten verhängt hat. Als juristische Laien fragen sie sich, wie eine derart unterschiedliche Bewertung möglich ist.

Beurteilungsspielraum des Richters

Das Gesetz räumt dem Richter bei der Strafzumessung einen riesigen **Beurteilungsspielraum** ein. Das Leben ist vielgestaltig, jeder Fall ist anders. Der Richter soll daher die auf den individuellen Einzelfall zugeschnittene gerechte Strafe finden.

Hat der Richter beispielsweise festgestellt, daß der Angeklagte einen Diebstahl begangen hat, gibt ihm das Gesetz einen weiten Handlungsspielraum: er kann eine Geldstrafe oder eine Freiheitsstrafe bis zu 5 Jahren verhängen. Das ist der sogenannte **Strafrahmen**. Von einem geringen Geldbetrag bis zu langjähriger Freiheitsstrafe ist hiernach alles möglich.

Grundsätzliches zur Strafzumessung

Der Richter ist weitgehend frei darin, in dem weiten Strafrahmen für den konkreten Einzelfall die gerechte Strafe zu finden. Hier sind unzählige Gesichtspunkte denkbar, die eine Tat als besonders schwer oder als weniger schwer erscheinen lassen. Die **wichtigsten Punkte der Strafzumessung** sind folgende:

Die **Folgen der** angerichteten **Tat** sind zu berücksichtigen. Ein durch den Betrug angerichteter Millionenschaden ist selbstverständlich schwerwiegender als ein Schaden von wenigen hundert Mark. Die bloße Ohrfeige ist zwar auch eine Körperverletzung, wiegt aber weit weniger schwer als ein Messerstich in den Bauch mit fortwirkenden Gesundheitsschäden.

Die **Umstände und die Motivation der Tat** sind zu berücksichtigen. Manche Straftat ist zumindest menschlich verständlich, wie der Diebstahl aus wirtschaftlicher Not oder die Körperverletzung nach einer Provokation. Dies wirkt strafmindernd. Ein völlig unmotiviertes, brutales und aggressives Verhalten ist daher regelmäßig straferhöhend.

Das **Verhalten nach der Tat**, insbesondere in der Hauptverhandlung, fließt in die Strafzumessung ein. Bereut der Täter die Tat aufrichtig, legt ein Geständnis ab und überzeugt den Richter, daß er in Zukunft den Pfad der Tugend beschreiten will, bewirkt dies einen sicheren Strafrabatt. Hält der Richter den Angeklagten für unverbesserlich, wird er im Strafmaß nach oben tendieren.

Vorstrafen sind häufig entscheidend. Ist der Angeklagte bereits bestraft worden und hat er trotzdem eine weitere Straftat begangen, wirkt sich dies immer strafschärfend aus. Dies führt häufig dazu, daß zwei Mittäter, die genau dasselbe gemacht haben, unterschiedlich bestraft werden können. Ist einer nicht vorbestraft, kommt er möglicherweise mit einer Geldstrafe davon. Der bereits mehrfach Vorbestrafte erhält unter Umständen für dieselbe Tat mehrere Monate Freiheitsstrafe.

Da hinsichtlich der Einzelheiten jeder Fall anders ist, ist für den Angeklagten häufig wenig vorhersehbar, wie die Strafe ausfallen wird. Hier helfen häufig die Kenntnisse der Maßstäbe des entscheidenden Richters weiter. Ein erfahrener Verteidiger kennt häufig die Gesichtspunkte, die ein bestimmter Richter für entscheidend hält. Er kann die »Tarife« einschätzen.

Die Freiheitsstrafe

Wegen jeder Straftat kann der Richter eine Freiheitsstrafe verhängen. Nach Abschaffung der Todesstrafe ist die Freiheitsstrafe das gravierendste Übel, das die Justiz dem Angeklagten zufügen kann.

Die höchste Freiheitsstrafe ist die **lebenslängliche Strafe**. Sie kann wegen Mordes oder einiger weniger anderer vergleichbarer Straftaten verhängt werden. Der Verurteilte wird lange, allerdings nicht ein Leben lang, eingesperrt. Regelmäßig erfolgt nach 15 Jahren Haft eine Überprüfung, wie lange die Haft tatsächlich noch dauern soll.

Normalerweise wird eine zeitige Freiheitsstrafe verhängt. Es wird also eine genaue Zahl nach Jahren und Monaten im Urteil genannt. Das Minimum ist **1 Monat**. Prinzipiell sollte allerdings eine Freiheitsstrafe unter 6 Monaten nicht verhängt werden. Die Höchststrafe beträgt **15 Jahre**.

Dauer von Freiheitsstrafen

Ob der Verurteilte die im Urteil ausgesprochene Freiheitsstrafe tatsächlich in vollem Umfang absitzen muß, wird im Urteil nicht erwähnt. Dies ist eine Frage des späteren Strafvollzugs. Jeder Verurteilte kann darauf hoffen, daß er nach der Verbüßung von $^2/_3$ der verhängten Freiheitsstrafe wieder aus der Haft entlassen wird.

Die bislang in derselben Sache verbüßte Untersuchungshaft wird automatisch auf die Haft angerechnet.

Freiheitsstrafen zur Bewährung

Trotz der Verhängung der Freiheitsstrafe im Urteil muß der Angeklagte nicht unbedingt ins Gefängnis. Das ihn verurteilende Gericht kann die Strafe zur **Bewährung** aussetzen. Voraussetzung hierfür ist, daß im Urteil nicht eine höhere Freiheitsstrafe als 2 Jahre verhängt wird. Darüber hinaus muß der Strafrichter zu dem Ergebnis kommen, daß allein die Drohung mit einer Freiheitsstrafe im Urteil ausreicht, um den Verurteilten in Zukunft zu bessern. Meint beispielsweise der Richter, daß eine Freiheitsstrafe von 1 Jahr angemessen ist, so kann sich die Tat für ihn trotzdem als einmaliger Ausrutscher eines ansonsten gesetzestreuen Bürgers darstellen. Liegen keine Vorstrafen oder lediglich Belanglosigkeiten vor und scheinen die Persönlichkeit des Angeklagten und seine Lebensumstände ausreichend gesichert, so daß vom Täter in Zukunft keine Straftaten mehr zu erwarten sind, kann der Richter die Freiheitsstrafe zur Bewährung aussetzen. Dies bedeutet, daß – jedenfalls zunächst – der Verurteilte die Freiheitsstrafe nicht anzutreten braucht. Sie steht nur auf dem Papier. Der Verurteilte muß jedoch dann tatsächlich den schweren Gang ins Gefängnis antreten, wenn die Bewährung vom Gericht widerrufen wird. Ein **Widerruf** kann später immer dann erfolgen, wenn der Verurteilte die Auflagen und Weisungen des Gerichts nicht befolgt hat.

Diese Auflagen und Weisungen werden vom Gericht in einem besonderen **Bewährungsbeschluß** verkündet. Die wichtigste Auflage: Der Verurteilte darf in Zukunft keine Straftaten mehr begehen. Er muß immer Kontakt mit dem Strafrichter halten. Zieht er in eine neue Wohnung, muß er dies dem Richter mitteilen. Teil des Bewährungsbeschlusses kann auch die Auflage sein, einen angerichteten Vermögensschaden wiedergutzumachen. In besonderen Fällen kann der Richter auch einen Bewährungshelfer bestellen. Dann muß der Verurteilte sich innerhalb der festgesetzten Frist von einem Bewährungshelfer kontrollieren, aber auch helfen lassen. Die Bewährungsfrist beträgt zwischen 2 und 5 Jahren. Die genaue Länge wird im Bewährungsbeschluß festgelegt. Hat der Verurteilte in dieser Zeit nicht gegen Auflagen verstoßen, wird ihm **nach Ablauf der Bewährungsfrist die Strafe erlassen.** Er braucht dann also die Freiheitsstrafe niemals anzutreten.

Die Geldstrafe

Häufig heißt es im Urteil: »Der Angeklagte wird wegen Urkundenfälschung zu einer Geldstrafe von 50 Tagessätzen zu je 70,– DM verurteilt.«

Er ist damit wegen einer kriminellen Tat zu einer Kriminalstrafe verurteilt worden. Im Gegensatz zur Freiheitsstrafe wird der Angeklagte hier jedoch nur an seinem Geldbeutel getroffen.

Höhe der Geldstrafe

Die Höhe der zu zahlenden Geldstrafe ist dem Angeklagten häufig auf Anhieb nicht klar. Er wird nicht zur Zahlung einer bestimmten Geldsumme verurteilt, vielmehr ist die Geldstrafe in **Tagessätze** aufgeteilt. Im vorliegenden Fall müßte der Verurteilte 3.500,– DM Strafe bezahlen.

Der Sinn dieser Aufteilung liegt darin, daß bei einer Geldstrafe der weniger Begüterte ebenso hart getroffen werden soll wie der Reiche. Wegen einer vergleichbaren Tat sollen der arme und der reiche Beschuldigte mit derselben Anzahl von Tagessätzen bestraft werden. Beide erhalten zum Beispiel eine Geldstrafe von 50 Tagessätzen. Die Höhe des einzelnen Tagessatzes richtet sich nunmehr nach dem Nettoeinkommen, das dem Bestraften durchschnittlich täglich zusteht. Das kann bei einem Sozialhilfeempfänger 10,– DM sein, bei einem Industriellen kann sich dies auf 1.000,– DM steigern. Bei derselben Verurteilung müßte der eine im Ergebnis 50 x 10,– DM = 500,– DM zahlen, der andere 50 x 1.000,– DM = 50.000,– DM.

Die Geldstrafe beträgt **mindestens 5 Tagessätze, höchstens 720 Tagessätze**. Die Tagessatzhöhe kann je nach Nettoeinkommen **zwischen 2,– DM und 10.000,– DM** variieren.

Das Tagessatzsystem der Geldstrafe hat für die Justiz noch einen weiteren Vorteil. Kann der Verurteilte trotz Mahnung und Zwangsvollstreckung die Geldstrafe nicht zahlen, muß er ins Gefängnis. Er muß eine **Ersatzfreiheitsstrafe** antreten. Die Länge richtet sich nach der Anzahl der noch offenen Tagessätze. Ein Tagessatz entspricht einem Tag Freiheitsstrafe.

Zusätzliche Strafen

Das Strafurteil kann für den Verurteilten noch weitere negative Überraschungen parat halten. Neben den Hauptstrafen können gegen ihn noch Nebenstrafen oder sogenannte Maßnahmen der Sicherung und Besserung verhängt werden.

Entziehung der Fahrerlaubnis

Die **Entziehung der Fahrerlaubnis** trifft den Angeklagten häufig besonders hart. Bei einer Unfallflucht, Trunkenheitsfahrt oder auch bei einer ausgedehnten Diebestour mit dem eigenen PKW kann der Richter zu dem Ergebnis kommen, daß der Angeklagte zum Führen von Kraftfahrzeugen ungeeignet ist. Im Urteil kann ihm dann die Fahrerlaubnis entzogen werden. Dann ist der Führerschein zunächst einmal weg. Der Verurteilte kann sich später beim Straßenverkehrsamt um die Erteilung einer neuen Fahrerlaubnis bemühen. Für diese Bemühungen kann das Urteil allerdings eine **Sperrfrist** von 6 Monaten bis zu 5 Jahren setzen. Die im Urteil genannte Frist beginnt mit der Rechtskraft des Urteils zu laufen. Vor Ablauf dieser Frist ist ein Antrag beim Straßenverkehrsamt nutzlos. Ob der Verurteilte nach Ablauf der Sperrfrist eine neue Fahrerlaubnis erhält, ist darüber hinaus eine ganz andere Frage. Hierüber hat nicht mehr der Strafrichter, sondern ausschließlich das Straßenverkehrsamt zu entscheiden. Dies kann die Wiedererteilung von zusätzlichen Tests und Prüfungen abhängig machen.

Fahrverbot

Ist das Vergehen des Kraftfahrzeugführers nicht ganz so gravierend, kann sich das Gericht im Urteil mit einem **Fahrverbot** begnügen. Dieses beträgt maximal **drei Monate**. Für diese Zeit gibt der Verurteilte seinen Führerschein bei Gericht ab und erhält nach Ablauf der Frist das Papier wieder zurück. Es bedarf also nicht einer neuen Antragstellung beim Straßenverkehrsamt.

Berufsverbot

Hat jemand eine Straftat durch Mißbrauch seines Berufs oder Gewerbes verübt, kann das Strafurteil ein **Berufsverbot** anordnen. Der Rechtsanwalt, der Mandantengelder unterschlagen hat, wird beispielsweise im Urteil nicht nur zu einer Freiheitsstrafe von einem Jahr zur Bewährung verurteilt, sondern darüber hinaus kann ihm ein Berufsverbot als Anwalt von mehreren Jahren auferlegt werden. Das Gesetz sieht eine Dauer von einem bis zu fünf Jahren vor, im Extremfall gibt es sogar ein lebenslängliches Berufsverbot.

Unterbringung in Krankenhaus

Bei besonders schwerwiegenden Straftaten, die von lediglich eingeschränkt schuldfähigen Tätern begangen worden sind, sieht das Gesetz neben der Freiheitsstrafe noch die Möglichkeit einer **Unterbringung in einem psychiatrischen Krankenhaus** oder in einer **Entziehungsanstalt** vor. In diesem Fall wird erst die Anstaltsunterbringung durchgeführt und nach erfolgter psychiatrischer Behandlung die Freiheitsstrafe verbüßt.

Sicherungsverwahrung

Hat jemand fortlaufend in der Vergangenheit schwere Straftaten begangen und erscheint er deswegen auch für die Zukunft für die Allgemeinheit als gefährlich, kann das Gericht neben der Strafe für die verurteilte Tat auch eine **Sicherungsverwahrung** anordnen. Das bedeutet für den Verurteilten, daß er nach Verbüßung der eigentlichen Strafe weiterhin in Haft gehalten wird, theoretisch bis zu 10 Jahren. Er wird nicht bestraft, sondern »verwahrt«, bis ein Gericht feststellt, daß eine Gefährlichkeit für die Allgemeinheit nicht mehr gegeben ist.

Verfall und Einziehung kann das Gericht im Strafurteil anordnen. Durch den Urteilsspruch können dem Angeklagten ihm gehörende Gegenstände weggenommen werden. Das bezieht sich auf Tatwerkzeuge, wie das Mordmesser oder die Druckereipresse für das Falschgeld, aber auch den PKW, mit dem Diebestouren durchgeführt worden sind. Die Einziehung gilt auch für Ergebnisse der Tat, wie zum Beispiel das gedruckte Falschgeld oder die gefälschte Urkunde. Vermögensvorteile können ebenfalls weggenommen werden. Sie unterliegen dem Verfall. Das sind in erster Linie die Vermögensgegenstände – insbesondere das Geld –, das der Verurteilte durch die Straftat erlangt hat.

Beispiel

Der Bestechungslohn des Beamten. Darüber hinaus läuft der Drogendealer Gefahr, daß ihm im Urteil sein gesamtes Vermögen weggenommen wird. Das setzt allerdings die Annahme des Gerichts voraus, daß er dieses Vermögen durch seine rechtswidrigen Taten angehäuft hat.

Strafen für Jugendliche

Die geschilderten Strafen sieht das Gesetz nur für erwachsene Straftäter vor. Wird ein Jugendlicher oder ein Heranwachsender verurteilt, den das Gericht noch als Jugendlichen ansieht, gelten andere Strafen.

Jugendstrafe

Auch für den Jugendlichen ist das Einsperren ins Gefängnis die härteste Strafe. Sie heißt bei Jugendlichen allerdings nicht Freiheitsstrafe, sondern schlicht **Jugendstrafe**. Das Höchstmaß der Jugendstrafe beträgt 10 Jahre, das Mindestmaß 6 Monate.

Wie bei Erwachsenen kann diese Strafe auch zur Bewährung ausgesetzt werden. Muß der Jugendliche die Strafe antreten, so erfolgt dies in besonderen Justizvollzugsanstalten für Jugendliche. Der Jugendstrafvollzug will dem Erziehungsgedanken in besonderer Weise Rechnung tragen.

Freizeitarrest

Hält der Jugendrichter eine mildere Strafe als den Freiheitsentzug für angemessen, hat er eine große Auswahl von Bestrafungsmöglichkeiten. Er kann einen Freizeit**arrest** verhängen. Der Jugendliche muß dann in seiner Freizeit, zumeist an mehreren Wochenenden, in bestimmten Anstalten einen Arrest antreten. Im Extremfall kann ein Dauerarrest von 1 bis zu 4 Wochen verhängt werden.

Verwarnung

Häufig sind Jugendliche bereits durch das Verfahren und die Hauptverhandlung derart beeindruckt, daß eine zusätzliche harte Bestrafung fehl am Platz erscheint. Der Richter begnügt sich dann häufig mit einer **Verwarnung.** Neben dieser Verwarnung, die praktisch nur auf dem Papier steht, können Auflagen verhängt werden. Bei diesen Auflagen sind der Phantasie des Jugendrichters kaum Grenzen gesetzt. Es reicht von der Auflage der Wiedergutmachung des Schadens über eine Entschuldigung beim Verletzten, der Zahlung bestimmter Geldbeträge bis hin zu Arbeitsleistungen. Beliebt ist die Verurteilung zu mehreren Stunden Sozialdienst.

XIII. Rechtsmittel gegen das Urteil

Fühlt der Angeklagte sich zu Unrecht verurteilt, kann er sich hiergegen wehren. Er kann dieses Urteil durch ein anderes höherrangiges Gericht überprüfen lassen.

Meistens hat er zwei verschiedene Möglichkeiten, ein Rechtsmittel gegen ein Urteil einzulegen. Zum einen kann er gegen das Urteil **Berufung** einlegen (siehe Kapitel XIII, 1). Dann wird praktisch die gesamte Hauptverhandlung nochmals vor dem Berufungsgericht wiederholt. Er kann allerdings auch **Revision** einlegen (siehe Kapitel XIII, 2). Vom Revisionsgericht wird das Urteil nur noch auf mögliche Rechtsfehler hin untersucht. Das geschieht zumeist nur nach der Aktenlage, ohne daß es zu einer neuen Hauptverhandlung kommt (siehe Kapitel XIV, Übersichten 1 und 2).

Ein Rechtsmittel kann auch von einem anderen Prozeßbeteiligten eingelegt werden. Ist der Angeklagte zufrieden mit einem milden Urteil oder gar mit einem Freispruch, kann er sich bei der Urteilsverkündung noch nicht in Sicherheit wähnen. Der **Staatsanwalt** oder der **Nebenkläger** können das Urteil ebenfalls angreifen.

1. Die Berufung

Gegenstand der Berufung

Berufung kann eingelegt werden gegen Urteile des Amtsgerichts. Hat also entweder der Strafrichter beim Amtsgericht oder das Schöffengericht ein

Urteil verkündet, kann dieses durch das Berufungsgericht wieder aufgehoben werden. Berufungsgericht ist immer die **kleine Strafkammer beim Landgericht**. Sie ist besetzt mit einem Berufsrichter und zwei Schöffen (siehe dazu Kapitel XIV, Übersicht 2).

Frist

Wer die Berufung durchführen will, muß sich beeilen. Es gilt eine **Berufungsfrist von einer Woche**. Diese beginnt mit der Verkündung des Urteils am Ende der Hauptverhandlung. Spätestens eine Woche danach muß die Berufung beim Amtsgericht eingegangen sein.

Zu diesem Zeitpunkt gibt es zumeist noch keine schriftlichen Urteilsgründe. Jeder der Beteiligten hat bislang nur die mündliche Urteilsverkündung erlebt. Hat z.B. der Strafrichter am Montagnachmittag ein Urteil am Ende der Hauptverhandlung verkündet, muß spätestens am Montag der darauffolgenden Woche um Mitternacht die Berufung beim Amtsgericht eingegangen sein. Poststempel genügt nicht. Zur Not muß die Berufung am Montag in den Nachtbriefkasten des Amtsgerichts geworfen werden.

Form

Der Brief an das Amtsgericht darf sehr schlicht sein. Er muß lediglich den einen Satz enthalten, daß gegen das Urteil Berufung eingelegt wird. Da klar sein muß, gegen welches der zahlreichen Urteile eines Amtsgerichts Berufung eingelegt wird, müssen das Aktenzeichen und der Name des Angeklagten angegeben werden.

Zumeist erst Wochen später wird das **schriftliche Urteil** fertiggestellt und den Beteiligten zugestellt. Der Leser ist nicht selten erstaunt über den Inhalt dieses Urteils. Was er dort lesen muß, weicht häufig von dem ab, was er selbst in der Hauptverhandlung erlebt hat. Belastende Zeugenaussagen erscheinen plötzlich um einen Grad schwergewichtiger, entlastende Zeugenaussagen werden im Urteil zum Teil gar nicht erwähnt. Trotzdem muß jeder Beteiligte zunächst mit diesem Urteil leben. Verbesserungen kann er nicht verlangen, zumal das, was die Zeugen tatsächlich gesagt haben, nirgendwo verbindlich protokolliert worden ist. Auch im Zeitalter elektronischer Medien vertraut der Gesetzgeber dem Gedächtnis eines Richters. Technisch notwendig ist das nicht. Jeder der Prozeßbeteiligten hat sich auf diese Situation und damit auch auf die menschlichen Schwächen des Erinnerungsvermögens einzustellen.

In der Berufung kann der mit dem Urteil unzufriedene Angeklagte, Staatsanwalt oder Nebenkläger das Steuer nochmals herumreißen. Das Berufungsgericht ist an das Urteil der ersten Instanz nicht gebunden. Es hat aufgrund einer neuen Hauptverhandlung in eigener Verantwortung ein neues Urteil zu fällen.

Für den Angeklagten, der Berufung eingelegt hat, heißt das allerdings, daß er in jedem Fall nach der Ladung zur Berufungshauptverhandlung erscheinen muß. Im Gegensatz zur ersten Instanz kann auch in seiner **Abwesenheit** verhandelt werden. Die Verhandlung ist dann allerdings sehr kurz. Es wird lediglich festgestellt, daß der Angeklagte ordnungsgemäß geladen und nicht erschienen ist. Konsequenz: Die Berufung wird verworfen, ohne daß sich das Gericht die Mühe macht, die anwesenden Zeugen nochmals zu hören.

Gegen diese Verwerfung kann der Angeklagte nur durch einen neuen **Wiedereinsetzungsantrag** innerhalb einer Woche protestieren. In diesem Antrag muß er darlegen, daß sein Fehlen in der Hauptverhandlung nicht auf sein Verschulden zurückzuführen ist.

Wird Berufung in vollem Umfang durchgeführt, ist die **Hauptverhandlung** genauso umfangreich wie die der ersten Instanz. Es gelten dieselben Regeln. Die Richter können ihrer Urteilsfindung nur das zugrunde legen, was sie in ihrer, also der Berufungshauptverhandlung gesehen und gehört haben. Alle notwendigen Zeugen müssen daher nochmals gehört, alle Urkunden nochmals verlesen, alle Sachverständigen nochmals vernommen werden. Der Angeklagte hat abermals das letzte Wort, es wird abermals ein Strafurteil verkündet.

Ist eine Berufung sinnvoll?

Gerade der Angeklagte wird sich häufig fragen, ob sich dieser ganze Aufwand überhaupt lohnt. Fühlt er sich zu Unrecht verurteilt, muß er selbstverständlich sämtliche Rechtsmittel ausschöpfen. Problematisch wird es allenfalls dann, wenn das Urteil der ersten Instanz zu einem Ergebnis geführt hat, mit dem er – wenn auch mit Bauchschmerzen – letztendlich leben kann. Will er endlich seine Ruhe, will er die gesamte psychische Belastung durch das Verfahren endlich loswerden, kann er auf die Berufungsmöglichkeit verzichten.

Sieht er auch nur eine geringe Chance, die Geldstrafe oder die Haftstrafe etwas zu reduzieren, spricht aber einiges dafür, diese Chance wahrzunehmen. Denn der Angeklagte hat einen großen Vorteil: Legt nur er (und nicht der Staatsanwalt oder Nebenkläger) Berufung ein, gilt das sogenannte **Verbot der Verschlechterung**. Das Berufungsurteil kann nicht schlechter ausfallen als das angegriffene erste Urteil. Selbst wenn sich die Beweislage in der Hauptverhandlung vor dem Berufungsgericht noch schlechter als in der ersten Instanz darstellt, selbst wenn der Berufungsrichter den Angeklagten noch härter bestrafen wollte, das Gesetz verbietet dies. Das Risiko für den Angeklagten ist daher gering. Er hat zwar unter Umständen die Kosten des Verfahrens zu tragen, das Strafurteil kann jedoch nur besser werden.

2. Die Revision

Gegenstand der Revision

Wird gegen ein Strafurteil das Rechtsmittel der Revision eingelegt, findet meist **keine Hauptverhandlung** mehr statt. Der Angeklagte kann sich nicht mehr zur Sache äußern, ein Zeuge wird nicht gehört. Das Revisionsgericht prüft lediglich nach Aktenlage, ob das angefochtene Strafurteil in den formalen gesetzlichen Grenzen ergangen ist.

Es kann vom Revisionsgericht überprüft werden, ob zum Beispiel die Zeugen in der Hauptverhandlung richtig belehrt und richtig vereidigt worden sind, ob der Angeklagte ständig anwesend war und das letzte Wort hatte, ob die Öffentlichkeit gewährleistet war. Demgegenüber kann nicht mehr überprüft werden, ob das, was ein Zeuge gesagt hat, auch tatsächlich wahr ist. Es kann auch nicht überprüft werden, ob in den Urteilsgründen die Zeugenaussage richtig wiedergegeben worden ist. Auch die freie Beweiswürdigung des Richters im Urteil kann nicht mehr überprüft werden. Ob der Strafrichter dem einen oder dem anderen Zeugen geglaubt hat, darf vom Revisionsgericht nicht mehr hinterfragt werden. Ausnahmen bilden eklatante Verstöße des Strafrichters, der zum Beispiel seine Beweiswürdigung auf logischen Fehlern oder Verstößen gegen anerkannte Ergebnisse der Wissenschaft aufbaut.

Revision in der Praxis

Weil der Nachweis solcher rechtlichen Fehler meist sehr schwierig ist, sind die aller**meisten** Revisionen **erfolglos**. Dem Laien sind die Geheimnisse der Revision zumeist verschlossen. Da ausschließlich Rechtsfragen behandelt werden, sind die Juristen im Revisionsverfahren unter sich. Die Revision des Angeklagten darf daher nur **von einem Rechtsanwalt** verfaßt werden.

Trotz aller Schwierigkeiten klammert sich häufig der Angeklagte an die Revision wie an einen Strohhalm. Der Grund: Er hat oft keine andere Möglichkeit, ein Fehlurteil anzugreifen. Immer dann, wenn die erste Instanz der Strafsache vor dem Landgericht verhandelt worden ist – und das sind meist die gravierenden Verfahren! –, gibt es nur das eine Rechtsmittel der Revision. Schwere Wirtschaftskriminalität, Raubüberfälle, schwerwiegende Sexualdelikte und alle Verfahren wegen eines Tötungsdeliktes werden vor den großen Strafkammern oder dem Schwurgericht beim Landgericht verhandelt. Die Beweisaufnahme findet hier nur einmal statt. Eine Berufung und damit eine Wiederholung der Beweisaufnahme vor einem anderen Gericht gibt es nicht. Der **Bundesgerichtshof** in Karlsruhe allein ist das Gericht, das diese Urteile überprüfen kann – und zwar ausschließlich im Revisionsverfahren.

Zuständiges Gericht

Fand in weniger schwerwiegenden Verfahren die Verhandlung in erster Instanz beim **Amtsgericht** statt, gibt es ebenfalls das Rechtsmittel der Revision. Revisionsgericht ist hier das **Oberlandesgericht**. Hier gibt es eine Wahlmöglichkeit der Rechtsmittel. Das Urteil des Amtsgerichts kann entweder mit der Berufung zum Landgericht angegriffen werden oder mit der Revision zum Oberlandesgericht. Bei Verzicht auf die Berufungsinstanz heißt diese Möglichkeit auch Sprungrevision. Die Prozeßbeteiligten haben auch die Möglichkeit, zunächst gegen das amtsgerichtliche Urteil Berufung einzulegen und, wenn ihnen das Berufungsurteil nicht gefällt, hiergegen mit der Revision vorzugehen. Es gibt dann praktisch drei Instanzen (siehe Kapitel XIV, Übersicht 2).

Frist

Will der Angeklagte oder Nebenkläger Revision einlegen, hat er wie bei der Berufung die **Einlegungsfrist von einer Woche** zu beachten. Spätestens eine Woche nach Verkündung des Urteils in der Hauptverhandlung muß ein Brief bei Gericht eingegangen sein, in dem Aktenzeichen und Name des Angeklagten genannt sind und aus dem lediglich hervorgeht, daß das Urteil nunmehr durch Revision angefochten werden soll. Mehr braucht in diesem Schriftsatz noch nicht zu stehen. Diesen Schriftsatz kann auch der juristische Laie wirksam einlegen.

Form

Die Berufung braucht nicht näher begründet zu werden. Das ist bei der Revision anders. Die schriftliche Revisionsbegründung ist der Kern des Revisionsverfahrens. Sobald die schriftlichen Urteilsgründe zugestellt worden sind, läuft für die Revisionsbegründung eine Frist von einem Monat. Diese Begründung kann nur von Juristen verfaßt werden.

Monate später entscheidet das Revisionsgericht. Ganz selten findet zuvor eine Art Hauptverhandlung statt, in der die Juristen unter sich die Rechtsfragen nochmals erörtern. Oft werden die Revisionen verworfen. Dem Revisionsgericht ist es sogar erlaubt, dies ohne jede Begründung auf einer Seite abzuhandeln. Hat das Revisionsgericht allerdings einen rechtlichen Mangel festgestellt, wird dies meistens dazu führen, daß die Sache an das Landgericht zurückverwiesen wird. Es wird dann zu einer **Wiederholung der Hauptverhandlung** kommen. Zuständig sind dann allerdings in jedem Fall neue Richter.

3. Die Rechtskraft des Urteils

Wann ist ein Urteil rechtskräftig?

Irgendwann ist auch das längste Strafverfahren zu Ende. Kann das Urteil nicht mehr angefochten werden, ist es rechtskräftig. Ist beispielsweise eine Woche nach Verkündung des Urteils bei Gericht keine Berufungs- oder Revisionseinlegung erfolgt oder hat das Revisionsgericht abschließend die Revision verworfen, hat das gefällte Urteil ein für allemal Bestand. Die angeordneten Strafen können jetzt durch die Staatsanwaltschaft vollstreckt werden.

Niemand darf mehr an dem gefällten Urteil rütteln, weder der Staatsanwalt noch der verurteilte Angeklagte. Selbst wenn ihm nachträglich die besten Argumente gegen das Urteil einfallen, der Urteilsspruch muß akzeptiert werden. Es soll endgültig ein Schlußstrich gezogen werden, der Rechtsfrieden soll einkehren.

Selbst für den verurteilten Angeklagten hat dieser Frieden Vorteile. Wegen derselben Sache kann er nicht noch einmal angeklagt werden. Grundsätzlich will sich die Justiz nur **einmal mit derselben Tat** beschäftigen. Auch wenn sich später nach Rechtskraft herausstellt, daß die Tat gravierender war, als dies das Urteil angenommen hatte, verbleibt es bei der Entscheidung im Urteil.

Problematisch kann allenfalls sein, ob nachträglich von der Polizei entdeckte Umstände Teile der bereits abgeurteilten Tat sind oder bereits eine neue Tat darstellen. Die neue Tat könnte angeklagt werden, die alte Tat ist bereits abschließend abgeurteilt. Da im Hinblick auf die Rechtskraft dem Umfang der Tat eine so weitgehende Bedeutung zukommt, muß bereits die angeklagte Tat in der Anklageschrift genau beschrieben werden. Gleiches gilt selbstverständlich für die Beschreibung der Tat im Urteil.

Ausnahmsweise Wiederaufnahme des Verfahrens

Von der strikten Einhaltung des Rechtsfriedens macht das deutsche Recht einige wenige **Ausnahmen.** In Extremfällen kann es zur **Wiederaufnahme des Verfahrens** kommen. Legt der freigesprochene Angeklagte z.B. nachträglich ein Geständnis ab oder erweist sich eine entlastende Urkunde als gefälscht oder wird ein Entlastungszeuge nachträglich wegen eines Eidesdelikts verurteilt, kann die Staatsanwaltschaft die Wiederholung des Verfahrens beantragen. Auch der verurteilte Angeklagte kann dies anstreben. Im Gegensatz zur Staatsanwaltschaft darf er die Wiederaufnahme sogar dann betreiben, wenn er nachträglich neue Tatsachen ermittelt hat oder neue Beweismittel gefunden hat, die zu seinem Freispruch oder wenigstens zu einer geringeren Bestrafung führen müßten. Entdeckt z.B. der wegen Mordes zu lebenslänglicher Freiheitsstrafe Verurteilte nachträglich durch seinen Anwalt nach vielen Jahren Haft erst den entlastenden Alibizeugen, kann er das Wiederaufnahmeverfahren betreiben.

Bis zur Wiederholung der Hauptverhandlung ist es jedoch ein langer und steiniger Weg. Die Rechtsprechung ist bei solchen Anträgen regelmäßig sehr skeptisch und beschränkt die Wiederaufnahme auf die extremen, glasklaren Fälle.

4. Was kann der Angeklagte noch gegen ein rechtskräftiges Urteil unternehmen?

Das Strafprozeßrecht sieht weitere Rechtsmittel gegen das Urteil nicht mehr vor. Theoretisch bestehen jedoch noch weitere rechtliche Möglichkeiten, um ein Urteil anzugreifen.

Verfassungsbeschwerde

Liegt nach Ansicht des Angeklagten der Fehler des Urteils gerade darin, daß nicht nur bestimmte Formvorschriften durch das Urteil verletzt worden sind, sondern er vielmehr in seinen Grundrechten unzulässigerweise beeinträchtigt wurde, kann er **Verfassungsbeschwerde** erheben. Es ist nicht selten, daß das Bundesverfassungsgericht in Karlsruhe sich der Strafurteile annimmt. Gerade das Strafverfahren enthält zahlreiche auch in der Verfassung verbürgte Grundrechte, die möglicherweise selbst vom Bundesgerichtshof in der Revision nicht ausreichend beachtet worden sind. Hat der Angeklagte den normalen Rechtsweg ausgeschöpft, hat er hier eine der letzten erfolgversprechenden Möglichkeiten, das Strafurteil doch noch zum Wanken zu bringen. Ohne einen Anwalt sollte er allerdings diesen schwierigen Weg nicht beschreiten.

Menschenrechtskonvention

Ist selbst der Weg nach Karlsruhe erfolglos gewesen, verbleibt eine allerletzte Möglichkeit. Gerade die Rechte des Beschuldigten im Strafverfahren haben zahlreiche Staaten in der **Menschenrechtskonvention** verankert. Dieser Konvention ist auch die Bundesrepublik Deutschland beigetreten. Diese Konvention gilt damit als verbindliches Recht wie ein Gesetz. Wichtige rechtsstaatliche Dinge sind in dieser Konvention geregelt, die in dieser Form ausdrücklich in deutschen Gesetzen nicht formuliert sind, wie beispielsweise die Unschuldsvermutung zugunsten des Angeklagten, die Garantie einer wirksamen Verteidigung oder das Verbot entwürdigender Strafen oder Behandlungen.

Fühlt sich der Angeklagte durch das Strafurteil gerade in den Rechten verletzt, die die Konvention garantiert, kann er die Menschenrechtskommission in Straßburg anrufen. Die Kommission kann dann unter Umständen den Europäischen Gerichtshof für Menschenrechte einschalten, der eine für den Angeklagten günstige Entscheidung treffen kann, nach der sich die deutschen Behörden zu richten haben.

Begnadigung

Sind alle Bemühungen des Angeklagten erfolglos, verbleibt allein der **Gnadenweg.** Es ist dem Bundespräsidenten und den Ministerpräsidenten der Länder vorbehalten, ausnahmsweise in Extremfällen Gnade vor Recht ergehen zu lassen und eine Strafe auszusetzen. Dieses Recht ist durch Gnadenordnungen mittlerweile gut organisiert. Bei jedem Landgericht befindet sich ein sogenannter Gnadenbeauftragter, bei dem der Angeklagte sein Anliegen formlos vortragen kann.

Übersicht 1: Besetzung und Zuständigkeit der Gerichte

Besetzung:  = *Berufsrichter*
 = *ehrenamtlicher Richter (Schöffe)*

Gericht	Zuständigkeit (vgl. auch S. 163ff.)
Amtsgericht	
 Strafrichter	– Privatklagedelikte – Delikte mit Rechtsfolgenerwartung von nicht mehr als 2 Jahren Freiheitsstrafe
 Schöffengericht	u.a. – grundsätzlich immer zuständig für Delikte, soweit sie nicht in der Zuständigkeit des Landgerichts oder Oberlandesgerichts begründet ist – Rechtsfolgenerwartung von nicht mehr als 4 Jahren Freiheitsstrafe, Unterbringung im psychiatrischen Krankenhaus oder Sicherheitsverwahrung
 Erweitertes Schöffengericht	– wie bei Schöffengericht, wegen Umfang der Sache kann die Staatsanwaltschaft einen weiteren Amtsrichter beantragen

Gericht	Zuständigkeit (vgl. auch S. 163 ff.)
Landgericht	
 Kleine Strafkammer	– Berufungen gegen Urteile des Strafrichters und des Schöffengerichts
 Große Strafkammer	– Verbrechen, für die weder Amtsgerichte noch Oberlandesgerichte zuständig sind, sowie über Delikte, die wegen der Bedeutung des Falles vor der Strafkammer angeklagt werden (1. Instanz)
 Schwurgericht	– Delikte mit Todesfolge (Mord, Totschlag u.ä.)
Oberlandesgericht	
 Strafsenat (als Revisionsinstanz)	– Revision gegen Berufungsurteile der Kleinen Strafkammer – Sprungrevision, gegen Urteile des Amtsgerichtes (Strafrichter), (erweitertes) Schöffengericht – Revision gegen Urteile der Großen Strafkammer (1. Instanz), wenn die ausschließliche Verletzung von Landesrecht gerügt wird
 Strafsenat (als 1. Instanz)	u.a. bei – Friedensverrat, – Hochverrat, – Landesverrat, – Völkermord, – anderen politischen Straftaten

Gericht	Zuständigkeit (vgl. auch S. 163 ff.)
Bundesgerichtshof	
 Strafsenat	– Revision gegen Urteil des Oberlandesgerichtes (1. Instanz) und Landgerichtes, soweit nicht bereits die Zuständigkeit des Oberlandesgerichtes gegeben ist

Übersicht 2:
Instanzenweg im Strafprozeß

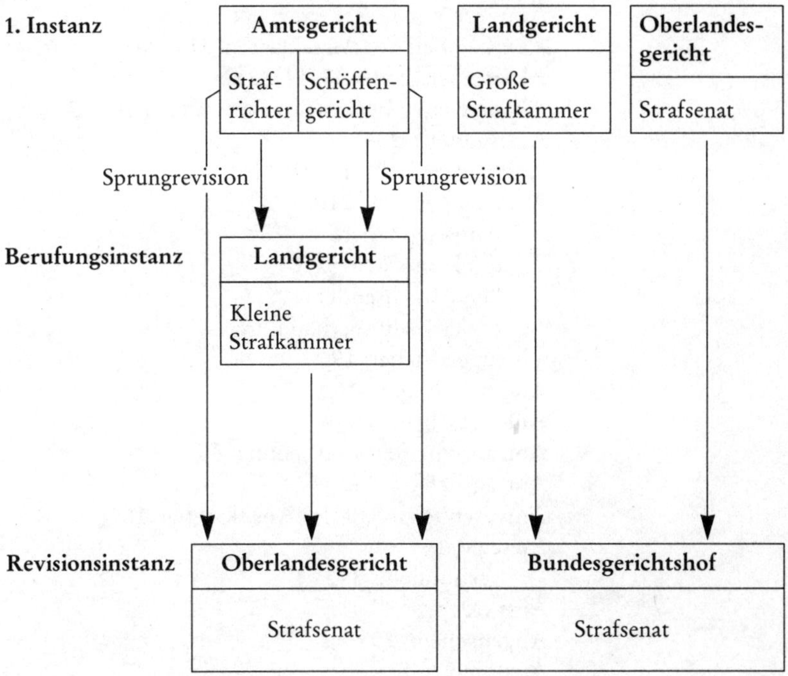

Stichwortregister

Christoph Krummel,
Robert Lungerich und Jürgen Röller

Arbeitnehmer und Arbeitgeber

Arbeitsrecht 1

Band 12498

Von der Anbahnung bis zur Beendigung ist ein Arbeitsverhältnis mit einer Fülle von juristischen Problemen verbunden. Wonach darf der Arbeitgeber im Vorstellungsgespräch fragen? Wie setzt man sich gegen eine Kündigung zur Wehr? Der Band gibt zuverlässige Antworten auf alle arbeitsrechtlichen Fragen im Verhältnis des einzelnen Arbeitnehmers zum Arbeitgeber. Aus dem Inhalt: Abschluß des Arbeitsvertrages, Lohn und Gehalt (im Krankheitsfall), Urlaubsregelungen, Praktikum, Volontariat, freie Mitarbeit, Teilzeitarbeit, Jobsharing, befristetes Arbeitsverhältnis.

Dr. Christoph Krummel, Robert Lungerich und Jürgen Röller sind Rechtsanwälte in Köln und in ihrer Praxis mit allen wichtigen Fragen des Arbeitsrechts befaßt.

RATGEBER RECHT
Fischer · Heymanns

fi 1952 / 2

Ratgeber Recht

Menno Aden
Bankrecht
Juristischer Ratgeber für den Umgang mit Banken
Band 12496

Karl O. Bergmann/
Gabriela Schwarz-Schilling
Krankheit und Recht
Rechtlicher Ratgeber zu Krankenversicherung und Krankheit
Band 12497

BGB
Bürgerliches Gesetzbuch mit wichtigen Nebengesetzen
Band 12785

Hans Buschbell
Verkehrsunfall und Führerschein
Rechtsrat zum Verkehrsverstoß, Verkehrsunfall und Führerscheinentzug
Band 12786

Axel Groeger
Betriebsrat und Unternehmer
Arbeitsrecht 2
Band 12499

Tamara Große-Boymann
Alleinerziehung
Band 13205
(in Vorbereitung)
Scheidung
Band 12491

Tobias Huber
Autokauf
Ratgeber für den Kauf und Verkauf von Pkw
Band 12953

Chr. Krummel/
Robert Lungerich/
Jürgen Röller
Arbeitnehmer und Arbeitgeber
Arbeitsrecht 1
Band 12498

Harald Jung
Eheverträge
Band 12789

Dieter M. Nauroth
Computer und Recht
Rechtsrat bei Hard- und Software
Band 12495

Fischer Taschenbuch Verlag
Carl Heymanns Verlag

fi 1949 / 3 a

Martin Schlüter

Immobilienkauf

Band 12492

Jeder, der Grundbesitz, ein Haus oder eine Wohnung erwerben möchte, sieht sich einem schwer durchschaubaren Geflecht juristischer Bestimmungen gegenüber. Hier hilft dieser Band. Er klärt über den Abschluß und die Durchführung eines Grundstückskaufvertrages auf, sowie über die Sicherung des Käufers, Rechte von Käufer und Verkäufer bei Vertragsverletzungen, Erwerb von Eigentumswohnungen und Häusern, Erbbaurecht, Hypotheken, Grundschuld und Besonderheiten in den neuen Bundesländern.

Martin Schlüter ist Rechtsanwalt in Hamm und beschäftigt sich seit Jahren mit dem Immobilienrecht. Er ist Autor zahlreicher Fachveröffentlichungen und Lehrbeauftragter der Universtät Münster.

RATGEBER RECHT
Fischer · Heymanns

fi 1954 / 2